《遂川旅游故事》编委会

主 任

张平亮

第一副主任

肖凌秋

副主任

曾 亮　刘路生　刘大春　朱唯雅
彭世富　柯柏云　樊蔚源　石文生

委 员

彭水生　罗春雅　郭昭洋
周慧芬　廖丽文　周 翔　周少华

《遂川旅游故事》编辑部

主 编

朱唯雅　彭世富　柯柏云　樊蔚源

副主编

廖丽文（执行）

编 辑

彭石生　钟书先　刘述涛

编 务

黄来生　谢玉静　刘春燕　袁冬根

遂川旅游故事

遂川县旅游局 ○编

图书在版编目（CIP）数据

遂川旅游故事/遂川旅游局编.—南昌：江西人民出版社，2016.10
　　ISBN 978-7-210-08839-4

　　Ⅰ.①遂… Ⅱ.①遂… Ⅲ.①旅游指南—遂川县—通俗读物 Ⅳ.①K928.956.4-49

中国版本图书馆CIP数据核字（2016）第252434号

遂川旅游故事

遂川县旅游局　编
责任编辑：吴艺文
封面设计：同异文化传媒
出　　版：江西人民出版社
发　　行：各地新华书店
地　　址：江西省南昌市三经路47号附1号（邮编：330006）
编辑部电话：0791—86898470
发行部电话：0791—86898893
网　　址：www.jxpph.com
2016年6月第1版　2016年6月第1次印刷
开　　本：787毫米×1092毫米　1/16
印　　张：17.5
字　　数：250千
ISBN 978-7-210-08839-4
赣版权登字—01—2016—660
版权所有　侵权必究
定　　价：42.00元
承 印 厂：江西省和平印务有限公司
赣人版图书凡属印刷、装订错误，请随时向承印厂调换

序一

"中国名茶之乡"遂川不仅佳茗飘香,而且"红、绿、古、蓝"特色旅游资源丰富。这片古老而神奇的土地,有着悠久光荣的历史,如诗如画的山水,独特纯朴的民风,绚丽多彩的文化,色质俱佳的物产。

婀娜多姿的大美遂川,让八方游客大饱眼福、心灵陶醉。为了让每一位走进遂川的客人和朋友,在欣赏这块美丽的山水之际,更深入地了解和感知她的风情、风韵、风物、风骨,县里专门组织人员挖掘和搜集了遂川历史人物、景区景点一些在民间流传已久的典故、逸事、传说等,编印了这本《遂川旅游故事》。

《遂川旅游故事》,记录了老一辈无产阶级革命家毛泽东、彭德怀、陈毅、萧克、陈正人等在遂川浴血奋斗的可歌可泣的革命故事,为我们提供了一部生动的革命传统教材;收录了遂川历史人物郭知章、"孙氏三龙"(孙逢吉、孙逢年、孙逢辰)、郭维经的故事逸文,展现了他们忠于职守、正气凛然的高贵品质。《故事》还选录了白水仙、南风面、汤湖温泉、热水洲、鄢溪古村、衙前四大古树等重要景区景点的传说故事或简介，以及五龙下海、茶兰灯、珊田架花等非物质文化遗产的概述，为读者展开了一幅醇厚隽永的风俗画卷。编印《遂川旅游故事》，就是要用文字的形式让这些历史的人物故事、静止的景区景点活起来，动起来，让人们更好感受遂川的"一方水土，一方人文"。

此《故事》的编印发行，是遂川旅游文化建设工作中一次初步的探索，一次有益的尝试。勤劳智慧的遂川人民在历史的长河中还留下了许多美好的、精彩的民间传说故事，还亟待我们进一步收集和整理，使这些宝贵的人文资源更好地为遂川的山水形胜增彩添色。

《遂川旅游故事》是一部亲切而生动的乡土教材，更似一个热情又睿智的旅游向导，相信广大读者会喜爱这本书、珍惜这本书，从中进一步了解遂川、走进遂川、品读遂川。值此读本出版之际，我殷切地希望能在社会各界的支持参与下，全县人民的共同努力下，发挥好遂川旅游资源丰富的优势，进一步做大做强、做精做美旅游产业、旅游事业，真正实现"旅游兴县，旅游富民"的宏伟目标。

是为序。

中共遂川县委书记

2016年4月28日

序二

光阴荏苒、岁月如梭。不觉间,在遂川工作已经八个年头了。八年间,我走遍了遂川的山山水水,遂川已然成了我的第二故乡,耳濡目染的是遂川绮丽的山水风光和动人的民间故事。遂川旅游资源丰富,红绿蓝古交相辉映:红色历史,壮怀激烈;绿色山川,秀美宜人;蓝色温泉,珍稀奇特;古色人文,醇美厚重。良好的生态环境和深厚的人文底蕴孕育了淳朴的遂川人民,也催生了独具魅力的龙泉故事。

走进遂川,你会感慨白水仙瀑流飞泻的壮观磅礴、惊叹南风面雄峙湘赣的巍峨奇伟、赞美汤湖温泉茶山相得益彰的天工造化、称颂热水洲峡谷温泉完美融合的鬼斧神工……然而,"青山不墨千秋画,绿水无言万古诗",当我们徜徉于遂川厚重悠久的历史长河,流连于遂川奇秀俊美的山水之间,总在不经意间就能发现一个个景区景点背后的人文故事,它为旅游者活化了各个景点生动的灵魂,虚实相生、表里相依,堪称"画龙"点睛之笔,"涌泉"文思之作。这本《遂川旅游故事》

就是以这些广为流传的故事为载体，用生动活泼的文字记载了遂川的人杰地灵，描述了遂川的民俗风情，展示了遂川的土特物产，行文流畅、内容丰富、资料翔实，把遂川有形无形的旅游资源串珠成链，为读者架起一座遂川旅游与其更深层的文化富矿的桥梁，让读者在有限时空之内，领略大美遂川的无穷魅力，在静止之中，幻化出山川多姿的动态形象。

全书共分六个部分：第一部分为名胜传说；第二部分为人物传说；第三部分为风物传说；第四部分为红色传说；第五部分为民俗风情；第六部分为附录：景区（点）简介。厚厚的一摞书稿，既是对遂川旅游文化的传承，同时也凝聚着编辑者辛勤汗水的付出。文化是旅游的灵魂，旅游是文化的载体，也是对文化挖掘整理。希望本书的发行，能够成为遂川游客的一位优秀向导，帮助客人们品味遂川的自然人文，解读遂川山水的神奇密码；能够成为遂川干部群众了解家乡、热爱家乡的精神文明读本，从中汲取力量与豪情，更好地建设富裕、文明、和谐、幸福新遂川。

醉翁之意不在酒，在乎山水之间也；笔者之意不在序，在乎字里行间也。愿与游客尽览遂川醉美山水，乐与读者共赏遂川旅游佳作！

是为序。

遂川县人民政府县长

2016 年 4 月 28 日

目录

名胜传说

白水仙传说	郭赣生、彭石生	2
南风面传说	佚名	5
热水洲的传说	刘述涛	8
热水洲"爱情天梯"的传说	郭相焕、古志雄	11
大汾骑楼街的传说	古志雄	14
高坪五指峰的传说	佚名	16
传奇巾石峰	彭石生	18
神奇的"仙人井"	梁路峰	22
鄢溪轶事	胡睿	25
左安观音桥故事二则	钟书先	27
衙前"四大树王"的故事	佚名	29
五斗江米石岩的传说	佚名	32
"上龙泉"与"下龙泉"的传说	刘考祥	33
文献街和名邦街的传说	刘考祥	36
天子地的传说	佚名	38
七郎山的传说	佚名	40
葛仙岭的传说	郭慧 郭桂华	42
鹤堂仙的传说	佚名	44
白鹤古仙的传说	胡传桂 钟书先	46
赵公亭的传说	李星联	49
梁仙庙的传说	钟书先	51
皇华仙的传说	钟书先	53
邓通三郎庙	钟书先	55
雷劈石狮嘴	古志雄 彭石生	57
石人公和石人婆	佚名	59

人物传说

风纪凛然郭知章	佚　名	62
岳飞借兵仙人庙	古可木	64
一门俊杰"孙氏三龙"	佚　名	66
直言敢谏的孙逢吉	郭赣生	70
陶少师镇夔龙求雨——雩溪宝塔传说	刘启程	72
"宇宙正气"郭维经	张炳玉	74
神奇的科学发明——"龙泉码"	张炳玉	78
乌龙现爪巧联姻	佚　名	81
郭维经公堂惩奸	张炳玉	83
舅舅拜靴	张修权	88
周埧有志中进士	梁传伟	90
勤政恤民的周知府	钟书先 郭赣生	92
杏林名家蔡宗玉	佚　名	95
宽容大度的黄义方	胡　睿	97
英雄母亲张龙秀	李梓文	101
近代教育家陈剑翛	刘志桂	104
红军团长王佐农	李先茬	106
陈正人巧计夺银元	郭赣生	110

风物传说

板鸭的传说	刘述涛	114
茶道	刘述涛	117
金橘的前世今生	梁路峰	121
冬笋的故事	樊命生	124
香菇的传说	彭义福	126
"五龙下海"的故事	县文化馆	128
保护楠木的佳话	佚　名	130
康王庙的"七月七"	郭裕标	131
窗溪九月二十八民俗节的来历	刘述涛	133

遂川县林区四大文化辑录　　　　　　新江乡政府　136
　（1）林业民俗文化系列
　（2）林乡村落文化系列
　（3）林乡庭院文化系列
　（4）客家民俗文化系列
客家婚俗忆哭嫁　　　　　　　　　　　黄淑群　151
大汾客家民俗　　　　　　　　　李星联　钟书先　159

红色传说

毛泽东率兵三进遂川城　　　　　　　　郭赣生　166
毛委员巧改地名　　　　　　　　　　　薛荣光　172
创建遂川县工农兵政府　　　　　　　　佚　名　175
横空面世"十二字诀"　　　　　　　　彭石生　177
三项纪律、六项注意的产生　　　　　　李梓文　180
草林红色圩场的复活　　　　　　　　　佚　名　183
红六军团西征之谜　　　　　　　　　　何小文　186
横石启程西征远　　　　　　　　　　　周慧芬　190
萧克在双桥　　　　　　　　吴贵源口述　秋敏整理　194
朱毛会师首战五斗江　　　　　　　　　钟书先　197
双镜村的枪声　　　　　　　　　　　　钟先锋　202
大汾劫难　　　　　　　　　　　　　　薛荣光　204
激战长岗坪　　　　　　　　　　　　　薛荣光　207
大汾乌鸦洛阳大屋围困战　　　　　　　叶丁香　210
彭德怀雪夜送棉被　　　　　　　　　　钟书先　212
烈士鲜血染红的大印　　　　　　钟书先　苏　鹏　214

民俗风情

"五龙下海"　　　　　　　　　　　　县文化馆　218
"茶兰灯"　　　　　　　　　　　　　县文化馆　219
"高跷舞"　　　　　　　　　　　　　县文化馆　220
"旱船舞"　　　　　　　　　　　　　县文化馆　221

"九腔、十番"	县文化馆	222
"马头灯"	县文化馆	223
"珊田架花"	县文化馆	224
遂川铜钱歌	县文化馆	226
"香火龙"	县文化馆	227
窗溪村九月二十八民俗节	县文化馆	228
五斗江船歌	张炳玉	230
五斗江傩戏《斗牛》	县文化馆	232
中国名茶"狗牯脑"	县文化馆	234
遂川斗牛狮	县文化馆	236

附录：景区（点）简介

遂川县工农兵政府旧址	238
草林圩场	240
碧洲白水仙	241
南风面景区	246
千年鸟道	248
石坑古村	249
桃源梯田	251
溪口村茶盘洲	253
五斗江国家湿地公园	255
峨峰	256
汤湖温泉景区	257
热水洲温泉景区	260
大汾洛阳围屋与骑楼街	262
万福仙	264
鄢溪古村	265
新兴书院和惜字塔	268
雩溪宝塔	269

后　记	271

名胜传说

白水仙传说

南风面传说

热水洲的传说

热水洲"爱情天梯"的传说

大汾骑楼街的传说

高坪五指峰的传说

传奇巾石峰

神奇的"仙人井"

鄢溪轶事

左安观音桥故事二则

衙前"四大树王"的故事

五斗江米石岩的传说

"上龙泉"与"下龙泉"的传说

文献街和名邦街的传说

天子地的传说

七郎山的传说

葛仙岭的传说

鹤堂仙的传说

白鹤古仙的传说

赵公亭的传说

梁仙庙的传说

皇华仙的传说

邓通三郎庙

雷劈石狮嘴

石人公和石人婆

白水仙传说

郭赣生　彭石生　搜集整理

白水仙是闻名遐迩的省级风景名胜区，位于遂川县碧洲镇，景区内水灵峰秀，烟馨霞美。白水仙瀑布呈三叠冲级，"若仙人缟衣而立"，形神毕肖。白水仙不仅山美水美，还有一个美丽的传说。

相传唐朝天祐年间，万安县五丰乡有一位青年渔夫，名叫郭宗玉。郭宗玉心地善良，刚正不阿，喜为穷人打抱不平，深得乡邻的尊重与爱戴。郭宗玉娶了个美丽、勤劳、贤惠的妻子，生下三个可爱的女儿，大女儿叫"牡丹"、二女儿叫"珍珠"、三女儿取了个男孩的名字叫"登山"。夫妻俩你恩我爱，勤俭持家，小日子过得其乐融融。有一天，郭宗玉下河打鱼，一个姓马的富家恶少趁机溜进郭家，对郭妻欲行不轨，遭到郭妻的反抗，恶少恼羞成怒，竟将郭妻活活勒死。郭宗玉打鱼回家，见娇妻遇害，悲痛欲绝。为了替妻子报仇，郭宗玉手持锋利的鱼叉，深夜潜入马家，将谋害妻子的凶手捅成"马蜂窝"，然后带着三个女儿逃进遂川碧洲的深山老林隐居起来。几个月后，恶少家人带着一群家丁地痞寻踪来到碧洲，将毫无防备的郭宗玉乱棍打死。郭宗玉死后，三个女儿被附近一位老人收养。老人鳏寡一人，以采药为生，精通医道，视郭家三姐妹如亲生己出，将药医知识热心传授给三人。一日老人上山采药，不幸摔断腰骨，卧床不起。三姐妹为报老人抚养之恩，对老人照料有加，煎药熬汤、端屎端尿，服侍得无微不至。为攒钱给老人治病养伤，三姐妹轮流上山采药卖钱，确保家中炊米无虞，让老人免受饥寒之苦。寒来暑往，三姐妹对老人的孝心与日俱增。两年后，老人终因病重离世，三姐妹倾其所有，将老人厚葬。老人死后，姐妹三人相依为命，早出晚归上山采药，过着俭朴而又宁静的生活。冬去春来，年复一年，由于姐妹三人齐心合力，勤奋劳动，生活渐渐好了起来。承载父辈善良秉性的三姐妹用自己的医药技术热心帮助穷苦乡邻，看病抓药从不收取分文，还经常接济生活困难的人家，三人因此成了众人心目中的"活菩萨"。尤其是乡邻们知道三姐妹苦难的身世，又目睹她们年复一年地孝敬老人，无不被她们的大孝大善所感动，四乡八邻的百姓都把她们当作自己的亲人，用亲情温暖三姐妹的心扉，逢年过节热情邀请她们到家里做客。三姐妹的苦难身世和孝善之心不仅感动了世人，也感动了天仙。一日，神农仙云游来到碧洲，目睹三姐妹热心帮助乡邻，无偿送医送药，不禁仙心怦然，遂决定让她们登仙班、列仙位，修成正果后普度众生。但在成仙之前，神农仙还想考一考三姐妹。

首先被考的是大女儿牡丹。神农仙装扮成丑陋肮脏的老丐，横卧在牡丹采药回家的路上。牡丹见路上躺着一个奄奄一息、蓬头垢面的老者，立刻停下脚步，上前询问究竟。神农仙暗中将一坨蜂蜜抹到脚背上，沾上蜂蜜的地方顿时长出一个杯口大小的疮痈，疮口脓血外溢，散发出阵阵恶臭。老丐龇牙咧嘴地告诉牡丹，自己患的是奇毒怪疮，无药可治，唯有让年轻女子口吸疮脓，方能救得性命。牡丹闻言，毅然俯身口含又臭又脏的疮痈吸吮起来。牡丹吸着吸着，充溢口鼻的奇臭成了蜂蜜的浓香，老者脚上的疮痈也在迅速痊愈，长出红嫩的肌肤。老者交给她一把钥匙，告诉她三月初三打开白水崖下的石洞，便腾云而去。

第二个被考的是二女儿珍珠。那天珍珠采药回家，行至白水河边，忽见有个形容枯槁的老妇人躺在浅水湾里。正值寒冬腊月，河面上水凝成冰，老妇浑身湿透，瑟瑟发抖。珍珠冲下河滩，背起老妇就要往家赶。老妇对珍珠说："闺女啊，老身冻得快不行了，能不能脱下你的衣服给我换上，要不然……"老妇人说着就昏迷过去。珍珠赶紧把人背到芦棘蓬下，脱下自己的棉袄给老妇人穿上。可老妇人依然浑身哆嗦，直翻白眼，情急之下，珍珠将身上的衣服悉数脱下，自己只穿一件单薄的内衣。此时寒风怒号，天愈发寒冷，珍珠见老妇人噤若寒蝉，俯身将形若僵尸的老妇紧紧抱在怀里，用体温守护一个素不相识的生命……当然，珍珠同样得到一把开启石门的钥匙……

对三女儿登山的考核更具惊险。神农仙把自己变成一只凶相毕露的灰狼，将一株八百余年的灵芝点化成一个三岁男孩。等采药回家的登山出现在山路上，叼着三岁男孩的灰狼便从天而降，挡住去路。小男孩在灰狼口中又哭又闹，奋力挣扎，凄厉的哭声撕扯着登山的心。只听登山大吼一声，奋不顾身朝灰狼扑去，灰狼朝登山抛出一个戏谑的眼神，叼着男孩朝远处逃去。灰狼在前面奋力奔逃，登山在后面紧追不舍，蓦然，一道宽约两丈的断崖将山路阻隔，断崖下是怪石嶙峋的万丈深渊。灰狼叼着男孩凌空跃起，轻易跳到了彼岸，一转眼消失在密林中，只留下男孩的哭声在山间回荡。救人心切的登山冒着粉身碎骨的危险，毫不迟疑地腾身跳向悬崖，就在坠向深渊的瞬间，一朵祥云将登山托起……登山也因此得到一把钥匙。

三姐妹按照指定地点打开洞窟石门，见洞中迎面刻有四句话："善行诚感天，静心苦修炼，七七四十九，入秋即成仙。"从此，三姐妹结庐崖洞，恪守仙规潜心修炼，不论数九寒冬、炎炎酷暑，从不敢偷懒懈怠。时间过得飞快，转眼过了四十九年。经过碧洲高山水雾的浸润，三姐妹全身修炼得白若银辉，光彩动人。当地诸神被她们的美丽所震撼，不愿三姐妹登临仙界，一致要她们长久留在人间。于是，有位山神装扮成神农仙，巧言让姐妹三人服了丹砂。服了丹砂的三姐妹瞬间羽化飞升，在白水崖上化成自上而下、连为一体的三叠瀑布，形似身穿素裙的少女，以飘逸舒袖的婀娜姿态定格在天地之间。

南风面传说

佚 名

莽莽罗霄山，巍巍南风面，位于江西遂川西部山区，锁在深闺人未识。人称"江南珠峰"，海拔2120.4米。东邻大汾滁洲，西系湖南炎陵，南接营盘圩群山，北依井冈雄峰，方圆数千平方公里。主峰襟连十余座千米以上的山峰，最为醒目的胜景有湖洋顶、仙人骑鹤、赵公亭、暗垄尾、鸡公奇、石坳顶、平水山、秀凤仙等，其形如群星拜月，一年四季具有诱人的魅力。春天，漫山遍野的草木俨然一群少数民族的特型演员身穿绿色服饰在井冈山后的大舞台尽展风采；夏天，千沟万壑色彩斑斓的各种山花争相斗艳，如同一群群少女在人间仙境翩翩起舞；秋天，在金色的阳光照耀下，这里的山峦酷似少林和尚和衣而卧，身上披着金黄色的袈裟，峡谷上长出的红枫群活像寺庙和尚，穿着整齐的主持长袍，在向天堂打坐，祈葆天下平安；冬天，这里到处是云天雾海，座座山峰银装素裹，满目晶莹，好一派冰清玉洁的北国风光。

雄伟的南风面不仅景色优美，还有许多鲜为人知的故事。这里是中华民族始祖炎帝神农尝百草、制药方的天然药场，传说湖洋顶就是炎帝神农的洗药池，方圆数千平方米的范围，终年水丰而不干涸。由于炎帝走遍千山万水，为子孙后代造福，玉帝下旨派海龙王为炎帝洗药供水，龙王叫土地神选个地址，把新疆天山的水引到这座洗药池，玉帝唯恐土地神失职，又传令观音大士前往督办，所以山上还立有观音石原身。在洗药池附近，炎帝随手丢下各种草药种子，山上就有了南沙参、红豆杉、天台乌、大活血等名贵药材，衍生出南风面是千草山更是千药山的传说。药材洗净后需要晒干，于是玉帝命土地神划出药池附近几座高峰供炎帝晒药。雷震子见炎帝晾晒药材中有火药，便下到人间准备将火药窃为己有，幸有观音在一旁守护，偷药未能得逞。雷震子跑到天庭发泄怨气，满世界电闪雷鸣，淫雨绵绵，使炎帝无法晒药，玉皇大帝为此严惩雷震子，并责成土地神在洗药池附近塑起一座高峰，峰顶上四季南风不断，纵使不出太阳也可将药材吹干。到了冬天，要等炎帝晒完药大雪才会封山，所以南风面雪不盖顶就不会天晴。由于炎帝天天洗药，药味从山上沿右溪河流溢到滁洲蛟龙潭，潭里的蛟龙感到不适，跑到东海老龙王处告状，老龙王随即派乌龟精前往查看，发现右溪河确有一股浓烈的药味。为保障黎民百姓的健康，玉帝没有采纳龙王不许炎帝洗药的奏请，老龙王无奈，回到龙宫长吁短叹。潭里的蛟龙心有不甘，发誓要阻止炎帝在天池洗药。有一天夜深人静时，蛟龙手持利剑，将洗药池底部捅穿，池水流了三天三夜，洗药池从此变成了一片沼泽地，后来人们就把这座高山称作湖洋顶。

　　炎帝发现一年四季草木都有药用功效，就把野生的草药种子采集起来在南风面晒干，待来年开春试种，以便掌握各种药材的生长过程。一天炎帝上山采药，看到一株质地坚韧的青藤，使劲去拔丝纹未动，于是用石铲连根挖出，小心翼翼地在山腰一块石岩下栽种。到了冬天，这株长藤竟然没有被冻死，翌年春天，长出了嫩叶片儿，炎帝便把这株藤草取名为忍冬藤。到了阳春三月，藤身上开满黄花和白花，悬挂在岩石上，很像出嫁的少女，炎帝就将此花取名为两宝花，黄花为金花，白花为银花，炎帝将金花银花晒干放在开水里浸泡，饮后能清热解暑。曾经栽种过金银花的石岩被后人取名为花石岩。有一次，炎帝采集了一些野花生、红饭豆、红树豆，晒在南风面，据说三种野果均有增强体质、抗菌防感染的作用，伤了手脚可很快愈合创口。当时有一对刚得道的白鸟和黄鸟飞过这里，它们是应王母娘娘之命上天成仙的，白鸟与黄鸟唯恐上天后吃不上人间野味，又来不及到山里寻觅，见炎帝晒有现成的果子，二话不说，就将这野花生、红饭豆和红树豆吃将起来，幸亏观音大士及时发现，施法将黄鸟就地惩罚变成了金鸡石，白鸟正欲飞遁，被观音大士用马尾扫定格成了一座山，成了传说中的鹭峰仙，还有人称之为秀凤仙。现在的雄鸡和白鹭的眼睛长得酷似两粒红豆，脚趾呈金黄色，就是吃了炎帝晒干了的野花生的缘故。

南风面与炎帝的古老传说，在一处处形山胜景中得到惟妙惟肖的精彩呈现。

热水洲的传说

刘述涛　搜集整理

在遂川美丽的西部山区,有一个叫热水洲的地方。热水洲不但以它独特的风景吸引来自全国各地的游客,还因为随地挖个坑都是温泉水,可浸可泡可嬉戏,而让这些游客把这里当成了他们的快乐天堂。

其实,让人着迷的不只是热水洲的风景,还有它那美丽的传说。相传尝百草的神农当年在全国各地寻找一个可以一年四季晾晒草药的地方,寻来寻去,终于在遂川的南风面,发现了这么一个四季都刮南风的地方。南风俗称暖风,对于药草的晾晒起到了关键作用。

自从找到了南风面,神农就在山上建起了洗药池、晒药谷、熏药间等一系列草药制作基地,你现在到南风面去,这些洗药池还清晰可见。

虽说南风面一年四季都刮南风,但到了秋冬两季,神农蹲在洗药池边上,用冰冷的山泉水洗药的场景,还是令许多人看见了心疼。同样心疼的还有一位站在天界上王母娘娘身边的五仙女,这位五仙女每天透过云层,看到用冰冷刺骨的凉水洗草药的神农,心就无比疼痛,想把自己化作一捧热水,让神农使用。

真正要说起五仙女和神农的结缘,还得从王母娘娘身上说起。有一天,王母娘娘忽然想起南海仙翁曾经答应过她,要送给她一支万年的灵芝。王母娘娘这日掐指一算,万年灵芝在古历的六月初六就刚好成熟。于是,王母娘娘就命五仙女化成仙鹤到南海仙翁处取灵芝。谁知，五仙女变成仙鹤，飞在天空中，就要飞越南风面的时候，却被当地猎人当成普通的仙鹤给打了下来，好在遇到了神农，神农从猎人手里要到了受伤的五仙女，并把她带到了南风面，神农每日给仙鹤换药送水，仙鹤也在旁边目睹了神农冬天用冰冷的山泉水洗草药的情景。

一个月后，五仙女变成的仙鹤伤痊愈，神农把她放飞，五仙女飞上了天空，绕着神农足足飞了五圈，才恋恋不舍地离去。

从此，神农的一切，五仙女就记在了心上，尤其是神农大冬天的还要就着冰凉的山泉水洗药，更是让五仙女觉得难过。怎么样才能够帮助神农？让神农一年四季都能够用上热水，五仙女绞尽脑汁想的都是这件事情。就在五仙女觉得自己的能力有限，也许永远也帮不到神农的时候。她听到和她一起服侍王母娘娘的六仙女说，王母娘娘洗澡瑶池里的水，装一点洒到人间，就能够化成温泉，一年四季有用不完的热水。

六仙女的话，让五仙女重新燃起了希望，机会终于来了，一年一度的八月初八王母娘娘到瑶池沐浴更衣的日子到了。五仙女服侍王母娘娘沐浴更衣后，偷偷用小金桶装上一小桶瑶池里的水洒了下去，谁知水被大风刮走，落到了今天的汤湖。五仙女不甘心，索性一不做二不休，又从瑶池里舀出满满一大金桶的水洒了下去，水落在离南风面不远的大汾，也就是现在的热水洲。

从此，汤湖和热水洲就有了长年不断地温泉水，而热水洲的热水量又比汤湖的更多更热，这就是五仙女后来那一金桶装得更满更多瑶池水的缘故。自从有了热水洲的热水，神农洗药就舒服了许多，有时还在热水洲洗个天然的热水澡。

这一切，五仙女看在眼里，喜在心头，觉得自己终于帮助到了恩人神农，了却了心中的夙愿。谁知道好景不长，五仙女私自将瑶池水洒向人间帮助神农的事，还是被王母娘娘发现了，王母娘娘大发雷霆，要把洒向人间的水收归瑶池，让两处温泉永远流不出热水。五仙女跪在王母娘娘旁边哭求，说只要不收回瑶池水，要她受什么样的惩罚她都接受。最后王母娘娘把五仙女化成了一座大山，让她永远地守候在汤湖和热水洲之间，你现在看到的五指峰和仙女岩，就是五仙女的化身。

如今，汤湖和热水洲早已成为了旅游胜地，人们在享受温泉带来快乐的同时，无不被五仙女的故事深深打动。

热水洲"爱情天梯"的传说

郭相焕 古志雄　搜集整理

"遂川西南有温泉，万座青山万户烟，最喜年丰人乐业，白云深处总开田。"诗中的温泉指的是遂川西部山区大汾镇的热水洲。

清乾隆年间，十多户从广东丰胜迁居过来的林姓人家，在这里安定下来。热水洲高山林立，峰峦叠嶂，深山幽谷纵横交错，云气泉声四时不绝。得天独厚的自然条件，使居住在这里的人们生活宁静祥和，衣食无忧。

距这里一山之隔的是井冈山市黄坳乡的一个村庄，住着一户吕姓员外，家中比较富裕。他有一个如花似玉、心灵手巧的女儿，名叫燕娇，燕娇的勤劳和美丽使许多年轻小伙子做梦都想得到她的爱情。

黄坳虽然与热水洲相距不远，但因山高路险，平常少有人会进入热水洲。有一年春天，员外听说热水洲不光风光秀丽，且温泉神奇，便兴致盎然地带着女儿燕娇来到热水洲泡脚游玩。当他们走到山路窄得像一根羊肠的"梯子崖"时，由于路面铺满了落叶，而且还有漫流的山泉，地上湿漉漉的，员外突然脚底打滑摔到悬崖下面的沙砾上，把右脚摔成重伤，疼痛难忍，不能行走。女儿燕娇措手不及，眼睁睁地看着父亲摔到山下却无计可施。这时，正遇砍柴回家的贵旺路过这里，贵旺长得眉清目秀，身体健壮。见此情景，贵旺立即出手相救，他把员外背到热水洲，挖开温泉让其泡脚疗伤，还不辞辛劳地上山采药为员外治伤，并将员外父女安顿在自己家里吃住。

经过及时的治疗，员外的伤势很快恢复。贵旺的精心护理和热情照顾，使员外内心非常感动，他有心把女儿许配给贵旺，但碍于这个地方太过偏僻，贵旺家实在太贫穷。而经过几天的接触，燕娇对这位相貌周正、朴实善良的年轻后生萌生了爱意。

又过了些日子，这一天，贵旺像往年一样，偕同几个邻友来到山上摘木梓，不知不觉已近中午，大家便就地吃饭休息。忽然，听见对面山上有人唱山歌："九月桂花香，十月木梓红，茶山里山歌如美酒，叫人醉心头。"歌声悠扬美妙，婉转动听。几个后生坐不住了，循声寻找唱歌之人。贵旺一边走一边引吭："涯家的木梓多又多，十条埂岗九个窝，还有九十九个横排上，排排种有九百多；颗颗木梓阿哥摘，句句山歌阿妹和。"

对面山上几位姑娘听到歌声聚集过来，为首的便是吕员外的千金小姐燕娇。当他看到回唱山歌的年轻人时，顿时芳心怦然，似有鹿撞。而贵旺，看到眼前这位姑娘，比前段时间陪她父亲在家里养伤时更加姣美可爱，款款动人，心中难免又艳羡又怅然。

不知不觉，两人一同度过了一个下午，言语交流十分投缘，从对方的眼神中，彼此读出了几分爱慕之意。但碍于双方有同伴相随，只好把儿女情愫压在心底。

回到家中，贵旺向父母禀告了摘木梓遇见姑娘的事。父亲叹了口气说"我们家这么穷，吕员外怎么会把女儿许配给你呢？你不要癞蛤蟆想吃天鹅肉，趁早死了这份心吧"！尽管如此，贵旺倾慕燕娇的爱火与日俱增，他暗下决心，发誓要将燕娇娶回家中。燕娇回到家后，却不敢向父母说出此事，只是郁郁寡欢，苦苦相思。其实，吕员外隐约觉察到女儿的心事，几番劝说，女儿的心病仍无好转，整天愁眉苦脸，日渐憔悴。贵旺在家也是心事重重，茶饭不思。贵旺父亲唯恐儿子积郁成疾，明知不存希望，还是硬着头皮，请媒人来到吕家提亲。媒人带着贵旺来到吕府，受到吕员外一家热情接待，对贵旺本人，员外夫妻俩都很满意，他们顾虑的还是贵旺的家境，担心女儿掉进苦水，一生凄惶。纠结来纠结去，最后吕员外给媒人和贵旺出了个难题，吕员外说：贵旺这小伙子人很不错，但要娶我家燕娇，必须八抬大轿来迎亲。

条件苛刻，吕员外的用意大家心知肚明。热水洲距仙口虽然只有3.5公里路程，但沿途崎岖陡峭，不要说八抬大轿，就是单人行走也得小心翼翼。贵旺悻悻回家后，把提亲的经过一股脑儿向林家长老说了，长老捋须思忖片刻，大手一挥：修路！在长老的带领下，村中所有劳力一齐上阵，连夜抢修简易道路。一时间，热水洲一带灯火通明，工地上人声鼎沸，劈山凿石敲击声此起彼伏。

说来也巧，这天晚上，恰逢观音娘娘从蓬莱仙岛返回南海，路经热水洲上空，见山间燃烧着一簇簇火把，观音娘娘探头细看，原来是一伙人在星夜修路。只见峭壁落巨石，危岩势将倾。"修筑此路，必降灾星！"观音娘娘决定出手相助。她火速来到上天竺寺，向如来佛借来仙龛桌前的一只千斤香炉，随手一提，对准几座岩石来了个"旋风扫叶"，只见空中射出万道金光，天地间一声巨响，几处峭壁即刻夷为平地，一只香炉脚却掉在半山腰上化成一块足石。

得益于观音的帮助，热水洲通往黄坳的简易便道很快就修通了。大喜之日，贵旺果真将八抬大轿抬到吕府迎亲。员外夫妇始料未及，看到愁眉不展的女儿顿时阴雨转晴，想起自己对贵旺的承诺，员外只好让女儿穿上了嫁衣。

后来，当地林姓家族为感谢和纪念观音娘娘急人所难，施惠于民，在热水洲香炉山腰上修建了"观音庙"，从此，前来朝拜的民众络绎不绝。人们将庙前梯子崖这段最险要的山路称为"爱情天梯"，附近一带相传是观音娘娘出手相助打开的一个豁口，地名叫作"仙子口"。

大汾骑楼街的传说

古志雄　搜集整理

古镇大汾,是赣南四大古镇之一,位于遂川县西部山丘,古称"汾江",因"三河汇集,水清如镜"而得名。

当你漫步古镇,可以看到爬满青藤的粉墙,长着青苔的黛瓦,飞檐翘角的精巧雕刻,剥落的但古意犹存的骑楼建筑群。这些骑楼,依山而建,店连店,屋连屋,街连街,鳞次栉比,布局紧凑而典雅。

骑楼街的店门面街而开,门前建有回廊,精心雕琢的石板从门前铺过,352米街面平整光亮,街道两边是宽阔的骑马楼,楼前立柱沿街一字排开,这些古朴、典雅、意象弥漫的街市景致,令人频生怀古之幽情。

关于骑楼街的由来,民间留下"为郎而盖"和"行善而搭"两个传说。

传说之一,大汾圩有一位黄姓年轻寡妇,在西街独自支撑着四口之家和一个铺子,日子过得十分艰难。黄家铺前的对面,有一个摆豆腐摊的单身汉王二。王二同情并暗恋黄氏,常帮着做一些体力活。日子一久,黄氏便觉得离不开王二,但又难以启齿表达这份感情,便煞费苦心地借修缮店铺之机,请人建起了棚屋,将店铺前的街路遮盖了起来,使自家店铺与王二的豆腐摊连为一体。这么一来,王二既可免受风吹雨淋,两人也可同在一个屋檐下,日常交往也就更加自然,顺理成章。不想黄家铺子因了这棚屋生意一下子红火起来,王二的豆腐摊也经常供不应求,其他商家艳羡之余,纷纷效仿,请人在自家店门外搭起棚屋。短短几年，沿街店铺都变成店廊相接的骑楼。后人将棚屋相连的街道叫作骑楼街。

传说之二：很久以前，西街有个开烟纸店的老板，心地善良。一天小店打烊时，老板见一年迈的乞丐在店前屋檐下避雨，雨大天冷，乞丐瑟缩在墙角，样子十分可怜，烟纸店老板走出店门，热情邀请乞丐进屋避雨驱寒，不知为何，店老板再三相邀，老乞丐执意不肯进屋。无奈之下，老板就拿了一卷竹帘挂在屋檐上，临时搭了个小棚让老乞丐躲雨。第二天，老乞丐在店门板上留下一行字："廊棚一夜遮风雨，积善人家好运来。"吉言成真，此后烟纸店果然生意兴隆。店主为感谢老乞丐的恩惠，索性在店面前的屋檐下搭了个有木梁的廊街，许多商家见烟纸店老板建的廊街门庭若市，都仿而效之，各具特色的廊街从西街一直建至东埠，逐渐发展成352米，宽10米，共92间的骑楼街。

高坪五指峰的传说

佚 名

在遂川高坪镇与赣州上犹县交界处,有一座著名的山脉,叫五指峰。这座山峰,在全国所有名冠五指峰的山峰里最为形神毕肖。

五指峰山脉绵延几十千米,是典型的花岗岩垂直发育地貌,与闻名全国的黄山、张家界的地质类型相同、地貌相似。山上自然景观丰富。有仙人脱靴、金鸡报晓、花轿迎亲、蝮蛇出洞、双龟出水、雄鹰傲视、仙人指路、仙人座椅等,这些若人若兽的胜迹背后,蕴藏着许多古老的故事。

在五指峰的峭壁沟壑间生长着珍奇药材石斛和石耳。许多年前,两个号称"石壁飞人"和"恨崖低"的湖南采药人结伴来到五指峰,采药人"恨崖低"用绳垂降到峭壁之中,发现峭壁上浅浅的石窝里生长着许多名贵仙药——石斛,他兴奋极了,于是拼命采摘起来。采了一处又一处,绳索在悬崖上摩擦移动,发出轻微的声响。采药人悬挂空中,身下是万丈深渊,仿佛仙人在峰林里舞动。时近黄昏,夜鸟归林,有些疲惫的采药人本想打道回府,突然他发现不远处的石噱里,一株硕大的石斛在微风中摇曳,似在含笑向他招手。这可是有生以来从未见过的神药啊!采药人一阵狂喜,决心冒险过去采撷过来。他小心地挪动身子,近了,更近了……石斛在夕阳中折射出迷人的光泽。他伸手挖下石斛,装进药篓,调整好位置准备向上攀缘。突然,就在他抬头的瞬间,死亡的恐惧立即传遍全身。在他的眼帘里,一条毒蛇正沿着绳索朝他爬行,他惊恐地大叫一声,挥起柴刀本能地砍向蛇头，蛇瞬间在眼前消失，绳索应声而断，采药人发出一声惨叫，跌入万丈深渊。

"石壁飞人"见"恨崖低"惨叫一声坠下山谷，像一张失控的风筝朝深谷飘落，不禁毛骨悚然。他想立即下山寻找同伴，无奈天色已晚，只得找了一处山洞暂时栖身。山风呼啸，猿鸣凄厉。"石壁飞人"在伤感和惊恐中和衣而眠，似梦似醒之间，他看到"恨崖低"浑身是血来到跟前，痛苦地说道："我因为太过贪婪，不小心葬身崖底，希望你明天能到崖底看我一眼。崖底太深，你也不可能把我尸身带回家乡，你只要在能看到仙人脱靴之处用些石头泥土覆盖，我就感激不尽了。再有，你也早些回去，这些长在峭壁之间的仙物，都有灵气，像我们这样竭泽而渔式的采摘，肯定会遭到报应的！"

天亮之后，"石壁飞人"绑好绳索，沿峭壁下到沟底，在一块岩石底下找到"恨崖低"，"恨崖低"尸身已经僵硬，绑在身上的绳索还在，断痕处平整，分明是刀砍所致。谷底四周如刀劈斧削，要想把尸身弄出山外几无可能，"石壁飞人"只得遵梦中之嘱，将"恨崖低"就地安葬。石壁飞人抬头环顾，不远处兀立一块奇石，高达数十丈，形状酷似一只靴子。这就是仙人脱靴了，"石壁飞人"想，就让他在这里安息吧。"石壁飞人"找了一些石块覆盖在"恨崖低"身上，就算安葬他了。"石壁飞人"爬上悬崖，向居住在附近的高坪人讲述了这个历险故事，然后返回家乡湖南，从此，"石壁飞人"将药篓藏起，转而选择了一块山场，搞起了药材种植。

传奇巾石峰

彭石生　搜集整理

巾石乡有一座巾石峰，巾石峰是这片乡土的最高峰。

巾石峰何以称为巾石峰，一个古老传奇可以解开背后的密码。

话说蛮荒时代，天界首领太阳神被困炎谷，火神篡位，诸神内讧。逍遥神救起雷神之子云和风神之女巾，将他们装在乾坤布袋里，落荒而逃。马经此地，不小心摔了一跤，在岩石上留下一个深深的蹄印，后人称此地为"马"。慌张之中，逍遥神手中的布袋口松开，云和巾同时从布袋中掉了出来。逍遥神只顾逃命，沮丧地"呸啾"了一声，捡起被风吹出数米远的布袋翻身上马，急驰而去。

云和巾从天界沦落人间，被飓风分别裹挟到两座山上。林海莽莽，云雾茫茫，云和巾举目无亲，形单影只，各自找到一个山洞暂且栖身。年少的云和巾成了地地道道的孤儿。小天神云不愧为雷神之子，父辈的血性根植于他幼小的心灵。他长得熊腰虎背，浓眉大眼，说起话来声若洪钟，一双虎目炯炯有神。自从他客居泉江河畔那座临水兀立的山峰以后，这座山头便终年云雾缭绕，恍若仙境。云夜晚在洞里潜心修炼，白天出山深入市井，察看人间烟火。有一天，云来到一条名为雩溪的街市，在人群中走走停停。街两旁琳琅满目的货物，不时吸引着他的眼球。正看得兴浓，蓦然，街市上人群骚动。只见一个衣着简朴、面容姣美的少女迈动着三寸金莲，没命地奔跑，少女身后，两个家丁模样的男子紧追不舍。"救命呐！救命呐！"两个年轻男子一把抓住少女，一左一右挟持着来到一个身着锦衣的公子前。"好你个臭婊子,老子看上你,是你上辈子的福气!"锦衣公子淫笑着,在大庭广众下恣意对少女非礼,街上行人则像看见瘟神一样唯恐躲避不及。见此情景,云可谓是怒从心头起,恶向胆边生。朗朗乾坤,岂容你为非作歹!只见他疾步上前,一把揪住锦衣公子,只轻轻一提,锦衣公子便直愣愣地悬在空中;再随手一甩,像甩一个空心萝卜,锦衣公子被掷出一丈开外,摔得他哇哇大叫,两个家丁见天上掉下个大力神,急忙搀起锦衣公子落荒而逃,周围的百姓无不拍手称快,对这个除暴安良的陌生侠客赞叹不已。

　　雩溪一带,历来是个缺雨的地方。每到夏种时节,百姓为了争夺水源拳脚相向。若遇旱情严重,田里便颗粒无收,灾民逃荒要饭者甚众。为了驱赶旱魔,救雩溪百姓于水火,云把自己关进山洞,苦练神功,经过三百六十五个日日夜夜,云终于修成了凝云蓄雨的功力,只是万事俱备,尚欠东风,没有风的吹拂,普度众生的祥云就无法化为甘霖。无奈之下,云只好星夜下山,溯江而上寻找风神之女巾。

　　话说风神之女巾与云分隔两地以后,在龙泉南面几十公里的山上结庐而栖,因思念父母而郁郁寡欢,终日以泪洗面。在抑郁中度过了一段时日,小神女逐渐走出心灵的阴影,开始关注这个栖己之身的世界。她发现自己栖身的地方是方圆数十里群山中海拔最高的山峰,颇有鹤立鸡群,雄峙天东的宏伟气势。山上灌木虬结,奇崖俨然。令人诧异的是位于峰顶处,一道清泉从石缝中渗出,四季细水长流,即使旱年也从未干涸,许多当地山民带着香火纸钱,不辞辛苦上到山顶,在这道清泉池畔烧香跪拜、祈佑祈福。到了秋天,寒露前后,一片片低矮的小树上结满了毛茸茸的野果,许多当地人挑箩背篓,上山采摘野果拿到集市上出售,换回些油盐酱醋和针头线脑,让小日子多一点滋味。与此同时,漫山遍野的山茶花竞相开放,那花一簇簇、一丛丛,如片片云彩,像抹抹雪衣。小神衣被山上美丽的景色吸引住了,她惊叹人间竟有如此迷人的仙境。怡人的环境、安详的日子,逐渐平抚了巾与亲人离散的忧伤,她姣美的脸庞上开始绽放出少女的笑靥。每天清晨，巾就会早早地来到清泉池畔，对着初升的太阳梳洗着长长的秀发，然后轻移莲步款款走下山来，向当地女子学习纺纱、织布……

时光在织布机的"吱呀"声中悄然而逝。不知不觉，小神女学到了一手纺纱、织布的真本领。她纺出的纱均匀、柔韧；织出的布密实、精致。她俨然一个地地道道的纺织女。成了纺织女的小神女开始凡心萌动，久违天庭的她将众神倾轧的血腥记忆埋进心底，向人间善良的百姓敞开了心扉。她在心里打定主意，要多为百姓提供力所能及的帮助，纵然耗尽心力也在所不惜。果然在一个淫雨霏霏的春季，天地间陡然笼罩着浓重的雾瘴，方圆十里阴霾弥漫，七七四十九天不见天日，十里八乡疫情肆虐，人心惶惶。小神女心想：瘴气一日不散，百姓罹难愈甚，但如果出手相救，唯恐自己年少力单，驱除雾瘴必然自损功力。面对生灵涂炭、哀鸿遍野的惨状，小神女毅然只身回到山上，调动体内有限的神力，将自己的精气神转化成一股气流，朝密不透风的雾海荡涤了三天三夜。待到瘴气散尽，小神女已成销形蚀骨之人。

元气大伤的巾决定闭门修炼，尽快恢复神力，以防雾瘴再生，确保一方平安。谁知闭关静养了两天，小天神云便找上门来。昔日的小伙伴重逢，自然分外欣喜。云将此行目的实言相告，巾亦自然满口应允。无奈此时的巾已是心力交瘁，对云的救助有心无力。经过商议，云决定留在巾的身边，每日吐纳雷电为巾强筋健体。经过男性阳刚之气的照射，巾的体力渐趋恢复，闲暇时两人也会漫游于山隈谷壑，享受大自然的奇情异趣。在相伴相扶的日子里，情窦初开的云与巾萌生了爱的情愫，只是碍于启齿而未吐露衷肠。为了尽快救民众于水火，云与巾没有沉湎于儿女之情，在一个盛夏之日双双来到泉江河畔，在云栖身的山上施展神力，一个聚气生云，一个化云为雨，只见雩溪一带瞬间浓云密布，电闪雷鸣，疾风撼树，大雨如注，裸露的河床重现了湍急的水流，龟裂的田野重获甘霖的滋润……被旱魔推至绝境的百姓们欣喜若狂、纷纷燃纸焚香叩谢苍天救难之恩。

　　云与巾在人间赐福为民的消息传到天庭，凶狠的火神立即差遣大力神下凡，欲对两人兴师问罪。云和巾奋力反抗，宁死不屈，逃回各自栖身的山洞。大力神恼羞成怒，大臂一挥托起两块巨石，将云和巾分别堵在洞里，并关闭了两人通往天界的神秘之门。从此，云和巾被深锁洞中。巾的眼泪化为清泉从石缝中流出，汇成小河向云囚禁的山峰蜿蜒而去；而云的愁绪则化作如丝如缕的云絮，长年萦绕在高高的山巅。后来，人们把囚禁小神女的山称作巾石峰，把云陷身崖底的山叫作云岭。

神奇的"仙人井"

梁路峰　搜集整理

　　遂川县堆子前镇西大门，有一个叫久渡坳的山坳，与草林、西溪毗邻，遂井公路贯穿全境。这里人杰地灵，物华天宝，交通便利，南达湖南桂东县，北上井冈山，是一个景致宜人的旅游好去处。

　　在久渡坳山下的一个小山坑口，古时有几间店铺，店铺旁边有口清澈的水井。传说很久很久以前，有一对夫妇流落到此居住。这对夫妇发现此处客来人往，源源不断，便决定在这里开一家酿酒、磨豆腐的作坊谋生。这对夫妇买卖公平，对顾客热情接待，服务周到，除了酿酒、磨豆腐外，还经常为南来北往的过客备好茶水、火笼、蒲扇，供路人歇脚时使用。他们的善行，深受当地百姓的称赞。然而，尽管这两口子每天起早贪黑，辛勤劳累，一年到头挥汗如雨，也只能维持温饱，碰到灾荒年月，谷米、豆子断了来源，既酿不出米酒，也磨不成豆腐，日子就会陷入困境，难以糊口养家。

　　有一天，突然不知从何处走来一个白胡子老头，进店喝酒，小两口像接待其他顾客一样，热情给白胡子老人送上一碗米酒，老人喝了两口酒后，啧啧地对男店主赞道："好酒、好酒呀。"男店主凑合着说："客官，酒虽好，就是难解温饱啊。"白胡子老人听后疑惑地问："店家，你这话怎讲？"店主直言快语地说："去年大旱，今年又大涝，米价暴涨，而且很难买得到，我的酒店都快要关门了，没有酒卖，磨不了豆腐，我们今后的日子不知怎么过啊！"说着眼泪禁不住流了出来。白胡子老人听后微微点头，若有所思。喝完酒后，老人对店主说:"看你们小两口做生意很诚实,我就助你们一臂之力,今后不用担心没酒卖。不过,你们两口子千万不要对外张扬。"说着,白胡子老人起身走近店旁的水井,从身上掏出7粒糯米抛入井中,然后飘然离去。小两口见状,茫然不知所措,不知白胡子老人葫芦里卖的是什么药。

第二天一大早,奇迹出现了,卖酒的店主到井里担水,舀起来的水弥漫着一股浓郁的酒香,店主一品尝,竟是口味醇厚的米酒。小两口高兴得手舞足蹈,欣喜若狂。这天上午,一些客人喝过店里的酒后,无不赞叹不已。酒客们一传十、十传百,酒店里的生意骤然红火起来。从此,店主不需酿酒都有卖不完的酒,手头的积蓄越来越多,小日子过得越来越滋润。过了好长一段时间,店主两口子悄悄商量:现在有了些本钱,不如清闲些,豆腐懒得磨了。但是小两口又不愿意放弃养猪,可是不磨豆腐,又哪来喂猪的下脚料呢?小两口不由既忧虑又懊悔起来。

又过了好长一段日子。一天,不知从哪儿又来了一个满头白发的老人,同样走进这家酒店喝酒。白发老人一边品尝一边啧啧称赞:"好酒!好酒哇……"老人询问店主:"店家,看来你的生意很不错。"店主高兴之余想起养不了猪的事,马上露出一副怅然若失的样子,说"生意是好,可惜猪无糟吃,养不成猪,又少了一条赚钱的路子呀!"白发老人听完店主的话后长叹一声,然后自言自语地说道:"天高地高,人心更高,井水变成酒,又嫌猪无糟。"店主听出言外之意,猛吃一惊!一转眼,白发老人已不知去向。原来白发老人就是上次来的那位白胡子老人,事隔多年,现在连头发也花白了。店主夫妇好生懊悔,一时心慌意乱,不知如何是好。

翌日一大早,店主再到井里挑水,可是提起来的却是以往的清泉水,井里再也闻不到酒味了。

酒店夫妇后来才得知这是仙人下凡,来到人间救灾救民,帮助他们共渡难关。无奈这对夫妇人心不足,得而复失,悔时已晚。

此后,开店的夫妇不知去向,留下了一口清纯的水井。当地人把这口水井称作"仙人井"。井里的水终年清澈甘甜。

若干年来,附近的百姓一直离不开这口水井,井水不涸不溢,福佑一方。

如今,"仙人井"成为当地一处神奇的景观,久渡村委会把"仙人井"建设成为新农村的一个亮眼景点,整修水井,修建休闲广场,这里成为南来北往一个十分养眼的景观社区,成为遂井省道线上一颗亮眼的明珠。

鄢溪轶事

胡　睿　搜集整理

子替父相亲

在信守"父母之命，媒妁之言"的古代，骗婚的事屡见不鲜。在清朝嘉庆年间，鄢溪村有一桩骗婚事件却成为美谈，而且流传甚广。鄢溪先祖黄义方兴建正亮堂后，来不及享受竣工的喜悦，发妻便因病离世。黄义方一度意志消沉，为了重振家业，五十三岁的他打算续娶。听说王家有女贤良淑德，待字闺中，于是托媒人前去说项。黄义方担心王家不肯答应，安排儿子顶替自己前去见面。儿子黄存锦二十六七，意气风发，仪表堂堂，王氏一家甚为欢喜，满口应允这桩婚事。等到成亲那天，黄义方身穿喜服站在门外迎接，王家女儿才知新郎另有其人，死活不肯下轿。儿子黄存锦跪在轿前，将一长串钥匙扔入轿中，央求道："从今往后您就是我的娘啊，这个家都交给您来做主了。"王家女儿羞愤无奈，只好出轿与黄义方拜了天地。婚后，老少相配的黄义方夫妇相敬如宾，育有二子十三孙。当时王家始终不见新姑爷上门，时隔多年才知道女婿被调了包，虽然心有不甘也只好认命。

十里八乡讨井水

鄢溪正亮堂的房屋构造遵从客家习俗中的"九厅十八井"，其中十七井为房屋天井，一井为房屋外的一口水井。当年黄义方兴建正亮堂时，为方便汲水，在地底利用废旧烟囱节节相连，将后山深层水引流到井中，还在山上栽满樟树以涵养水源。井水清澈甘甜，经年不涸，可日供三百人饮用，至今黄氏族人的生活仍离不开此井。据说，这口水井曾经还有祛毒治病的神效。在新中国成立前，有一年乡民大规模患染痢疾，由于医疗条件十分落后，很多人得不到有效医治，痛苦不堪。这时人们发现唯独鄢溪村井下组没有类似病例，查探原因得知，皆因村民从同一口井中取水饮用。有些邻村人前来取水，发现井水确有奇效，连一些染上痢疾的病人都喝好了。这事一传十，十传百，十里八乡的人都闻讯跑来，每天在水井旁排着长队。黄姓人家十分慷慨，对前来取水的人提供便利，赢得了远近乡邻的尊重。

严厉族规倡诚实

在正亮堂内，黄氏家族已繁衍十余代，"作善培元"的理念始终根植于子孙的思想深处，族中历来人才辈出，多为乡里造福。当然也有少数纨绔子弟，不学无术，横行乡里。黄氏族人为此感到忧心，因此立下严厉的族规来约束族人。其中有一条特殊的族规便是"过了年二十四，债主不得进门"。讨债的永远比欠债的记性好，这债主要来，如何拦得住？其实，此规定就是要让族人在年底前将自家债务还清，不得欠人隔年债。这条族规的本意，一是劝导族人诚实守信，穷不失义；二是激励族人自食其力，发愤图强。如果有人被债主上门催债，不但自己会被族人讥笑，家人也会因此蒙羞。从此，黄氏子弟都奉守这条金律，无论贫穷还是富贵，绝不能给祖宗、家人抹黑。

左安观音桥故事二则

钟书先　搜集整理

左安圩镇下街圩背有座观音桥,是通往左安园溪村和上犹等地的主要桥梁。此处原来是个深潭,只有一座木板水桥,经常被洪水冲走,过往行人极为不便。清朝末年,当地乡绅牵头募捐建造,在河中用麻石条砌四个桥墩,桥面由木头架成,全长70多米,20世纪90年代,桥面改为钢筋水泥结构。

百年观音桥,至今还流传着两则动人的故事:

观音建桥保平安

相传很久以前,观音娘娘离开天庭外出巡查,行至左安,在云层往下眺望,发现有几位农妇在河边沙滩上哭哭啼啼,旁边停放着几具尸体,便下凡了解情况。听说此处经常淹死人,观音娘娘便大发慈悲,装扮成俊俏农家媳妇,添置木船,在此摆渡,送来往行人过河。

见有漂亮少妇在此摆渡,一些公子哥儿经常有事没事过渡游玩,一睹船姑芳容。几年下来,观音娘娘积累到了建桥的第一笔善款,便委托当地一位虔诚的信徒着手造桥。信徒牵头组织人员四处募捐,请当地最好的石匠打麻石砌桥墩,到深山老林采伐佳木良材。石拱桥即将竣工之时,观音娘娘便离开左安,去别处巡查了。

大桥建成后,两岸百姓深受其惠,为了纪念观音娘娘的善举,当地人在桥首正面建了一座观音庙,内设有木雕观音像,并将石拱桥取名"观音桥"。人们都说观音庙祛病祈福十分灵验，每月初一、十五香火都很旺。自从观音桥建成后，再也没有发生淹死人的悲剧。1980年闹洪灾，左安中学放学时正发大水，老师护送几十个学生过桥回家，学生刚过完桥走到对岸，桥面就被洪水冲走，有人觉得这可能是观音老母显灵，保佑师生平安。

红军领导闹革命

1946年初，一支解放军部队从上犹来到左安，半夜三更在桥头摸掉了敌人的哨兵，悄悄地过桥。天刚蒙蒙亮，解放军包围了驻扎在左安的国民党江西省保安团的一个连。战斗打得很激烈，不到半小时，全歼敌军，活捉敌人20多人，并缴获一批枪支弹药。解放军卸了俘虏兵的枪机，把他们押到横岗村大屋操场上，当地群众纷纷过来围观。解放军战士趁机宣传发动群众。说我们是当年的红军，现在又回来了，大家要团结起来闹革命，推翻国民党的反动统治，建立人民当家做主的政权。

随后，解放军还用随身携带的大米换群众的红薯丝饭，并请三个后生带路转战大汾。回来的时候，还给带路的后生每人发了两块银元。

衙前"四大树王"的故事

佚 名

　　走进衙前镇,群山叠翠,处处古木参天、古韵悠然。这里的百姓世代以林业收入为主,拥有3.2万株古楠木,4万株古樟,1.5万株古红豆杉,1千株古罗汉松;50余处大小古楠群、古樟群,10处竹柏、红豆杉天然林。这里的百姓不追星,不赶潮,却敬古树如神明。在这个古树名木的王国里,最具盛名的当数"四大树王"了。

　　天下第一"罗汉松"。栽植于唐代,又称唐罗汉。坐落于墩尾村老屋场,树干围径5.82米,高18米,树冠达600平方米,树龄已有1000多年,树姿古雅,苍劲婆娑,枝叶秀丽葱郁,果实宛如披着袈裟打坐参禅的罗汉。

　　相传隋唐更替时期,受战事纷扰,这里一带十分荒凉,居住在村里的彭姓家族,自家并不富有却乐善好施,左邻右舍之间互助帮衬,经常接济受困的路人。一天,云游到此处的布袋罗汉在一家彭姓门前化斋,彭氏主人把仅存的两个玉米棒给了布袋罗汉,自家的小孩子却饿得哇哇大哭。布袋罗汉从口袋掏出三粒上绿下红圆葫芦形状酷似打坐和尚的果子交给彭氏主人,说:"这罗汉果可祛病消灾,强身健体,你我是有缘之人,且送与你罢。"彭氏主人将两颗罗汉果分给了两个小孩,拿着剩下的那个果子说:"这种神仙果要是村里的人都可以吃上就好了。"布袋罗汉闻言,随手把那粒果子朝山上一丢,片刻便长出一棵参天大树,树上结满了红红绿绿的果子。彭氏见状,忙对布袋罗汉纳头叩拜,布袋罗汉含笑念道:"红尘多是沥风雨,还滋本色四季同;但教人间增翠色,更祈结果与佛供;默默相视勿多语,意寄窗前罗汉松。"随着一阵爽朗的笑声,布袋罗汉乘云远去。此后彭氏家族在村里开枝散叶,人丁更加兴旺。这棵罗汉松成了这个村里的"祈福树""发财树",谁家若遇灾有难,只要来到这棵树下祈福,便可逢凶化吉,遇难呈祥。

江南第一"猛楠"栽植于宋代,当地百姓称之为宋楠、旺丁树。位于溪口村茶盘洲,围径5.86米,高40米,树冠达800平方米,约有800多年的历史。

传说在光绪年间,朝廷派人来到村里,准备砍下这棵楠木作为贡木。刚砍了一个口子,就被村民发现了,村里的男女老少自发汇聚楠木树下,手牵着手围着树身,用身体保护这棵古树。官差无奈,只好弃树回京。也许树龄久远,就在当年冬天,一场大雪将这棵原本挺拔的楠树拦腰折断,只留下一截树身茕茕孑立在地上。村民们以为此树已死,无不为之伤心惋惜。第二年,无头树干突然长出了新枝。村民们喜出望外,对这棵死里逃生的古树愈发珍爱,精心呵护。如今这棵古楠依然树干粗大,树冠如盖,郁郁葱葱,当地人称其为"楠木王",过往路人誉之为"江南第一猛楠"。当地新婚男女素有到这里"抱楠(男)"的习俗。说的是很久以前,有一对夫妻久婚未孕,夫妻俩无意中手牵手拥抱了一次楠树,四十多岁的妻子竟然很快怀孕,让年逾花甲的丈夫老来得子,消息传出,凡无子嗣的夫妻纷纷仿效,久而久之形成风俗。

中华第一"黄金柴"。黄金柴学名叫牡荆,位于衙前村上宅,该处有2棵黄金柴,一棵围径3米,另一棵围径2.5米,树干高达30米,约有1000年的历史。

相传,当年这一带遭遇一场洪水后,灾疫不断,很多人恶病缠身,死于非命。在南风面晒药的神农知晓后,派他的大弟子吴桑带了神药前往拯救当地众生。在救死扶伤的过程中,吴桑与当地美丽善良的采药女肖氏结为连理。可当地有一恶霸因看中肖氏的美貌欲强抢为妻,陷害吴桑致死,肖氏刚烈不屈,撞死在吴桑坟前。两人化为两株牡荆,相守世世代代,守望坚贞的爱情,守护百姓安康,荫佑一方水土。为此,每年端午时节,家家户户都会采一些小枝与粽同煮,或熬水给小孩洗澡,藉以防疫驱病。

中国第一竹柏。长在双镜村上镜,围径达3米,树干高达20米,树冠面积约200平方米,叶形奇异,终年苍翠;树干修直,树态优美,叶茂荫浓。

传说上镜古村开基于1296年,由彭氏先祖从江西宜春迁徙而来。彭氏家族遵循"一等人忠臣孝子,两件事读书种树"的教诲,兴文种树。而竹柏"叶与竹类,致理如柏,亭亭修直"及四季如碧的形态及美好的寓意被族人立为君子树,后人世代沿袭,广泛栽植。相传当时有位赶考学子,进京的前夜梦见与竹柏对话。竹柏说:依你的学识,考场夺魁,稳操胜券,但读书人先有学识还不够,重要的是不可缺少好的修行,我倒想听听,你们彭氏家族把读书种树作为家训,并列推崇,深意何在?彭家学子不假思索,随口答道:树乃嘉木,涵水养气,荫佑众生;读书好比种树,要以书明礼,以书养德,学成之后造福于民。竹柏听了,笑而首肯。彭家学子进京之后,顺利考取了进士。此后,彭氏家族兴文种树的风气世代相传,有识之士倡办乡学,兴建书院,双镜村从此满山茂林,书香盈庭,文风鼎盛,人才辈出。村里人把竹柏当成"文曲星神树"。后来的"新兴书院"和惜字塔均以这棵古竹柏为邻,竹柏婆娑的树影,摇曳出书院浓浓的书香。自元成宗元贞二年至清末,彭氏族人科考取士的进士、举人、秀才多达百人。如今这个小村落有38个大学生走出大山谋发展,有数十户举家迁徙进城创新业。

五斗江米石岩的传说

佚 名

　　五斗江乡位于遂川县北部林区。该乡米石村有一座山，山上有一块造型奇特的岩石。有一个神话故事相衍而生。

　　据传在很久很久以前，这座岩石旁边有一座寺庙，寺里的和尚一天晚上做了个梦，梦里有个神人指点他，说该岩石下会冒出米粒，每天拿袋子去装就行，当天需要多少，这天就刚好冒出多少。和尚醒来照菩萨吩咐去做，果然见到岩石下流出米来，而且正如神人所说，每天冒出多少米，刚好满足这一天来朝拜菩萨的人的开销，即来一个人有一个人的米量，来100个人有一百个人的米量，米量不多不少，十分神奇。于是此岩得名"米石岩"。

　　年复一年，和尚天天去装米，岩石下也天天冒出米。有一天，庙里的和尚突发奇想，如果把那个岩洞掏得更大点，不就可以流出更多米吗？这样吃不完的米可以拿去卖，就可以换钱用了。于是他请来石匠，把岩石下的洞掏得大大的，满心指望多出些米。

　　可是第二天，当他像往常一样拿着袋子去装米时，洞口流出的不再是米，而是黑乎乎的，像沙子一样的东西，根本不能吃，从此以后，岩洞再也不出米了，只冒出这种黑色沙粒。于是当地人将米石岩改名为"墨石岩"。

　　因为有这个远近闻名的米石岩，旁边的小山村从此也被人称为"米石村"。

"上龙泉"与"下龙泉"的传说

刘考祥　搜集整理

遂川,古称龙泉。民间有"上龙泉"与"下龙泉"之说,其由来,还有一段传说。

相传,明朝崇祯年间,龙泉县五斗江三溪人氏郭维经,官居监察御史,他位高却未曾忘乡亲。

他常想起家乡那绵延起伏的高山和那羊肠似的山道,以及乡民们经年耕作却仍难糊口的情景,还想起家乡许许多多的困苦……于是,萌生了为龙泉县减免粮税的念头。

某日早朝时,郭维经奏请皇上为龙泉县减免粮税。他在奏折上写道:龙泉县山多田少,且山高水恶,粮无糊口……臣请替龙泉县减免粮税云云。崇祯帝看过奏章,为表抚民之心,即派大臣前往龙泉县实地巡察。

一月后,巡察大臣回奏说"龙泉县地处丘陵山区,林木茂盛,良田肥沃。可谓鱼米之乡。城内民富物阜,粮价低廉。粮市上,红塔下,农人挂着红旗卖红米;白塔下,农民挂着白旗卖白米……"皇帝坐在金銮殿上,听了巡察大人的陈述,龙颜不悦。一班文武大臣替郭维经担忧者有之,幸灾乐祸者亦有之。郭维经并未惊慌,他对于家乡情况了如指掌。巡察大臣所说的只不过是县衙附近弹丸之地的情况,还有更多更广的地方他没有说。于是,他驳奏说:"巡察大人所见,乃'下龙泉'也。'上龙泉'则山高水冷,数十里不见人烟。曾有人作歌曰:'上龙泉鬼门关,鱼过被夹扁,马过要卸鞍。'

请皇上明鉴。"皇帝问巡察大臣可知此情？巡察大臣语塞。皇帝只得再次派人前往龙泉巡察。

这次，郭维经得知巡察大臣要巡视"上龙泉"，于是先派人漏夜赶归龙泉送信，嘱咐知县如此这般。

待巡察大臣再次来到龙泉巡察时，知县便领往"上龙泉"巡察。走过几十里渺无人烟的山路，尽是奇峰怪石、瀑布悬崖。巡察大人坐在轿内也被颠得腰酸背疼，唇干舌燥，好难忍受。正在不耐烦之时，恰好见前头不远处有人在歇肩。巡察大人于是催轿上前，见是一农家汉子，身上挂着老长一串草鞋，身边放了半担红米，巡察大人以为那农家汉子是卖草鞋的，问："农家，莫非你是卖草鞋的？"

"哦——，不，我是上龙泉人，现如今从下龙泉买米打回转。只为路途崎岖遥远，特编草鞋一担路上备用。走到下龙泉已用去大半，现剩下这串草鞋还不知够不够我回到上龙泉自己的家里呢。"汉子愁着脸说。

听了汉子的话，巡察大人呆呆地望着前面的高山，半晌回不过神来。想到自己此行的任务，又只得硬着头皮继续往前走。大约又走了两个时辰，刚翻过一座山，迎面遇见一老者，身上也背了一长串的新草鞋，手里提了大半篮扁瘪瘪似鱼非鱼的东西。巡察大人随口问道："请问老人家，何方人氏？今欲去哪？"

"老朽乃上龙泉人氏，今欲往下龙泉卖鱼换米。"老者把装鱼的篮子往巡察大人面前掂了掂。

"篮中之物这般稀奇古怪，难道真是鱼么？"巡察大人一脸狐疑。

老人笑呵呵地答道："这可是上龙泉特产。叫'水打片鱼'。"

"水打片鱼？"巡察大人不胜惶惑。老者见状忙又解释："只因上龙泉山高水急，唯有这种鱼才能生存。它能在瀑布上飞驰，在石缝间穿行。以致身体被阳光晒紫了皮肤，被石缝夹扁了腰身。"

巡察大人闻言，才相信上龙泉民众生活之艰难，不禁深深地叹了口气，摸摸自己被颠得酸疼不已的腰背，再也不愿往前走了。于是，买下老者的"水打片鱼"和那串草鞋，打轿回朝了。

巡察大臣回到朝廷，将此次巡察"上龙泉"的所见所闻详细禀奏皇上。皇上认真看过奏章以及巡察大臣带回来的"水打片鱼"和草鞋，便批准龙泉县粮税减半。

此后，"上龙泉、下龙泉"之说，便流传于民间。

文献街和名邦街的传说

刘考祥　搜集整理

在县城泉江镇有两条名叫"文献"和"名邦"的老街。"文献街",南起东路大道与老县城南门口相接处,北至人民广场,长约360米。宋景祐年间县治北迁后始建于县衙之前方,始称"县前街"。"名邦街",东起文献街,西至罗汉寺,长百米,宽4米,始建于南宋。

两街分别取名"文献""名邦",那是有来历的。

宋代龙泉(今遂川)人郭知章、孙逢吉在朝为官,享有盛名,死后分别谥为"文毅""献简"。人称"郭文毅""孙献简"。后来县人为纪念他们,便在县衙前建造了一块高大的牌坊,上书"文献名邦"四个斗方大字。

清代某年,县里一科中了三个进士。次年,龙泉县来了新任知县。据说他兄弟四个都是进士出身。他到龙泉上任后,看见"文献名邦"牌坊,就问邑人"龙泉县有多少人功名及第?"

"去年一榜中了三个进士。"邑人答曰。

"一个县才三个进士,我母亲生了四个儿子都是进士。一个县比不上我母亲一个肚子,还建造什么'文献名邦'牌坊?"

龙泉的三个同榜进士闻知新任知县的狂言,便一同去见知县。他们对知县说:"我们龙泉县去年虽然只中了三个进士,但墨水可不少。"知县听了说:"不要自吹吧!"三个进士说:"我们可以比试比试。"

"行。"知县满口答应,"现在正是梅花开放时节,我们就写梅花诗。"他们说好坐轿绕城一圈，看谁做的诗量多质好。三个进士说，如果自己输了自愿把牌坊拆了。知县也说，如果自己输了，就把原来的牌坊升高三尺，加宽三尺。

说罢，四人就各乘一顶轿子，从县衙出发，绕城一圈，回到县衙门下轿，各自拿出所做的诗来。一看，三个龙泉进士分别写了四十六首、四十四首和四十一首诗。知县只写了四十首。比较之下，龙泉进士每人做的诗比知县做的诗不仅数量多，而且内容丰富隽永，知县看了甘愿认输。他不敢食言违约，第二天就请来工匠将原有的牌坊升高了三尺，加宽了三尺。

事后，邑人为了纪念郭文毅和孙献简，同时也为了纪念这件事，干脆将"县前街"改称为"文献街"，把建有牌坊的那条街称为"名邦街"。

天子地的传说

佚 名

天子地位于遂川江左、右二溪合流处，面积约10万平方米。这里山势奇异，树林苍郁，二水环流。听老辈人说：谁占了这块风水宝地，后代就可以出天子（皇帝）。

相传很久以前，河畔有户蔡姓人家，名叫蔡昌，中年得一子，取名蔡驼。其子出生时正值傍晚，红霞满天，室内奇香扑鼻，当时有人说，其子后必大贵。蔡昌大悦，此后精心抚养，蔡驼7岁启蒙，从乡间私塾一直读到省城高等学府，在这期间，蔡驼品学兼优，为人正直，博学多才，说话声音洪亮，身材魁梧，比常人高出一尺有余，学成回乡后，在村里开设学堂，广招学生。随着家庭条件的好转，他便乐行善施，修桥铺路，扶贫济困，广施恩惠，受到一方百姓的称赞。

有一年，蔡驼请来一个风水先生，在后山那个地方修建了一座寿坟，风水先生临别前嘱咐说："此地日受千人拜，夜照万盏灯，葬后将出帝王。落葬之时须等棺柩上西岸之后，才可鸣放鞭炮；鸣炮后向西北方天空射箭三支。"几年后，蔡家老人去世，落葬之时，恰逢电闪雷鸣，大雨倾盆，蔡家被这骤变的天气吓慌了，还未待棺柩至西岸就鸣炮射箭。是日皇帝步入金銮殿里，正要登坐理政，忽然三支暗箭直射龙椅，若早到一刻，必定中箭驾崩。皇帝赶忙拿起宝镜一照，才知东南方位王气冲天，有人欲争天下。即派钦差在江西遂川县查出了孕育帝王的"天子地（坟）"，于是兴师动众，挖山凿岩，斩龙断脉，才使此地没有育出天子来，此后，"天子地"就一直被人们作为茶余饭后的离奇谈资，一代代流传。

　　天子地本是新石器时代至晚商时期的古文化遗址。1979年12月，国家文物部门在天子地挖掘文物时，在一座古墓中挖出一块石碑，碑上刻着"添子添孙"四个大字。这是墓主及其子孙为祈求人丁兴旺而立。"添子"与"天子"同音，"天子地"也许就是"添子地"经过杜撰演化而成。

七郎山的传说

佚 名

在遂川县与万安两县交界处的雩田镇江背村一个小村庄内,有一座高大的山丘,绿树成荫,山花遍野,置身其间,神清气爽,心旷神怡。据说,这就是被当地百姓称作"七郎山"的宋代抗辽名将杨继业的七子杨七郎战斗的遗址。

相传,北宋雍熙年间,辽邦侵犯宋土,边关狼烟四起,杨继业父子为保宋抗辽,孤军奋战在前线。据考杨家军行军赣粤,途经庐陵郡,在万安与遂川两县交界的江背村一个山丘上,杨继业父子被乱兵围困,杨七郎临危不惧,奋力拼杀,虽挫败乱兵,突出重围,但还是身负重伤,奄奄一息。当地村民发现后,将杨七郎抬回家中,在村民们的悉心照料下,伤情很快好转。康复后,杨七郎眼含热泪跪谢村民,依依不舍地与村民们告别,继续奔赴抗辽前线。村民们怀着崇敬之心,将七郎送了一山又一山,护了一程又一程。七郎离开后,村民们对杨七郎十分思念,天天祈祷祝福,盼望多打胜仗,并在杨七郎战斗过的山丘上竖起一块石碑,嵌上"七郎山"三个醒目大字,以此纪念杨七郎英勇善战、勇抗外侵的英雄事迹,怀念七郎在养伤的日子里与村民们结下的美好情谊。这座山后来被人们称作"七郎山"。

据当地百姓讲,七郎山石碑竖起后,没几天就长满了鲜红的山花,开出了血一样红的小果子,人们都说那是七郎的血滋养而成的;这里的山花不同于别处,花瓣中有七根特红的花蕊,这里的红果乔木棘针也不同于别处，别处的乔木棘针一枪一钩，这里的却是一枪双钩，据说那是由杨七郎使用的长枪变化而成的。更为神奇的是，千百年来，无论酷暑寒冬，风霜雪雨，抑或是山洪暴发，泥石成流，都摧毁不了这里的一草一木，吞噬不了山上的盎然生机。

葛仙岭的传说

郭　慧　郭桂华　搜集整理

位于江西省吉安市南部的遂川县，古称龙泉，自古山明水秀，人杰地灵。在县内枚江乡的东南方向，有座山名叫葛仙岭，形状像"山"字的肖形。葛仙岭上山高洞幽林盛，附近几处高低不一的山峦由东向西起伏跌宕，巧而成山。山上松柏郁郁葱葱，青石遍布。千百年来，古老而神奇的葛仙岭，默默展示着自己的千姿百态，也留下了一个个美丽的传说。

相传，很久很久以前，山上要修建一座大寺院，主持和尚请来一位木匠师傅制作庙门。和尚武艺高强，行走如飞，木匠动作敏捷，手艺高超，两人都擅长法术。在动工前的傍晚，和尚对木匠说："大师傅，你如果能在明天辰时以前给我做好大门，我一大早赶到赣州城买好酒菜回来做素宴。"木匠听后不假思索满口答应，两人当即立下君子协定：木匠未按时做完不收工钱，和尚不及时买回酒菜付双倍工资。次日天刚放亮，他俩同时起床，各显神通。和尚寻捷径，施轻功，行如腾云，走似驾雾，在山上沿着洞中一条密道赶往赣州通天岩，来回四百多里的路程，两个时辰不到，酒菜便买回来了。木匠也不示弱，他凭自己娴熟的手艺和独有的分身法术，等和尚一走，便像孙猴子那样摇身一变，一下子变出八个木匠，十六只手。八个木匠锯的锯、刨的刨、凿的凿，不到两个时辰，一对崭新的大门便按时完工。两人因此名声大噪。人们将和尚称为跑仙，将木匠称为木仙，山上从此增添了几分神秘，几分传奇。

寺院建成后，一个风和日丽的日子，山上有一对白胡子老和尚在庙门口对弈，一盘棋下了整整三天三夜不见分晓，真是棋逢对！两人决意要分出高低，几天不吃饭，不睡觉，只偶尔喝点泉水解渴。到了第四天晌午，有一位十二三岁的少年上山割柴草，见庙门前的两位长老和尚下棋这么专注，便近前观看。这少年从小聪颖，悟性强，五六岁开始学下棋，在当地已鲜有对手，他看着看着，不一会儿着了迷。他一会儿为两老高超的棋艺而赞叹，一会儿为双方的激烈厮杀而紧张，早已把割柴的事丢到九霄云外去了。长老和尚见少年观棋如此入迷，便递给他一颗仙桃核当午餐，当两和尚赛完这盘棋叫少年回家时，只见那少年捆柴用的绳子，挑柴用的竹棍，割柴用的钩刀都已化为灰烬，而原先他身旁的小树也已长成了参天大树。等少年回到家里，发现村中比他年长的人都早已离开人世，与他同龄的伙伴也都一个个变成满头华发的老翁，而他还是原来那个天真活泼的少年。

后来，不知过了多少年，有一位姓葛的行医道人听到这个神奇传说，特意慕名而来，在风景最优美的北山腰上结庐而居，兴土木，建亭台，采药熬炼仙丹，专为当地老百姓看病行善。葛姓道人医术高，待人好，每每药到病除，福泽一方，远近百姓都尊称他为葛仙神医，葛仙岭也由此而得名。

鹤堂仙的传说

佚 名

　　鹤堂仙,位于遂川县西溪乡,建筑年代久远,传说美丽动人。
　　鹤堂仙山脚下是廖坊村。廖坊,方圆十多里,土地平旷,屋舍俨然。居住着几千人,有农田几千亩。可是,村中间只有一条小溪穿流而过。风调雨顺之年,五谷丰登,六畜兴旺。要是遇上大旱之年,山泉少了,小溪就干涸了,甚至断流了。而境外有两条大河,一条是西溪河,另一条是南江河,都似乎有意避开廖坊,各自拐个弯逶迤而去。乡民们望天天无云,看地地裂缝。心里纳闷着,没有水源,何处取水啊!只有眼睁睁地看着庄稼枯的枯,死的死了。乡民们在这难以生存的土地上挣扎着。天仍然是蓝蓝的,太阳仍然是火辣辣的。劳作的人们总是汗流浃背。有人昂头擦汗,忽然发现一群白鹤在天空中慢慢地前行着。人们久久地注视着远去的白鹤,心里想着:白鹤啊,白鹤,你要飞到哪里去呢?你要是一团云,该有多好啊!过一会儿,白鹤终于停止了前进,栖息在山顶上的树林里。过了一天又一天,人们看看白鹤仍然在树林里活跃着。哦,白鹤竟不愿离去了,要在这片树林里安家落户了,生存繁衍了。久而久之,白鹤渐渐地多了起来。远望山峰,山顶上白白的,是白鹤?还是白云?已经分不清了。年复一年,山顶上白茫茫的一片,像白云笼罩着,是白鹤多了,还是白云多了?也已经分不清了。人们只是惊奇地发现山泉的水多了,小溪的水大了,老天降雨多了,旱灾少了,庄稼绿了,收成好了,人丁旺了。廖坊已是一片繁荣昌盛的景象,牛马成群,鸡犬相闻,阡陌交通，绿林环绕。古云："巢不尽廖坊的谷，砍不尽西山的木。"所指的应是生活在西溪这块土地上的人民，柴米充足，生活富裕的自豪吧！

乡民们认定：这群白鹤是神灵的化身，是群仙鹤！它给人们带来不仅仅是五色祥云，而且美丽富饶，幸福安康。于是，乡民们就把那座高高的山峰称为"鹤堂仙"。有神仙就要奉敬，大家自发地出资投劳，很快就在山顶上盖起了亭子，设置了香坛，用香火祭祀仙鹤，祭祀神灵。后来，又在山上陆陆续续建起了寺庙，塑造了神像。如今，鹤堂仙有大大小小的寺庙上十座，各种神位上百个。

"山不在高，有仙则灵。"鹤堂仙，有了这个古老的传说，使它罩上几分神秘，人们都想去沾上一丝仙气。鹤堂仙，有了这烛光辉煌，香烟缭绕；也有了这声声爆竹，阵阵佛乐；还有这晨钟暮鼓，经声佛号；人们的心灵都想去得到一次洗礼。因此，善男信女们，从四面八方赶来，络绎不绝。尤其是每月初一、十五，人气旺盛，熙熙攘攘。大年初一更是人山人海，摩肩接踵，热闹非凡。

白鹤古仙的传说

胡传桂 钟书先　搜集整理

黄坑乡三坑村600多米的高山上，有座200多年的古庙叫白鹤古仙，是遂川县西部重要的宗教场所。

白鹤古仙山环水绕，竹翠林密，晨雾霭霭，清流潺潺，是天然的绿色氧吧。白鹤古仙慈善情怀代代传，吸引众多群众祈祷祝福，是一处集红、古、绿于一体的旅游胜地。

白鹤报恩

白鹤古仙源于一个传奇故事。在清宣宗道光年间，黄坑乡三坑村密密匝匝群山里，住着一位孤苦伶仃的老婆婆，她丈夫早逝，无儿无女。心地善良的她有一次上山砍柴，看到路旁一只受伤落单的白鹤，就把它带回家治疗，治愈后放回山野，回归自然。这一年的农历十月二十八，老婆婆上山砍柴，因年老体弱，经过一个山坳时，再也支撑不住，一阵眩晕昏倒在地，人事不省，时至中午，无人救治，奄奄一息。此时，那只被救过的白鹤从空中飞过来，看到救命恩人倒地不醒，便降落到了老婆婆的身边，用翅膀轻轻拍打着老人，并不停地鸣叫，希望能唤醒老人，还将自己的唾液喂进老人口中。可唾液能有多少呢？老人依然昏迷不醒，情急之下，白鹤就在路边一块石片上磨破了自己的嘴角，让自己身上的鲜血慢慢滴进老婆婆嘴里，老婆婆终于悠悠地苏醒过来，白鹤却血尽而逝，倒在了老人身边。前来寻找老婆婆的村民便将这只舍生报恩的白鹤埋葬在了向阳的山坡上。老人回家后，疾病不治而愈，从此变得身强体壮。她逢人就说是白鹤救了她一命，因此更加乐善好施。为感谢这只白鹤的救命之恩，在村民的帮助下，老人在白鹤埋葬的地方建起了一座小房子，取名为白鹤仙，早晚对着仙鹤灵碑烧香祭拜，村里人也经常到这里祈求健康。也许是心诚则灵，也许是经常天天上山锻炼了身体，老婆婆一直活到109岁才无疾而终。

白鹤仙的神奇传说不胫而走。每天来这里求医问卦的人越来越多，特别是农历初一、十五，来此烧香祭拜的更是络绎不绝。而每年的十月二十八日，则是白鹤古仙最隆重的日子。后人把老婆婆被救、白鹤仙逝这一天当作了白鹤神鸟的"生日"，在这一天，从黄坑到大汾，从左安到湖南，一路走来的，都是奔向白鹤古仙的人们。他们把自己对生活的希望，对命运的多舛，对人生的苦恼，都向仙庙的白鹤诉说，希望那长眠于人们心里的白鹤，能够出现在自己的梦中，为自己释疑解惑，指点迷津。由于白鹤神鸟"生日"这一天来的人太多，以至道路拥堵，很多人只好提前一天或推后一天赶来祝寿，形成了连续三天壮观的庙会。

神鸟显灵

1928年10月底，陈毅率部从井冈山下山，在白鹤古仙歇脚过夜，目的是去收编国民党湖南第八军闾仲儒的起义部队。此时闾仲儒部营长毕占云奉命在桂东与鄢县交界的地方"围剿"红军。毕占云召开连排长会议，意欲投入红军，参加革命。他派出人员与红军部队联系，陈毅在白鹤仙热情接待了毕占云派来的副官蔡达景。面对心存疑虑的副官，陈毅和他进行了推心置腹的交谈，交代了我党对国民党投诚官兵的政策。最后，陈毅指着堂前的白鹤神像对起义部队的官兵们说，一只白鹤尚且能知恩图报，舍生取义，我们共产党人又怎么可能出尔反尔？做那种背信弃义的事情！陈毅的话消除了副官的疑虑，促使毕占云与陈毅商定了起义的有关问题。毛泽东在《井冈山的斗争》中指出："仲儒部有126人投入红军，编为特务营，毕占云为营长。"毕占云部的起义，不仅增强了工农红军的实力，削弱了反动营垒的力量，更重要的是他开创了国民党整连、整营成建制地加入红军的先例，为后来大批国民党军队起义投诚做出了榜样。也正是在白鹤古仙对起义部队的那次谈话，让那群投诚的国民党官兵坚定了信念，相信只有共产党才能救中国，只有跟着共产党走，自己才能够有更好的未来。

  1929年1月15日，陈毅在白鹤古仙宿营，当时国民党的部队恰好驻扎在大汾镇，得知消息后朝黄坑白鹤古仙扑来。行至山下，正要登山，却发现满山遍野白茫茫一片皆是浓雾，伸手不见五指，无法找到登山之路。浓雾深处还响起此起彼伏的白鹤鸣叫声。围剿部队指挥官气急败坏又无可奈何。等到云开雾散，围剿部队发现自己转了一天一夜，竟然还在山脚下徘徊，只好灰溜溜地撤离黄坑。红军在经过三坑村时，当地村民钟传洪、钟继真、钟森彬、钟单辉、钟俊发、钟道桂、"矮子古"、钟世瑞、钟世祥九人投奔红四军。得知他们都姓钟时，陈毅风趣地称赞他们是忠于共产党的"钟九子"。从此，这几位白鹤仙下的"钟九子"跟随红军转战各地，参加了第三、四、五次反围剿战斗，先后为中国革命献出了自己宝贵的生命。

赵公亭的传说

李星联

相传很久以前,湖南石洲有一位忠厚老实、勤劳诚信的石姓贫民,儿子七、八岁起就为乡里一家财主放羊牧牛,天天把牛羊赶到山坡上,起早摸黑从不间断。突然有一天发现少了一只小羊羔,他找遍了整座山就是不见羊的踪影,眼看就要天黑了,可这个放牧娃怕丢失了羊遭财主惩罚,不敢回家,但这茫茫高山,夜晚野兽又频繁出没,若是碰上老虎豺狼什么的连性命都难保。正当他忐忑不安之际,一个白胡子老头出现在牧娃面前,牧娃对白胡子老头说:"老人家您为啥还在这里?"白胡子老头反问牧娃你为什么也在这里。牧娃对老人说,我是因为把财主的小羊羔弄丢了,怕会挨打受骂,所以不敢回家。白胡子老头对牧娃说,你不要急,我知道你的小羊羔在交界坳路旁,你今晚先回去,明天再到坳上去把羊牵回就是。说着,白胡子老头就不见了……

牧娃回到财主家,到羊圈牛棚一点数,羊未丢失牛未少,这让牧娃感到莫明其妙,一夜没合眼。第二天吃过早饭,照常去这山上牧羊放牛,他赶着牛羊到了牧场,然后按照白胡子老头的指点,路旁土坳上一看,那里果然真的有一只羊羔,只见全身白色,像冻僵了似的,一动也不动,他想把那只小羊羔扶起来,不料手一搬动,羊羔瞬间就变成白花花的银子,牧娃大喜过望,将这堆银子用衣服包好,把牛、羊赶回老财主家,然后带着这白花花的银子打算回家做生意。回到家后,牧娃爹询问银子的来历,牧娃一五一十把来龙去脉如实告诉了父亲，牧娃爹说："孩子，事情如果真是这样，那你是遇上了'财神爷'了。"后来这石氏牧童为了感激这位白胡子老头送财赐福，父子俩就在出现银子的山坳上建起了一座亭子——赵公亭。

　　牧娃一夜间成为暴发户的事被传得沸沸扬扬，老财主怀疑牧娃偷了他家的牛羊，强要牧娃父子赔他的家畜，牧娃父子据理力争说：你家的牛羊一头不少，凭什么往我们头上泼脏水。财主没有办法，就要牧娃带他上山看个究竟，走进赵公亭，财主对着庙里的菩萨装模作样地拜了三拜，然后抽了一支签，只见签条上有诗四句："人要勤劳莫贪财，金银珠宝地下栽，忠厚有福恶有报，良善富贵自天来。"财主回到家里后，让自己的两个小孙女也上山放牧，异想天开也能碰到白胡子赵公发大财。这对小孙女在山上放牧了一天，却怎么也无法把牛羊赶回去，姐妹俩只好躲在山上一夜未回，老财主心急火燎，派人上山寻找，苦寻三天三夜也未见人畜的踪影，只见放牧的山上竖起两块石头，活像两个小女孩的模样，人称"姐妹石峰"。此后，来这里求赵公赐福的人越来越多，赵公亭内的香火也越来越旺。对于静立山中的："姐妹石峰"，人们更是浮想联翩，有诗为证："石座双双傲苍穹，世上人传姐妹峰，朵朵白云遮缘鬓，霏霏细雨洒颜容，月为宝镜天天照，目似明灯夜夜逢，眼观诸客纷纷过，夫君何日到山中。"

梁仙庙的传说

钟书先　搜集整理

离最美梯田——桃源梯田二公里的地方,有一座庙,叫梁仙古庙。古庙下面是一条通往左安桃源村、汤湖南屏村、上犹县五指峰乡等地的古栈道。栈道上有一个深潭叫翠涧潭,潭面上有一座桥历时200多年。古庙古桥古韵悠悠,有关梁仙庙的传说在这一带口耳相传了许多年。

传说在明朝末年,左安镇横岗村有一梁姓人家,五个儿子中有四个在外当官,他家建了一座祠堂,门口有石羊、石牛、石马、石狮、石鼓等装饰品,是个旺族。在家那个儿子学做法事,学得很精通,大家都尊称他为梁仙。当时横岗及附近村庄受妖孽所害,瘟疫肆虐,梁仙挺身而出,决心为民除害。他开起高坛,施展法术,妖孽被梁仙驱赶到白云村,经梯岭、桃源西坑坳逃奔轿子顶,梁仙瞄准妖孽一剑砍杀过去,妖孽中剑,轿子顶山冈亦随之断裂,顿时妖孽化作一缕青烟跌入深谷。如今轿子顶山冈上仍可看见断裂的痕迹,人们取名为断山冈。因消耗精力和体力过多,梁仙元气大伤不幸身亡,随后,梁仙化作两根樟木横陈在梯岭村的田垅中。田垅中突然出现的两根樟木,使当地人感到诧异,有人揣测可能是梁仙的化身,便说,要是梁仙所变就请你显显灵,先香三天再臭三天,大家一定为你建庙纪念。果不其然,两根樟木散发了三天的清香后,又飘出阵阵难闻的气味。樟木显灵,当地百姓纷纷烧纸焚香,跪对樟木虔诚叩拜,然后就将樟木雕刻成两尊菩萨,在半山腰上建了座庙,取名梁仙庙。将两尊菩萨安放在庙里供人们祈拜,千百年来一直香火不衰。

民间还有一个传说:很久以前,左安镇横岗村有个法师叫梁海清,他在自家门前开了口池塘,塘里的鱼养得很肥,经常有人前去偷鱼。有一天梁法师要离家外出做法事,担心池塘里的鱼又被人偷,临行前,他便将池塘边的草施以魔法,如有人前去偷鱼,只要接触到魔草就会腹痛,只有请他做法才能解除,否则有生命危险。那天他走后,家里的独生儿子想吃鱼,见爸爸不在家,便独自溜到池塘岸边,不小心触到了父亲施了魔法的草结,腹内顿时痛如刀剜。梁妻急忙找到大夫,梁海清要她回去把池塘边的草结慢慢解开就无大碍。岂料妻子见到儿子痛得厉害,慌乱中将草结越拉越紧,情急之下,梁妻用剪刀把草结剪断,结果儿子当场气断身亡。梁海清回家后安慰妻子说:不要紧,找个清静地方做法可把儿子救活。梁海清背上施法行囊,携妻沿左溪河顺流而上,来到桃源和鹤坑两村分路处。梁法师见这里环境优美,行人稀少,十分安静,便停下脚步,将草席铺在悬崖翠涧潭的水面上,让妻子一起跳上草席随同作法,他对妻子说,作法时要跟着他的步子蹲,七天七夜不能停顿,如果跳错一步非但救不了儿子,夫妻俩也将沉入潭中。为了救活儿子,梁妻配合丈夫在深不见底的翠涧潭上跳着舞步,到第七天时,梁妻实在太累,一步跳错,脚下的草席即刻化为乌有,夫妻俩双双沉入潭底,变成两根樟木被水冲出翠涧潭,漂流到白云河中。当地村民听说梁法师夫妻俩葬身深潭,河中突然发现两根樟木,纷纷跑到河边观望。有位村民朝樟木叩了三个响头后说:樟木樟木请显灵,一香一臭见分明。话音刚落,河风便刮来了阵阵清香,一个时辰后人们又闻到了一股刺鼻的气味。河中之木果然是梁法师夫妻所变!沿岸的村民齐齐俯身朝河中跪拜。众人将两根樟木捞起,雕刻成两尊菩萨,在翠涧桥畔的山腰上建起了一座庙宇,取名梁仙庙,香火延续了千百年。

皇华仙的传说

钟书先　搜集整理

皇华仙系汤湖镇一座山名，位于汤湖镇汤湖村，因形似狗头被当地政府确定为"狗牯脑"茶的标志山，随着著名影视演员唐国强所做的"狗牯脑"茶广告在中央电视台等媒体播放而名扬天下。

皇华仙的来历还有一段故事。相传在唐代，龙泉县城有一县官，爱好打猎。有一次进山打猎时因追逐猎物来到皇华仙，那时的皇华仙古树参天，幽深静谧，绿茵环绕，虫鸟相闻，县官眼见如此美景，遂兴致勃发，拾级而上，欣赏这难得一见的景色。时值初夏季节，天气多变，瞬间就下起了倾盆大雨，众人只得躲到古树下避雨。夏季的雨势来得快，去得也快，不一会儿就云开雨散，阳光明媚。大雨过后，皇华仙的空气更加清新，景色更加靓丽，蔚蓝的天空，翠绿的树木，县官被这绝美景色所折服。于是，他决定在山顶上修建一座庙宇，供奉神明，名为皇华仙，取玉皇大帝下凡之意。

皇华仙庙修好后，前来求签、上香、拜佛的人络绎不绝，人们祈求风调雨顺、福禄安康；皇华仙的神明十分灵验，有求必应，香火逐渐旺盛起来。直到20世纪五六十年代，在"大跃进""文化大革命""破四旧"运动中，皇华仙被当作封建迷信遭到毁灭性破坏，庙宇被彻底拆除。众多古树被砍伐，用作大炼钢铁的燃料。皇华仙庙宇虽已不复存在，但在当地老人们中间还流传着许多美好的传说。

2015年6月24日，中央电视台七套《乡约》节目组来到世界名茶——狗牯脑原产地汤湖镇，以皇华仙为背景现场录制了一场大型相亲节目，大力推介了茶乡遂川的人文历史与自然风光。

皇华仙因"狗牯脑"茶名声大振，前来登山的游人络绎不绝，已成为汤湖的一道靓丽风景。

邓通三郎庙

钟书先　搜集整理

从汤湖圩镇沿遂桂公路前行，不到5分钟车程，便是安村电站。电站上首，建有一座山门，上书"邓通三郎"横批及一副楹联，进门过水泥桥顺流而上，在两条河流的交汇处有一座庙宇，就是邓通三郎庙。庙宇坐落在狗牯脑茶山脚下、清泉流淌的河边，四面环山，风景如画，一棵大樟树浓荫如盖，庙里香火四季鼎盛，特别是冬、春两季，四方香客更是络绎不绝。香客们都说邓通三郎神明非常灵验，有求必应。每年年末都有大量香客到庙里来杀猪、宰鸡，祭拜邓通三郎。

据当地人介绍，清朝康熙年间，有大批广东人迁徙湘赣地区垦荒立业。汤湖镇山牛坪邓氏开基祖亦在其一。据传，他们在迁徙途中每遇险境，即有一个白须银发、清瘦高大的老者现身，挥舞其手中的麈尾，凶神瞬间遁迹。邓氏念念不忘救护之恩，忽一夜梦见老者，老者对邓氏说："老朽俗家与你同宗，名通字荣祖，法名排行第三，你我血脉同源，故而相助于你，承蒙你们惦念，老朽已在你家祖基地、也就是大小溪交汇之处的大樟树上附法为记。此处钟灵毓秀，请你们为老朽建一座小庙，立一块神牌。以后如遇到危难之事，只要进庙诚心叩请，即有灵应。"邓氏开基老祖依嘱而行，在大樟树旁建起了小庙，远近村民遇有疑难之事，便会来到庙里烧香，求签，果然十分的灵验。相传后来有一张姓秀才笃信其神，得三郎托梦作签诗101首，生老病死，吉凶福祸无所不涉。从那以后，三郎庙神威灵显现，香火日盛，远近香客趋之若鹜。

邓通三郎庙于2006年在宗教事务管理局正式登记注册，是合法的宗教场所。为了提升该庙的整体水平，当地政府已进行了整体规划，对周边的环境进行了美化和绿化，把该庙作为旅游景点，进行重点打造。

雷劈石狮嘴

古志雄 彭石生 搜集整理

在大汾镇西南高山顶上，耸立着一块摩天巨石，似巨狮昂首，威风八面，雄踞一方。千百年来，这座酷似狮头的巨石在人们心中意象成一个神圣的图腾，也衍生出流传已久的古老传说。

相传很久以前，仙人吕洞宾下凡巡察，途经大汾时天色已晚，便走进一户刘姓人家借宿栖身。刘姓老表性情耿直，热情好客，把家里仅有的一只老母鸡宰了招待客人。第二天早晨，吕洞宾来到屋外，发现屋后青山森林蓊郁，景色迷人，唯独山顶光秃秃的寸草不生。吕洞宾思忖片刻，便口中念念有词，随手捡起一块小砾石掷向山顶，只听咣的一声，飞向山顶的小砾石瞬间变成了一座巨型狮头，石狮周围长出了茂密的茶树，山上山下绿波荡漾，美如锦缎。为了酬谢刘姓老表的热情款待，吕洞宾又变出若干猪崽供刘家饲养，意欲让他发家致富。吕洞宾乘风离去后，刘姓老表见客人赐予的全是黑色小猪，唯恐养在家里不太吉利，便打开栅栏将所有猪崽放归野外。放归野外的猪群白天在山上觅食，晚上却齐聚刘家不肯离去。黑猪群的怪异行为引起刘家极大的恐慌，误以为大难将临，凶多吉少，于是一家人手持刀棍，对小黑猪来了一次"门户清理"。小黑猪们死的死，伤的伤，幸免于难的全部爬上了屋后的青山石狮顶，躲到石狮宽敞的嘴腔里。没过多久，小黑猪异化成猪首狐身的怪物，把狮子山周围的植被成片成片地吞噬。面对猪妖的肆意侵扰，当地百姓束手无策，人们把满腹怨气撒到刘姓人家头上，埋怨他不该引妖生乱，祸害一方。尤其令当地人愤愤不平的是，猪妖藏身的石狮位于江西和湖南交界处，狮头朝向江西，狮背对着湖南，猪妖们饕餮攫取的是江西的资源，而排泄出来的仙脂神膏源源不断流向湖南，这种"吃江西，屙湖南"造成的后果，使江西一侧愈来愈穷，湖南边民则愈来愈富。当地百姓被猪妖祸害得民不聊生，怨声载道。为了平息妖祸，刘姓男主人腰挎利刀，深夜上山，欲与猪妖决一死战，可是当他独自一人来到石狮跟前，原本大张其口的狮嘴却突然闭合，将刘姓主人挡在门外。刘姓主人除妖心切，举起利刀劈向狮嘴，刀光闪处，一声炸雷瞬间而至。仿佛天崩地裂，天地间一片混沌晦暗，与此同时，一朵祥云载着吕洞宾现身天际。见仙人驾临，刘姓主人急忙双手合十，跪地叩拜，祈求吕洞宾降妖除魔。吕洞宾捋髯一笑说道：本仙原为赐福与你，岂料，你疑心太重，自断福缘，以致小孽生怨，迁怒于民，本仙于心不安呐！念你为除妖孽，不惜生死，孤身上阵，义薄云天，今晚本仙特地下凡，将小孽收回天界，还此地一份安宁。言毕，吕洞宾轻拂衣袖，一道电光直插石狮，又是一声撼天惊雷，将狮嘴下巴炸开一条豁口，那些猪首狐身的猪妖像秋风扫落叶一般悉数被仙人收入囊中。妖祸平息，从此方圆十里复归宁静，被猪妖啃噬的山林渐渐恢复元气，石狮山上的茶树日渐延展成一片片茶树林，流向湖南的仙脂神膏也在山环水复的轮转中开始滋养江西的土地。

　　如今从远处眺望石狮，古韵雄风犹在，只是不见了下巴。

石人公和石人婆

佚 名

在县内新江乡的左洞，有一巨石凌空耸立，酷似一彪形大汉挺立山巅，这就是当地群众所称的"石人公"。在与此遥遥相对的泰和县碧溪乡的牛牧岭上，也耸有一块人形巨石，它便是当地群众传说的"石人公"之妻——"石人婆"。

"石人公""石人婆"的名字，有它一番来历。

相传，古时新江乡有个贫穷人家的男孩，生下不久母亲就因病去世，父亲劳累过度，几年后也离开了人间。他只得给本族的财主当"牛头子"（当地方言，即放牛、做长工的人）。恰巧，泰和县碧溪乡也有一个贫苦人家的女孩，不到十岁也失去了父母，靠捡蘑菇、挖蕨根糊口。两个孩子因谋生计在左洞峰和牛牧岭上自幼相识，青梅竹马，成了难分难舍的恋人。

有一年，男孩家族的一个地主和女孩家族的一个恶霸，为了争夺左洞峰至牛牧岭之间的山场，各自在本姓村民中挑唆和胁迫了上千名男丁上山钉桩圈界。争执中刀枪相向，双方死伤数百人。两族从此立下族规：两姓永不通婚，不准交往，如有违者，严惩不贷。

然而，男孩和女孩并非是一纸规定所能拆散的，两人继续天天见面，深情相爱。最后，他们的恋情被新江的地主和碧溪的恶霸发现，视为"大逆不道"，要按族规捉拿处死。一双恋人只能逃入深山老林。地主恶霸对此恨之入骨，不断派出凶奴恶徒巡山搜林，最后将他们捉拿，当众将两个孩子处死，以儆效尤。村民们对两个孩子的不幸遭遇虽然同情，却无力帮助，只好暗中落泪，祈求苍天保佑。就在刽子手大刀举起将这对恋人杀害之际，忽然"轰"的一声巨响，顿时天昏地暗，飞沙走石，两道红光直冲云霄。半个时辰后，云开日出，人们看见左洞峰和牛牧岭上分别耸起了一块巍峨巨石，那些监斩的地主恶霸和刽子手们都已化为灰烬。

  人们说，那两块巨石就是男孩和女孩变成的。生前两人虽然难成夫妻，死后却遥遥相对，永远相亲相爱，朝暮相见。

人物传说

风纪凛然郭知章

岳飞借兵仙人庙

一门俊杰"孙氏三龙"

直言敢谏的孙逢吉

陶少师镇夔龙求雨——雩溪宝塔传说

"宇宙正气"郭维经

神奇的科学发明——"龙泉码"

乌龙现爪巧联姻

郭维经公堂惩奸

舅舅拜靴

周埙有志中进士

勤政恤民的周知府

杏林名家蔡宗玉

宽容大度的黄义方

英雄母亲张龙秀

近代教育家陈剑翛

红军团长王佐农

陈正人巧计夺银元

风纪凛然郭知章

佚 名

郭知章，字明淑，北宋吉州龙泉县光化乡岭上（今遂川县雩田镇城溪村岭上）人。唐朝大将郭子仪第十一世孙。郭知章生于1040年，1065年进士及第，先后任会昌、浮梁、分宁知县和海州、濮州知州。在地方为官期间，郭知章办事清正廉明，不避权贵，使所在州县府库充盈，百姓安居乐业。史称他"历宰数邑，俱有政绩""决事清明，不挠于大吏""所至民爱重之"，深受百姓的欢迎。

后来，郭知章升任监察御史、殿中侍御史、右司谏。他能针对时弊上奏直书己见，几年内共有奏章一百多封，"若复铨法，增谏员，通行募役，用经学取士，皆关朝廷大体"。这些主张大多被朝廷采纳。如募役法在废除多时以后，由于郭知章力谏"请复元募役法"而得以重新推行，于国于民都十分有利。

元符三年（1100），郭知章升任工部侍郎，加宝文阁直学士，知太原府。不久又提升为刑部尚书、开封知府、翰林学士、显谟阁直学士。作为北宋首都的最高行政长官和掌管全国刑狱的重臣，他仍然忠于职守，办案极为谨慎而公正，史称他"旋居秋官，惠及刑狱"。

北宋官场上的人际关系十分微妙。郭知章一生为官清廉，反对结党营私。他曾说过"忠于陛下者必见忌于大臣，党于大臣者必上负于陛下"。早在他踏入仕途之初，有人推荐他担任御史。掌权的中丞刘挚要郭知章去拜见他。刘挚是守旧派，实际上是要郭知章站到他那一边去攻击以王安石为首的变法派。郭知章认为自己不能做

"卖身御史"而拒绝拜见刘挚。司马光执政后,变法派失势,保守派"元祐党人"掌握了朝廷大权。高太后死后,哲宗亲政,重新起用变法派人物章惇、蔡卞、曾布等人,把元祐旧臣赶出朝廷,流放岭南。奉命出使广西的董必对"元祐旧臣"横加迫害,欲把元祐派置于死地。蔡卞为发展自己的势力,推荐秉性险恶的董必担任工部员外郎,郭知章此时便挺身而出,向皇帝上书,这件事得到朝臣的支持。由于郭知章刚正不阿,一身正气,反对派便千方百计找借口攻击他,诬陷他为"元祐奸党",赶出朝廷。晚年的郭知章被贬到邓州、成都、虔州等地担任知州,后来又改知青州,因年老多病而辞归。

　　郭知章还"工诗律",与当时江西诗派的首领黄庭坚时有唱和,黄庭坚称他"诗篇清奇,文语温雅,长于碑碣。"郭知章著有《易义》十卷,《易牒义》十卷,并有文集行世。可惜这些诗文大都失传。乾隆版《龙泉县志》中载有郭知章所著《庚亭记》一篇,是郭知章与当时龙泉知县李沂宴赏于县城东效的东园庚亭所作。从其中的"萦纡回旋,或冲或激,层叠突兀,若拱若伏,此亭之山水也;晓气清而慢引轻碧,暮空淡而浮彩光,此亭之烟霞也;风动而微凉生,凉生而溽暑遁,此亭之清爽也;众籁远而喧嚣息,百虑汰而是非忘,此亭之虚旷也"等句,可以看出郭知章的温雅、优美、隽永、飘逸。特别是后面的"对土木之巧,念工佣之费,则思上之所资游观者皆出民,民心尤可爱也"等句,则以委婉的笔调讽刺了北宋皇帝不顾惜民力,大兴土木,游山玩水的奢侈生活,也表达了作者对劳动人民的深切同情。

　　徽宗政和四年(1114),郭知章逝世,享年76岁。为表彰他为官近半个世纪的功绩,皇帝特派知州程祁前往龙泉宣谕祭悼,赐谥"文毅"。祭文称郭知章"秉赋德性,浑厚淳全。躬自表树,良吏式宣。台谏著绩,风纪凛然。特立无惧,持炎弥坚"。这是对他一生的最高褒奖。

岳飞借兵仙人庙

古可木　搜集整理

地处草林与堆子前交界处有个村庄叫仙人庙，相传这个村庄，是缘于一位仙人在这里建了一座庙宇而得名的。

传说唐太宗年间，一位鹑衣百结、跛脚白须老头，手执金杖来到村子里乞讨了几天。这老头行为有些神秘古怪，他不讨饭，专讨饭汤和木屑。有好奇的人为弄清他的真相，悄悄跟在后面。令窥视者惊讶的是，老头把讨来的饭汤和木屑装在桶里搅来搅去，只眨眼工夫，就在一块平地上砌起一座座大石墩，看上去比大理石还要光亮坚硬。到了晚上，人们发现老头砌石墩的地方人声鼎沸，灯火通明，但始终只闻其声不见其人，整整一夜喧哗不息，却看不到一个人影。

第二天，平地上盖起一栋有九个天井的房子，房子外形像庙宇，雕龙画凤，十分精美。人们一下子沸腾起来了，纷纷奔走相告，议论这桩奇事的发生。有人说去瞧瞧那老头，但寻遍了整座房子也不见老头的踪影，只见房屋正厅有大神佛挺立，神龛上香火缭绕。村民们这才如梦初醒，原来讨饭的老头是位神仙！此后，每逢初一、十五，村里人都会来此烧香祭祀。仙人庙神仙下凡的奇闻也就愈传愈远，来此烧香拜佛的人也越来越多。

到了宋高宗年间，民族英雄岳飞讨伐金兵去湖南时途经仙人庙，听说仙人庙神仙有求必应，他于是也沐浴更衣，杀牲祭祀，跪在神佛前祈求保佑此行能旗开得胜。岳飞说："仙人庙大仙有灵，请保佑我南宋大军西伐金贼能克敌制胜，若能借大仙天兵天将杀败金军，岳飞一定书绘彩旗一面颂扬你的功德。"岳飞话音刚落，屋外霎时狂风大作，电闪雷鸣，天空中似有无数战马嘶鸣向西飞驰而去。岳飞三叩谢起，跃上战马，率兵西征。金军被岳飞借来的天兵天将吓得魂飞魄散，惶惶然如惊弓之鸟。岳飞率兵冲入敌阵，势如破竹，把金军杀得片甲不留，平定了一方之患。

　　岳飞凯旋绕道返回仙人庙，向神佛履约践诺。他命人买来红绸，挥毫写下"威灵显应"四字，亲手把彩旗挂在堂中。后来人们把字迹刻于墙壁，让岳飞题词留存千古，仙人庙名传千里。时至今日，村里还残留仙人庙的遗址，可惜的是岳飞题词在"文化大革命"破"四旧"运动中被捣毁了，但仙人庙脍炙人口的传说仍然广为流传。

一门俊杰"孙氏三龙"

佚 名

　　遂川自古以来人才辈出。宋代吏部侍郎孙逢吉和他的两个弟弟孙逢年、孙逢辰就是杰出代表，他们均进士及第，以政绩、学识闻名于世，时称"孙氏三龙"。

　　孙逢吉（1135—1199），字从之。吉州龙泉北乡（今遂川县大汾镇寨溪）人。南宋绍兴二十三年（1153）初次考取举人，二十九年再次考取举人，三十二年第三次考取举人，次年即隆兴元年（1163）中进士。先后任郴州司户、常德教授、萍乡知县、国子博士、司农寺丞兼实录院检导官、秘书郎兼皇子嘉王府直讲、右正言、知太平洲、赣州、国子司业、秘书监兼吏部侍郎等职，最后以修撰致仕。老年自号"静闲居士"，卒谥"献简"。有《静闲居士文集》七十卷、《职官分纪》等著作。

　　孙逢吉初入仕途即显出他的聪明才识。为常德教授时，得到侍郎李焘的称赞，他虽然只是执掌教育的官员，但和他讨论国事，却能条理清楚，分析问题对答无误。他"天性清亮，志行纯励，足以激浊扬清……其经太文章迥异常流"。朝臣刘珙、郑伯熊等人对他也很赞赏。他们建议朝廷："岂可以千里之骥，伏枥于伯乐之庭，资启沃之贤，抑于下僚之末！"

　　由于李焘、刘珙等人的推荐，孙逢吉升任萍乡知县。任职期间，他重视文化教育，尽量为民备荒和减轻百姓的负担。"礼诸生，榜讲堂曰'崇励'，刻石曼卿所书经史于上，买田为义庄，捐俸置社仓。

辍币代民输。"以政绩显著而闻名,此后便接升迁。纪熙二年(1191)春二月,雷雪交作,皇帝下诏书向朝臣于征政事方略,孙逢吉当时任司农寺丞兼实录院检导官。他应诏上书皇帝,提出"去蔽庾、亲讲读、伸论驳、崇气节、省用度、借名器、拔材武、饬戎备"八点主张,所言皆切时病,得到皇帝器重和信任,被提升为右正言。

孙逢吉任右正言期间,以直立敢谏著称,他甫任言职,就上书批评皇帝的宗室、亲戚大肆建造府第,占地广阔,拆占民房,"每建一第,撤民居数百,咨怨者多。"并建议对此加以限制,使一些亲王"闻之,亟令罢役"。当时,工部侍郎兼临安知府潘景珪,善于阿谀逢迎,得到皇帝的赏识和重用。司谏邓暘,数次上书揭发潘的罪行,反遭潘的暗算。结果,潘却升官,邓被降职。对此,孙逢吉打抱不平,又上疏要求皇帝收回成命,并说:"优迁其官司而罢言职,后来者且以言为戒。"皇帝不予理睬,孙逢吉又是上书弹劾潘景珪"胁侍台谏,蔑视朝纲",终于使潘景珪罢职。《宋史》载,孙逢吉任谏官七十天,给皇帝上书二十次,并且"词旨剀切,皆人所难言者",充分表现了他的敢言和尽职。

孙逢吉既敢于直言急谏,又刚直不阿,蔑视权贵。《宋史·列传》记载了这样一件事:当时,丞相赵汝愚已被罢职,韩侂胄专执国柄。一天,皇帝到重华宫,群臣行礼毕,都出宫门准备上马离去,忽然闻报韩侂胄来了。群臣又返回来,恭敬迎接。孙逢吉则说"既出复入揖,臣子事君父之礼当如是耶?"于是"不揖而去"。朱熹和彭龟年因论胄专权,先后被降职,被罢逐。孙逢吉对此急上书皇帝,说:"道德崇重,陛下所敬礼者无若朱熹;志节端亮,陛下所委信者皆无固志。""陛下所用皆庸鄙薄之徒,何以立国?"如此铮铮谏言,直接批评了皇帝去君子、用小人的政策,从中足见孙逢吉刚直不阿、不畏权贵的秉性。

孙逢吉的直言急谏,刚直不阿,不畏权贵,得到了朝中正直同僚的赞叹与敬佩,但同时也"浸失上意",得罪了权贵,为自己种下祸害。

孙逢吉与大学士朱熹为同朝大臣，都要轮流在"经筵"上为皇帝讲解经传史鉴。一次，朱熹因在讲筵上与皇帝"持论切直"，便有小人在皇帝面前说三道四，激起皇帝对朱熹的不满，结果朱熹被逐走。一天，孙逢吉在讲筵上讲解《诗经·权舆》篇，其内容"刺秦康公忘先君之旧臣，与贤者有始而无终"，这个史实与罢逐朱熹一事相类。孙逢吉借此机会委婉劝谏皇帝，结果与皇帝发生了争论，使皇帝很不满意。从此，孙逢吉逐渐失去了皇帝的器重与信任，由右正言改任国子监司业。孙逢吉通过在京的谏职生涯，深切感受到其中的艰难。更想到自己已失去皇帝的信任，朝中又有韩侂胄专权，便不愿再任京官，请求外调改任湖南提刑。

孙逢吉的刚直不阿、蔑视权贵也为佞相韩侂胄所痛恨，以致遭到暗算，以"诬诋罪"降职知太平州。事情的经过是这样：一天，吏部官员集会，有吏密报"优人"王喜将担任阁职。孙逢吉听了就气愤地说，在皇帝面前"效朱侍讲（朱熹）讲趋以儒为戏者，岂可令污阁职？"便即"抗疏力争"，同僚中就有人将这些事密告韩侂胄，当时王喜担任阁职的任命实际还未出来，孙逢吉就落了个"诬诋"罪，而外放知太平州，又转任知赣州。

"孙氏三龙"中的另外两"龙"孙逢年、孙逢辰，官职虽不及孙逢吉，但"均以文名"，在事职之地做了许多有益百姓的事情，在地方管理方面颇有名声。

孙逢年，字振之。绍兴三十三年（1162）初次考中举人，乾道四年（1168）再次考中举人，乾道七年（1171）第三次考中举人，乾道八年中进士。经三次大比，孙逢年可谓学富五车了。他最后考中进士的考卷"对策"，使主考官看了大为赞叹："此王符潜夫论崔正论也。""仕终上犹县令"。

孙逢辰，字会之。南宋孝宗乾道二年（1166）进士。他也是三次考取举人后才进士及第的。曾为赣县丞，又先后担任都堂审察特添镇江军判官，提辖榷货务，知澧州、袁州等职。他为官清廉，体恤民情，为当地百姓的安居乐业、发展生产等做了许多有益的事情。

如任赣县丞时，正是南宋孝宗淳熙年间，有"茶寇转剽江西，逢辰以赣县丞董饷，及赍金帛，所至易省馈，运十八漕以名闻"。深受百姓爱戴，也因此闻名一时。又如，在"都堂审察特添镇江军判官"任上，为吉、赣两郡做了一些有利于当地百姓的好事，使两郡深受益。据《龙泉县志》载："吉（吉安）、赣（赣州）有船场，所用油麻随苗折料，其值既倍于苗而折才十之七，民以为病。逢辰为言于漕，将两郡所纳油麻随升斗而折之，所少之数悉与蠲释。""漕奏诸朝（廷），得旨从之。两郡蒙其利。"

孙逢辰一生中除治政有方取得较显著的政绩外，还有许多著述，如《养晦集》三十卷等，惜已失传。

"孙氏三龙"能成为一代名人，与他们成长的家庭环境息息相关。其叔父孙叔通，字深远，北宋政和壬辰（1112）进士。他"储书万卷，时号'孙书库'"。对于"历代兴废，治乱得失，人或叩之，自源徂流，诵答如磐"。据此，我们可以想见"三孙"成才在外的因素——家庭的熏陶与影响起了不小的作用。

直言敢谏的孙逢吉

郭赣生

孙逢吉,遂川县大汾寨溪人。南宋隆兴元年(1163)进士。历任郴州司户、常德教授、萍乡县令、国子博士、司农寺丞兼实录院检讨官、秘书郎、右正言、国子司业、秘书监兼吏部侍郎等职。孙逢吉秉性刚直,长期为皇帝近臣,曾担任执掌谏议的官员,以直言敢谏著称。

绍熙二年(1175),皇帝下诏书要朝臣评论政事的得失,提出治国策略。孙逢吉当时任司农寺丞兼实录院检讨官。他应诏上书皇上要重视和施行"去蔽庚,亲讲读,伸论驳,崇气节,省用度,借名器,拔才武,饬戎备"八件大事。并事事针对时弊,提出了许多建设性的好意见,皇上很信任和器重他,被升为右正言。

当时,各地皇亲国戚大肆建造府地,占地规模宏大。每建一第,就要拆毁民房成十上百间,迫使无数百姓流离失所,怨声载道。孙逢吉对此上书皇上,进行严厉批评。孙逢吉的奏书得到了皇上的重视,朝廷针对占地损民采取各种制约措施,皇室宗戚大兴土木的风气得到有效遏制。

孙逢吉官居秘书监兼吏部侍郎时,与大学士朱熹同为朝中大臣,都要轮流在"经筵"上为皇上讲解经传史鉴。朱熹在讲经时,对专横跋扈的韩侂胄进行评谪,韩侂胄时以枢密都承旨加开封府仪同三司,权位在左右丞相之上。一些对朱熹平时积有宿怨的人便向皇上大进谗言,挑拨离间。皇帝恼怒,罢逐了朱熹。孙逢吉对皇上是非不分，远君子，近小人的做法十分不满，总想找机会规劝皇上。一次，孙逢吉给皇上讲经，就借《诗经·权舆》篇中秦康王听信小人，忘了先王的旧属和不重用贤者，而听信于小人结果无好下场的事例，婉言规劝皇上改变对朱熹的看法。由于皇上过于相信韩侂胄，听了很不高兴。孙逢吉不管皇上高兴不高兴，还是一味规劝。皇上放下脸说："朱熹的话多不可用。"孙逢吉却说："朱熹所说的都有道理，没有看见有什么不可用的。"孙逢吉与皇上越争越烈，最后皇上没等孙逢吉的经讲完，便拂手而去。

皇帝对忠言的反感，并未使孙逢吉退缩。不久后孙逢吉又给皇上上书。说："陛下您所提倡崇敬的是懂得礼义的人，陛下您所信任的是志节端亮的臣子。然而，现在像朱熹这样事事按礼节，处处讲廉正的人却因评论了韩侂胄而遭罢逐，像彭龟年这样的忠耿之士也因批评了韩侂胄而被贬谪。照这样下去，卑臣真担心您身边的忠正之士都会一个个地离去，而能在您身边的却只能是一些阿谀奉承，溜须拍马、阳奉阴违的小人。这样下去怎能治理好国家呢？"皇上看了孙逢吉言辞激烈的奏疏，又很不高兴。孙逢吉上书的事马上就被韩侂胄知道了，韩侂胄从此怀恨在心。

有一次皇上来到"重华宫"，群臣礼毕后都已出了宫门，上了轿准备离去。忽然有人报韩侂胄来了，大家连忙下轿返回恭迎。孙逢吉却说："既然出来了，又何必再回去打躬作揖迎接，只有臣子事君才有如此礼节。"便一个人头也不回地离去。

孙逢吉的不畏权贵，直言敢谏，得到了朝中许多正直同僚的敬佩。但由于得罪了权臣韩侂胄，又不合皇上的心意，为自己种下了祸根。韩侂胄处心积虑找机会欲置孙逢吉于死地。一天，吏部的同僚们聚在一些闲聊。有人密报说："'优人'王喜将担任阁职。"一些人听后很是高兴。孙逢吉却说："不能让戏子玷污阁职的名声。"并上书皇上不能让王喜入阁，同僚中立即有人将这事密报韩侂胄。而当时王喜的任命还没有下达。韩侂胄便以此为理由说通了皇上，以"诬诋"罪将孙逢吉贬出了朝廷。先是外放太平州知州，后转任赣州知州。孙逢吉不久便告病辞官，回到了乡土遂川。

陶少师镇夔龙求雨——雩溪宝塔传说

刘启程

明嘉靖年间，嘉靖帝尊道教、敬鬼神。江西龙虎山上清宫达观院正一道士邵元节于嘉靖三年（1524）应征入京，以"立教主静"之说得世宗嘉纳。后拜为礼部尚书，赐一品文官服。并于江西贵溪建道院，赐名仙源宫。后推荐湖北黄冈籍道友陶仲文入京，陶仲文以符水哩剑，绝除宫中妖孽，得到世宗信任。

嘉靖十八年（1539）邵元节病逝，敕授大宗伯，谥"文康荣靖"。嘉靖遣中官锦衣护丧还，用伯爵礼，有司营葬于仙源宫。明嘉靖二十三年（1544），嘉靖加授陶仲文为少师，仍兼少傅、少保。史评"一人兼领三孤，终明之世，惟仲文而已"。官居极位的陶仲文常感邵元节提携之恩，明嘉靖三十三年（1554）遂前往仙源宫拜谒邵元节陵墓。

尔后，陶少师前往南安府（时辖大余、南康、上犹三地）与友刘节（时任南安知府）相见。阴月某日，陶少师一行路过吉安府龙泉县（今遂川县）雩田镇。载陶少师骏马昂头长啸，惹陶少师一惊。瞪睛一瞧，只见眼前一穿七品官服中年人率衙役带领众多百姓跪拜在地。中年人口呼："龙泉县令携乡亲跪拜陶少师，去岁龙泉大旱疫，二麦不登。此地为雩田，雩者，雨亏也。此地旱犹甚，望陶少师施展法力为龙泉百姓祈雨。"（注：遂川县志记载嘉靖三十二年龙泉大旱。）

陶少师掐指一算，了然。于是对乡亲说道："此地居有一夔龙，集水化为龙。故此地雨水皆为夔龙所吸取，若要雨水，斩夔龙建镇龙塔可矣！"

陶少师右手五指平伸，指尖朝上。中指、无名指弯曲入掌心。大拇指、食指、小指各矗一方形成一鼎状，捏了个三清诀。顿时，晴朗的长空天雷滚滚。不多时，空中出现一状如牛，苍身而无角，一足的怪物。那怪物大叫道："何人扰我清梦？速速受死！"

陶少师怒斥道："孽畜，夔龙修真龙本应做善事，却见你集水祸百姓。此等修炼留你不得！"陶少师手指翻转，立马捏了个阳雷法诀，一个金黄色的巨雷向夔龙头顶劈去将其打落在地。夔龙落地砸了个巨大的坑，随后陶少师又捏了个反天印牢牢地将夔龙封印起来。

陶少师对龙泉县令说："在夔龙落地处建镇龙塔，坐东向西，葫芦为顶。四明四暗，不正为正，七星之数，八卦之形。可保当地风调雨顺。"

明嘉靖三十三年（1554）冬月，由当地名工匠肖瑞主建的镇龙塔拔地而起，该塔坐东向西北。塔身稍有倾斜，以证少师"不正为正"之言。通体用青砖平砌，内外均用糯米粉与石灰混合浆灌缝，坚固结实。塔高24.55米，平面为八边形，楼阁样式，以证少师"八卦之形"之嘱。底座直径为5米，共七层，以证少师"七星之数"之限。宝盖形塔顶上砌有葫芦形塔刹，以证少师"葫芦为顶"之诫。塔内空，从拱卷门进入塔内，塔楼层使用叠涩法砌成，塔墙宽厚坚实，正中有青砖砌筑的八边形实心大柱直通到顶层。底层塔柱正面设有神龛。柱周围为走廊，塔墙内砌有阶梯螺旋而上，直到塔顶。二至七层大小高矮层层内缩。每层均设有"四明四暗"相间卷顶窗口，以证少师"四明四暗"之规制，塔窗互为对称，窗口云卷纹饰。塔檐为斗拱状，飞檐翘角，角下有二层砖砌锯齿纹，独具特色。塔底层正面设有一拱卷门，门额上镶嵌一块青石横匾，匾正中阴刻"雩溪宝塔"四个楷书大字，两侧分别镌刻小楷："皇明嘉靖甲寅仲冬月"和"念照日之吉塔匠肖瑞建"。

"宇宙正气"郭维经

张炳玉　搜集整理

　　遂川县五斗江乡三溪村郭家祠前面巍然矗立着一座尚书第牌坊，上面有乾隆赐书明末忠臣郭维经的"宇宙正气"四个大字，笔势遒劲，庄严雄伟，昭昭与日争辉。

　　南宋民族英雄文天祥有《正气歌》，明末忠烈名臣郭维经有"宇宙正气坊"。一歌一坊，千秋呼应。高大的"正气坊"是郭维经一生忠烈节义的历史见证，是庐陵的骄傲，遂川的骄傲。

　　郭维经（1588—1646），字六修，号云机，生于明万历十六年（1588）八月。天启四年（1624）中举人，第二年考取进士。起初授官为"行人"。崇祯三年（1630）任南京御史。明王朝崩溃后，继续在南明福王（朱由崧）及唐王（朱聿键）小朝廷里供职。隆武元年（1645），唐王诏他为吏部左侍郎、都察院右副都御史，后又晋为吏、兵二部尚书，总理湖广、广东、江西等五省军务。第二年奉命赴赣州抗御清兵，十月间兵败城破，尽节自焚于嵯峨寺，终年59岁。

　　郭维经年幼时家里极为贫穷，父亲因和本地一富户争讼，死于吉安，抛下他和母亲廖氏，寡母幼子，艰难度日。那时只有伯母刘龙珠怜他家贫，时常有些接济。

　　少年的郭维经读书勤奋，聪明过人，家境的贫寒和所遭受的不幸，磨炼了他的坚强意志和不屈的性格，故他走上仕途后为官清正，勤政爱民。

郭维经平生疾恶如仇，尤其痛恨那些欺凌百姓的达官权贵。在南京时，他了解到当地有帮勋戚豪绅，横行霸道，残虐百姓，甚至动辄杀人，无恶不作，民众有冤难伸。他决心要铲除这些邪恶，为民伸张正义。经过调查，得出这些人的姓名，在审讯中证实了他们的罪行之后当场杖毙十数人。百姓拍手称快，高呼他为"郭青天"。

宰相周廷儒贪赃横行，其子弟家人也仗势不法。郭维经连上数疏弹劾，甚至对皇帝说，请先杀周廷儒的头以平天下人之愤，然后杀我维经的头抵偿周廷儒的命。以死相谏，大义凛然。

郭维经为官十多年间，正是明朝的多事之秋，朝廷政治腐败，人民苦难深重，郭维经忧国忧民，屡次上疏陈事，提出改革朝政，解救民困的建议。现在《金田郭氏族谱》中郭维经的十一篇奏章，每篇都突出了他的关心民众，拯救时艰的民本思想。

他的奏章语言朴素真实，不粉饰太平，不谀颂皇帝，切中时弊，揭露社会矛盾一针见血，控诉腐败丑恶锋芒犀利，具有一般奏章所不同的特色。他在奏章中直接批评当时那班朝臣"全副精神不用于筹国是，而用于营己私……一任民穷日甚，边烽日警，灾异日益告，直视之若无闻，若无见"，直指这些人"无品无望"只知谋私钻营，还暗指皇帝用人失察，听信奸佞。他主张改革用人机制，净化用人途径，杜绝不正常的谋私争权现象——"立绝奔竞之路以清登庸之阶"。

在江南巡察时，他目睹许多地方灾祸频连，怨声载道，便连连上书朝廷告急。他在奏章中实告灾情，说有的地方赤地千里三月无雨，有的地方暴风肆虐，大批房屋倒塌，有的地方洪水泛滥。"经句弥月，胆落魂销"。他说，他眼见灾民们"老幼辗转沟壑，父母妻子流散载道。""鸠形鹄面，依土作窟，草根树白，食已罄矣，复从沟壑中拾败鼓之皮，敝屣之革以食……所过拥遮马头，号泣震天……"在奏章中他愤怒地指斥那些"鲜衣高帽，往来喝道，随从如云"的地方官吏，竟还不顾百姓死活，"惟知提几付穷骨头日事敲朴"，甚至还对过往行人"一小筐、一小囊必勒开搜索"等等搜刮敲诈行为，还沉痛地描述"五船顷刻立覆，三百命葬于鱼腹，哭泣之声震动江干，传之道路，人人酸鼻矣"的惨状。

面对这些残酷现实，他大声疾呼"异常灾变，饥寒迫切，时事至此，真堪痛心，臣等与有司百姓皆在漏舟，故不觉疾呼亡音"！

他的奏章可以说是对朝廷的血泪声讨，是力竭声嘶，欲挽狂澜的呼喊，是不顾个人安危，把自己置于百姓之中"裂胆泣血，代为哀唱"的"血诚毕吐"，表现了对国家民族命运的极为忧虑和关心。无奈终因皇帝昏庸，权臣当道，任何呼呈和建议俱无济于事，并且还因此得罪了皇帝，触痛了权臣而屡遭贬谪。

崇祯十年（1637），郭维经告假居丧，在家里待了6年，且屡荐不起。崇祯十六年（1643），明朝廷已岌岌可危，这时崇祯皇帝又召他复任南京御史。

第二年，形势急转直下。二月间，李自成率农民军直捣北京，三月十八日进占外城，十九日崇祯自杀于煤山。后来，崇祯的堂兄朱由崧在南京称制，号福王，并重用权奸马士英，晋他为东阁大学士。马士英掌权后，一边排挤史可法，主张消极抗清，一边阴谋起用魏忠贤宦党余孽阮大铖，推他做兵部尚书。郭维经坚决反对，提出"大铖在先帝时名在逆堂，今日起用，非陛下所以待先帝，并非辅臣所以待陛下也"。福王不但不予采纳，还听信马、阮等人怂恿，迫使郭维经告退回家。郭维经离开南京时，百姓悲啼夹道相送，依依不舍地说："公何忍去我，公去，我辈无以为活。"回家路上，阮大铖还派刺客跟踪谋杀，他改装绕道，才幸免于难。

郭维经回到家乡的第二年，形势更加险恶。二月，清兵南下，扬州守将史可法困守孤城，内受马、阮的牵制，外无援军，虽誓死抵抗，终因寡不敌众，于二十三日城破被俘，不屈牺牲。接着，清兵攻打南京，阮大铖等迎降，福王被俘。五月，左良玉之部将降清，并带兵沿江而上，进攻吉安。这年秋天，在福州即帝位的唐王手诏郭维经为吏部左侍郎，都察院右副都御史，后叠晋他为吏兵二部尚书等职。在这危难之际，明知大势已去，但仍准备舍身报国。他曾仰天长叹说:"死不足惜,恐负国恩耳!"

四月间,清兵攻破吉安,围困赣州。唐王命郭维经偕姚奇胤督师前往救援,与杨廷麟、万元吉等坚守赣州。他们死守孤城,与清兵决战,终因兵尽粮绝,城破失守,众将皆壮烈牺牲,郭维经自焚殉难于赣州嵯峨寺,时为隆武二年十月初四日(公元1646年11月10日)。他的子侄郭应铨、郭应衡、郭应煜等,也都是在国家危难之际投身于民族的抗清斗争中,洒血疆场,不屈牺牲,真是一门忠烈!

郭维经一生清廉,为官时家庭仍很清贫,夫人在家亲操家务,且衣食简朴。在任上时,其伯母刘龙珠七十寿辰,他因忙于国事,便差人奉上诗一首表示祝寿,诗中抒发了他对伯母的感激敬重之情,希望后辈继承伯母高尚的美德,并感叹他自己"英雄冷落宁唯我"和"我欲称觞愧宦冷"的清贫处境,也是郭维经表达他自己为官为人的真实写照。

郭维经生于忧患,死于沙场,一生正直无私,不畏权贵,为民请命,"犯颜"直谏。在形势危急之际,身先士卒,为国殉难,是一位爱国忧民的忠臣和抗清英雄。虽为末代之臣,但功垂千秋,无愧于"宇宙正气"四字。后人有诗赞他"孰与文山欲比肩",是广大士庶对郭维经公正的历史性的肯定。

神奇的科学发明——"龙泉码"

张炳玉　搜集整理

"龙泉码",又称"龙泉码价",是木材商品流通中的一种具有科学性与实用价值的计价方法。在物理学上有独特的潜在价值。它是明末忠臣抗清英雄郭维经和他女儿郭明珠共同发明的。

郭维经(1588—1646),字六修,号云机,江西遂川(龙泉)县人。生于明万历十六年(1588)八月。天启四年(1642)中举人,第二年考取进士。崇祯三年(1630)任南京御史。明王朝崩溃后,继续在南明福王(朱由崧)及唐王(朱聿键)小朝廷供职。隆武元年(1645)唐王诏他为吏部右侍郎,都察院右副都御史,后又晋升吏、兵二部尚书,总理湖广、广东、江西等五省军务。第二年奉命率师援赣,抗御清兵,十月间兵败城破,尽节自焚于赣州嵯峨寺,终年59岁。

清乾隆为旌表郭维经的忠烈,在其家乡五斗江乡三溪郭家立了一座《尚书第》牌坊,上赐书"宇宙正气"四字。

郭维经步入仕途的十几年间正是明朝的多事之秋,朝廷政治腐败,人民苦难深重,他屡次上疏抨击时弊,声斥奸佞,因此得罪了权臣,甚至由于"刺帝"而激怒了皇上。

崇祯十年(1637)郭维经的母亲去世,他告假回家居丧,在家乡一直待了六年。史书上说他"屡荐不起"。

他深知朝廷无望,但报国之志未泯,日夜忧心忡忡念着国事。在家乡期间他一边关心地方事业,一边深入民间了解百姓疾苦。

有一天,夕阳西下,他独自在田野漫步,目望远方沉思,忽然一群肩扛着粗大杉木的汉子从他身边走过。他们个个满头大汗，非常艰难吃力。郭维经步随其后，一直看到他们把木头卸在"木仓"上。趁着他们坐在地上歇息，郭维经便关切地问，这样的苦活一天能攒多少钱，他们说体力强的一天能换四升多米的工钱，一般的只有两三升米，掺些杂粮勉强维持一家五六口一天的粮食。当问到怎样计算报酬时，大家指着场上大小成堆的"木仓"说，是按照堆积的大小估计的。郭维经看着那些大小成堆、粗大杆长的木头，就是面前这些人从山上一根根搬下来的。他细看这些人，虽然肩上都垫着一块厚厚的"肩坎"，但从破衣口上露出的肩膀都有一块红黑的疤痕，郭维经心里一阵难过。经了解，林农卖给木商也是按照这种估堆法计价的。这位平常总是牵挂国事的御史大人不禁喟然长叹，又添了一块心病。他想，一定要改变这种极不公平的计价方法。

  天色已晚，他低头沉思，走在回家的路上。晚上他无心看书，在床上辗转未眠，直到天亮。第二天，他又走到堆木场上徘徊观察。接连几天都是这样。他的女儿郭明珠是个聪明女子，发现父亲总是心事重重，便上前探问。郭维经向来很宠爱女儿，便把事情的原委告诉她，问她有什么办法。聪明善良的郭明珠理解父亲的心情，平时在父亲的熏陶下也很同情百姓的疾苦，她马上便和父亲来到了堆木场上，父女俩一边察看，一边用绳子仔细测量那些木材的长短大小，认真比较、推敲。回到家里，两人又在灯下把测量到的数据琢磨计算，经过一个月的苦心钻研，并且和乡亲林农们商量切磋，反复修改、实践，终于发明了一种公平合理的新的计码定价法则。

  他们用六十根长短不一的线，表示六十个年龄不同、径级各异的杉条，然后又总结了不同年龄杉木的纵向和横向生长的关系，以线段的长短度表示材积的大小。但后来根据实践，发现杉木的材积增长在每一年龄阶段内，年增长量是算术级增长的，当年龄超过这个年龄段的上限时，其材积增长有个突转，据此调整六十根丝线的长短比例，再根据丝线的长短对应于材积的大小拟订码价等级。他们把六十根丝线划为八个码名，一百二十个等级，所以说"龙泉码价"

的形成是按木材体积计算产生出来的。

通过进一步的总结实践,他们又巧妙地将斤、两、钱、分重量计算单位用于木材交易,把木材重量转化为"斤""两""钱""分"。以五尺大的杉木定为"一斤"(老秤十六两为一斤,码价为十六两零三分),三尺之木定为一两(码价为一分五厘)。基数定位后,其他木材规格按尺码大小和使用价值,合理确定码价。

"龙泉码价"从发明到现在已有三百余年的历史,是世界上最早的原木材积表。

郭维经一生忠烈,为国为民鞠躬尽瘁,最后投身于抗清斗争,战死沙场,对民众生产交易中的木材码价倾尽心血;他女儿明珠在父亲的民本思想熏陶下,充分发挥聪明才智,创造出了这样一个科学奇迹。可以说"龙泉码"是我国"林业科技上的奇葩",是郭维经父女爱国爱民思想的结晶。史料上称他"公为人旷达无城府,至事关天下利害辄义形于色。居乡恂恂延接后学,修城池,创复形胜,正官斛,均驿传,邑人至今赖之",其中"正官斛,邑人至今赖之"便是指郭维经父女发明研究"龙泉码"一事,从而说明了父女俩研究制定的"龙泉码"一直广为流传,长期使百姓受益。

乌龙现爪巧联姻

佚 名

    数百年来，在遂川蜀水一带，广为流传着"乌龙现爪巧联姻"的美好传说。明朝熹宗天启三年（1623）春季的一天中午，邻乡五斗江童生郭维经赴省乡试，路经衙前乡上镜"新兴书院"池塘侧畔的古柏旁，草鞋带松脱，郭维经只好停下脚步，坐在树下重新系紧鞋带。这时，居住在附近的员外彭良钊正在午睡，朦胧中，梦见一条乌龙在池塘中央上下翻滚，激起冲天巨浪，两只龙爪乌黑锃亮，如虬枝舞动。彭员外瞬间从梦中惊醒，心生诧异，吩咐下人到池塘一探究竟。

    不一会，下人回禀，有一童生坐在柏树下憩息，正用双手系草鞋带。彭员外闻言，立即派人把童生请进屋，并安排家厨备上酒菜，与童生边吃边聊。童生自我介绍，自己系邻乡五斗江三溪人，名叫郭维经，幼年丧父，家境贫寒，中秀才后以教书为业，今年35岁，尚未婚配，此番赴省乡试，不知能否得中。彭员外见童生面目清秀，气宇轩昂，聪明睿智，心想此人不是凡夫俗子，前程远大，日后定能飞黄腾达。饭后，彭员外从楼上喊下次女，对童生说，"我看你是一个大富大贵之人，小女年方16岁，名叫珍珠，你若不嫌弃，我想将她许配与你，不知意下如何？"突如其来的好事，令郭维经又惊又喜。一个是赴省赶考的年轻才俊，一个是花蕾初绽的美貌闺秀，郎才女貌，岂不一拍即合？当天午后，郭维经揣着彭员外赠送的银两,告别了有情有义的彭氏父女及家人,急匆匆赶赴省城。

中举的第二年,郭维经与彭良钊之女彭珍珠喜结良缘。珍珠与日后成为兵、吏两部尚书的郭维经风雨同舟,生儿育女,留下一段脍炙人口的爱情佳话。

郭维经公堂惩奸

张炳玉　搜集整理

郭维经，为官清正廉明，不畏权势，在朝廷与奸臣周廷儒、马士英等进行过面对面的斗争，平时他对那些欺压百姓的豪绅勋戚非常痛恨，在南京一次就惩处了十几个地方豪强，百姓都叫他"郭青天"。

崇祯年间，南京和淮安一带遭受了一场严重水灾，之后又久旱无雨，赤地千里，禾苗枯焦。南来北往的大路上，车马稀少，只有成群的难民，扶老携幼，漫无目的地向他处逃生。从江都县到南京的路上，过了一批难民之后，有个四十多岁、儒生模样的人在匆匆赶路。他心情十分沉重，清瘦的脸上笼罩一层愁云。他就是新授南京监察御史的郭维经。此时他扮成平民，一路私访到南京上任。

他在江都县的燕城住了一夜，第二天一早便动身赶路。他匆匆走着，蓦然看见路旁有个凉亭，便想歇一会再走。忽见亭内坐着一个女子，花容憔悴，满脸泪痕，衣着十分破旧，郭维经上前向她打拱问道：

"请问嫂子，你孤身一人在此垂泪，心里有什么悲伤？"谁知女子非但不理，反而仰天大笑起来。郭维经觉得莫明其妙，但仔细观察，见她似癫非癫，笑得古怪，心想其中必有缘由，便带笑说道："我看嫂子狂笑是假，痛苦是真，心中肯定有什么委屈，我们萍水相逢，本来事不关己，何必多管？但我有个好管闲事的脾气，凡遇见人家有不平之事，总想过问，尽力相助，不知你愿不愿意把真相相告？"

那女子见他举止庄重，说话和气，便含泪把自己的遭遇说了出来。

"我叫刘含香，南京人氏，丈夫徐厚聪，是南京名士，只因得罪了南京知府马成龙和他那班奸党，马成龙便设计陷害他，把他打入了死牢。"

她泣不成声，接着说："我含悲忍痛，装疯独出远门，准备到北京告状。"

郭维经想，这马成龙原是朝中奸臣——兵部侍郎马士英的一个远房侄子，为人狡猾善变，且报密有功，马士英视他为心腹，保举他做了这南京知府，作为耳目。

马成龙到南京以后，仗着他叔父的权势，与地方上的豪绅勋戚狼狈为奸，把南京搞得暗无天日。南京原是明朝的旧都，迁都后仍是繁华重地，还居住着许多勋戚，主要有曹、褚、李、田四大权贵。他们良田万亩，广厦千间，婢妾、奴仆众多，并且豢养了一大批拳师棒手。在南京一带，他们为所欲为，强奸抢夺，占人妻女田土，甚至直入民家，殴打行凶。若有谁说了他们半个"不"字，轻则打板子坐牢，重则倾家送命。

马成龙靠了这批爪牙，更加一味横征暴敛，搜刮民脂民膏。这几年灾荒迭至，他竟不顾人民的死活，把掠夺来的民财，在南京郊外大兴土木，做了一个大园子，占地几十亩，耗银百万两，强拉无数民伕劳役，整整做了三年。里面奇花异木，四时景物应有尽有，取名为"留园"。

南京名士徐厚聪特意写了篇《留园赋》。他借咏景而议事，既写园内的景物繁华，也写园外的灾荒惨状，以权贵们的荒淫奢侈对照人民的困苦潦倒。着意讽刺了马成龙这帮贪婪暴戾的虎狼。这篇文章人们争相传抄，都说写得好，为百姓出了口怨气。

文章传到马成龙那里，他看后恼羞成怒，立即派人欲抓徐厚聪，当时坐在他身旁的李中朝连忙摇首说"不可"。李中朝是四大勋戚老爷中最狡猾毒狠的一个，平日与马成龙往来密切，专出歪点子，他说：

"知府大人这样兴师动众去抓人,难免会引起众怒,会说我们挟嫌报复,以我之见,倒不如……"接着他附在马成龙耳边如此这般地说了一阵。

就在这天晚上,一场大祸降临到了徐厚聪头上。

深夜过后,徐厚聪正在书房里看书,突然有人在门外喊救命,他立即把门打开,那人窜了进来,慌慌张张地跪在地上说:

"徐相公,不好了。你叫我去刺杀知府,不料被他们发觉了,官兵已经追来,这如何是好!"

徐厚聪闻言顿觉霹雳轰顶,知道其中有诈,伸手打了那无赖一记耳光。一群官兵破门而入,不问青红皂白就把徐厚聪拉走。

在衙门里,他被拷打得死去活来,最终以"收买歹徒、蓄意谋杀知府"的罪名,被投进死牢。

听了刘含香的叙述,郭维经安慰她说:"你丈夫的事我已经知道,这篇名赋我亦细读了,写得真好。你可不必到京城去,据说监察御史郭维经已经往南京上任,即日便可到达。我南京有个故交与他相识,我将托他向郭御史申诉你丈夫的冤情。你先走一步,我随后就到,到时候我会派人找你。"

郭维经到了南京后,便穿起官服,鸣锣开道,直往知府衙门。马成龙急忙大开中门迎接。当晚郭维经住在衙门里,一夜未曾合眼,想到南京黎民的苦难,想到徐厚聪的冤枉,决心此番一定要严惩南京这帮恶棍。

上任的第二天,郭维经在公堂置酒,请了南京几位知名的贤良父老作陪,并把十几个民愤极大的勋戚豪绅都"请"来了。

郭维经正襟危坐在公堂之上,马成龙心神不宁地陪着那班勋戚们坐在一边,堂下站着两排士兵差役。见此情景,那批勋戚老爷们心里慌张,昔日威风一扫而空。

郭维经严肃地向四周扫了一眼,然后慢条斯理地说:"维经蒙圣上不弃,委以重任。今天与各位初次见面,先借马知府之酒敬各位一杯。"接着又说:"当今南京黎民苦难深重,我等在此饮宴本不应该,这酒喝来心中惭愧。"

"郭大人所言极是。"在座的人异口同声。

"这叫以酒浇愁。借此机会,本官不妨与各位共赏一篇名赋,叫《留园赋》。据闻是你们南京一位姓徐名厚聪的名士所作。"郭维经说完便高声朗读起来:"……高楼歌欢,春宵嫌短,矮檐心冷,冬夜愁长,河汉苍渺,云遮星月,独影幢幢,琴作悲吟……花芬芳而喜雨,衣褴褛而招风……"读到此处,声调尤为悲愤,他问大家:"这徐厚聪不知现在何处,我很想拜识拜识他。"

马成龙忙抢着说:"禀大人,这徐厚聪是一个极不安分的秀才,平日借吟诗作赋攻击朝政,诽谤大臣,这篇赋文虽说颇有文采,但内含讥讽,有意颠倒是非,蛊惑人心……更为可恶的是他竟收买歹徒无赖,行刺下官,幸被巡夜士兵发觉,方未得逞。今已将其收押,只等发落。"

郭维经听了笑道:

"我看这秀才笔墨不安分守己倒是事实,因为那篇《留园赋》确实有点嘲讽之意,触犯了知府大人的尊严,至于指使他人行凶之事,其中有无涉嫌栽赃,知府大人还要据实详察。"

"行凶一案,有人证物证。"

"把人证叫来。"

片刻"人证"到堂。郭维经冷眼一看,见这人满脸红光,不像在押之人,便问马成龙:"凶手收监了没有?"

"因他老实招供,未曾收监……"

"既然是凶案要犯,为何逍遥法外,岂有此理!"

郭维经讯问人证:"你姓甚名谁?家居何处?徐厚聪如何叫你行刺知府,从实招来。"

"小人姓金名有圭。有一天徐相公给了我五十两银子,叫我去刺杀马知府,后来就被士兵抓住了。"

"你把你如何潜入府中,经过哪些地方,马知府身在何处,你怎么被发现,如何逃出府衙等详情从头细说一遍。"

"这，这，我都记不起来了……"金有圭支支吾吾，难以细述。

郭维经拍案而起："既有预谋行刺，为何说不清经过，分明是糊弄本官，来呀，把他拉下去，重刑伺候！"差役们一拥而上，把金有圭按倒在地。

金有圭连忙求饶，将马成龙指使他诬陷徐厚聪的隐情如实供出。

此时的马成龙已吓得面如土色，那李中朝也是冷汗直流。

郭维经大喝一声："把马成龙的冠带卸下来！"

盛怒之下，郭维经一连叫了十几个勋戚豪绅的名字，命他们全部跪在堂下，并让差役放出徐厚聪。

徐厚聪步态艰难地来到公堂，郭维经连忙下堂扶住他说："徐公子乃忠诚之士，忧国忧民，反遭这样的屈柱，令人愤慨！"然后回到座上厉声说道：

"马成龙身为知府，竟勾结一班不法勋戚豪绅凌辱百姓，抢掠货财。且公然制造冤案，诬陷好人，又动用府库私造庭园。这种贪官，实乃民贼，为法纪所难容，今先予革职，待奏明圣上处置。"他指着那十几个人说：

"还有你们这批豪绅勋戚，平日倚仗权势，与马成龙狼狈为奸，穷凶极恶，欺压百姓，不可饶恕！"一声令下，众士兵差役抡起板子棍棒，将这些豪绅勋戚打得哭爹喊娘。

见郭维经不畏权势，惩恶除霸，贤良父老们不禁拍手称快。郭维经把他们送出府衙，嘱咐他们要多为百姓说话，为民分忧。又对徐厚聪说：

"徐公子要好生保重，你妻子在家等你团聚，请转告夫人，长亭相逢的那个寒士没有食言，今天已还忠良以清白。"

徐厚聪伏地而泣，把郭维经视作再生父母。

舅舅拜靴

张修权　搜集整理

明朝末年，龙泉县（现名遂川县）五斗江郭家村出了个赫赫有名的人物，天启朝甲子举人，乙丑进士，官拜吏、兵二部尚书兼都察院右副都御史，总理湖南、广西、广东、浙江、江西、福建六省军务的郭维经。

郭维经身为朝廷高官，虽位高权重，却主张"富贵不能淫"，把光宗耀祖那一套视如浮云，他每次省亲回到家里，大部分时间都是闭门谢客，深居简出。

有一年，郭维经的舅舅中了武举，鼓乐喧天，宾来客往，一日一小宴，三天一大宴，一闹就是几个月，舅舅本人更是得意洋洋，整日骑着高头大马，走街串村，耀武扬威。

郭维经的母亲刘氏太夫人见此情景，又是喜来又是气：喜的是娘家老弟中了举，做阿姐的脸上也沾光；气的是自己的儿子也是官，却门庭冷落，冇响冇动，竟不如舅舅风光。太夫人越想越气，对郭维经说："伢崽，人家都讲你在外面当了大官，可回到家却冰冷冰清，屋里只听老鼠叫，门外鬼都冇一个，哪像是当官的人家？你看舅舅家的场面，多么热闹，何等体面！"郭维经答道："母亲大人，晓得孩儿生来好静，更厌烦那狐假虎威、炫耀门庭的官场恶习。人各有志，不能相比，舅舅要逞'风光'就由他去吧。"太夫人怒气冲冲："你不要口强，冇用就是冇用！唉，不争气的伢崽，让人家看我们的笑话，真气死我了！"郭维经再三解释，见太夫人仍是怨声不止，只好赔笑说:"请母亲大人息怒。既然母亲口口声声责怪孩儿不争气,我只得对舅舅不恭了。明日若是晴天,请母亲将孩儿的那双官靴放到大门口去晒,待舅舅路过时,你就明白了。"

第二天,果然是个大晴天,刘氏太夫人真的端了一张太师椅摆在大门口,将儿子的官靴放在椅子上晒。还不到一筒烟的工夫,郭维经的舅舅又前呼后拥地从郭府门前经过。突然,他一眼看见了大门口的那双官靴,吓得慌忙从马背上滚下来,一跌一爬地跪倒在官靴面前,头叩着地,气都不敢喘一下。刘氏太夫人一见,大吃一惊:啊呀,不得了,舅舅拜起外甥的靴子来了,那怎么敢当!她急急忙忙从厅内赶出来扶舅舅,可左扶右拉,舅舅硬是不敢起来。太夫人无办法,只好喊出儿子来,郭维经扶起舅舅说:"外甥不知舅舅来,有失远迎;今日外甥失礼了,请舅舅千万不要见怪。"舅舅面对官高爵显的外甥,脸上直流冷汗,羞愧难言,马也不敢骑了,带着一伙人灰溜溜地回去了。

刘氏太夫人感慨地对郭维经说:"母亲错怪了你!还是你说得对,为人为官都要谦恭、谨慎,切不可依仗权势,狂妄骄横,盛气凌人,做那等爱慕虚荣的庸俗之徒!"

周塎有志中进士

梁传伟　搜集整理

清朝中叶，周塎出生在龙泉县西溪乡一个贫苦的家庭，他自幼聪明好学，寒窗苦读。

有一年适逢大考，周姓族人在祠堂里大摆酒席，宴送全族富家子弟下吉安赴考。周塎的母亲上山捡柴从此路过，便问：今日宗祠里为何这般热闹？族人回答：今天乃是欢送全姓读书人下吉安赴考。周塎的母亲心中一惊：我儿子也是读书人，为何不请他？她回到家里向儿子说知此事，儿子说：我们家里如此贫苦，请我做什么呢？要多少路费盘缠？最少也要十几两银子哩！母亲又问：你有没有赴考的志气？周塎说，有志气无盘缠亦是枉然。

母亲瞒过周塎，将自己出嫁时的首饰拿去变卖了，换得二十两纹银交给儿子作盘费。周塎喜出望外，向母亲跪下道："儿此去赴考，如没有得中功名，绝不返家，敬请母亲原谅不孝之儿。"母亲道："有志者，事竟成。愿儿此去青云直上。"周塎背上行李，辞别母亲上路了。

周塎长途跋涉，日夜兼程地赶到了吉安府。此时，天已完全黑了，周塎走得口干舌燥，两腿发软，便在一家小店门口坐下休息，谁知竟不知不觉地靠在门边睡着了。第二天清早，店主人开门，"咚"的一声，周塎一跤跌进了门内，把店主人吓了一跳。店主人问："你是何方人氏？为何睡在小店门口？"周塎答道："晚生是龙泉人氏，来此赴考，只因昨晚深夜到此，旅途劳累，不觉便在此地睡着了，惊扰了老伯，请原谅。"店主人说："啊，你原来是龙泉的考生，想必你不知考期已延迟一月,这等匆忙赶来?"周埙大吃一惊:"老伯,此事当真?咳,这便如何是好?晚生盘缠有限,如何在此耽搁得一月之久?"店主人也是良善心慈之人,见周埙一介谦恭有礼的斯文书生,便起了惜才之意,当即说道:"先生不必惊慌,如蒙不弃,屈尊在老朽店中帮佣一月,伙食、宿费自是老朽负担,不知尊意如何?"周埙大喜道:"多谢老伯厚意,如此大恩大德,晚生永世难忘。"

  光阴易逝,转眼大考完毕,周埙中了秀才。喜报送到了西溪周家祠,周姓族人皆以为是哪家富豪子弟得中功名,谁料拆开喜报一看,却是贫寒之家的周埙中了秀才,众人目瞪口呆,作声不得。还是族长公圆滑善变,当即对族人讲:"不管如何,周埙乃是本族子弟,他得中秀才,也是全族荣光。你们速去置办酒席,摆在祠堂内,待我亲自去请他老母前来赴宴庆贺。"说完带着几个族人,急匆匆赶到周埙家,未进门即高声唱喏:"恭喜夫人,周埙贤侄为族人争光,得中秀才,乃全族之喜也!现请老夫人同去祠堂与族人喜庆一番。"周母答道:"我乃清寒贫苦之人,难登大雅之堂,恕我'失敬'了。"周母执意不去,怎奈族人嬉皮赖脸,半拉半推地将她拖走了。

  却说周埙得中秀才之后,并未返家,又蒙小店主人荐举,在吉安城内一家私塾教书三年,后赴京大考,高中进士,才衣锦还乡,省视母亲。而周姓族人又有一番更为隆重、热闹的奉承之举,诸如翻新祠堂、做好功名匾额、摆列衔轿旗号、放炮奏乐迎接等,这里不必一一细表。

  周埙人穷志不穷,苦学中进士的故事在乡里民间广泛流传,激励后人奋发向上。

勤政恤民的周知府

钟书先　郭赣生

周埙（1714—1783），遂川县西溪乡千秋村人。乾隆十六年（1751）进士。曾任河南淇县、渑池、鹿邑知县，开封、陈州同知，彰德、归德府通判，汝宁府知府。周埙勤政清廉，心系百姓，关心民苦，为平民百姓做了不少好事，受到后人的称赞。周埙10岁丧父，30多岁守寡的母亲含辛茹苦把周埙抚养成人，东筹西借供他读书。周埙考取功名后，为报母养育之恩，一直把母亲带在任所供养。母亲为人仁慈宽厚，常告诫周埙不要加重民众负担，要为老百姓多做好事。如果为了百姓的利益丢了官，哪怕回去种田也在所不惜。

周埙为民请命，不怕丢官革职。河南淇县每年都要派300名夫役和5000捆草料供给河防工程，由民间按田亩摊粮折抵。地方经办人员与河厅吏胥相互勾结，借机贪污勒索。对完不成摊派的，还强行捆吊拘狱，百姓苦不堪言。周埙上任了解这一情况后，马上给上司写报告，反映淇县只是个纵横不过50里的贫穷小县，平时还要负担大量的驿马、驿卒和人夫、草料的供应，老百姓已十分艰难，哪还有能力再承担河防工程人力、物力的重压。请求上司免除这种摊派。上司对他说："派役筹草已是历年惯例，每任县官无一例外。你初来上任理当恪尽职守，为朝廷分忧，怎么可以妄提异议破我朝廷规矩？你是不是不想要这顶乌纱帽了。"周埙坦然答道："百姓疾苦，岂能熟视无睹？与百姓水火之痛相比，丢官只是件小事。如若能免了一县的摊派，丢了这顶乌纱帽又有什么可惜呢？"上司被周埙慷慨为民的气概所感动，不久便将淇县的河防摊派任务全部免除了。

乾隆二十二年（1757年），周埙积劳成疾，辞官南归。乾隆二十六年（1761年）周埙病体康复，只身前往京师，不久官补河南渑池县。

渑池地处黄河南岸，河南省的西北部，邻接山西，境内"岩疆荒瘠，民率穴居木食"，农产以小麦、玉米、棉花为主。

周埙到任前，黄河涨水造成河北洪涝灾害。周埙到任后，朝廷命令渑池县征办山产枝梢供给河防工程，再从县仓拨出2万担粮谷，紧急运往原武、修武两县救灾。渑池至这两县的水陆运程加起来最近的也有五六百里，先要用牛车运至河边，再改船运，沿途道路崎岖，运输十分困难。前任知县督率民众只运了5000担，就有大批民众因此举家逃离，有的村落已空无一人，村中荒芜萧索。周埙便将民众运粮的艰难和大批民众逃亡的情况，向上司如实禀报，请求削减1万斤粮赋。报告不仅未获批准，反而受到上司严词训斥，警告他若未按期完成任务，就要遭到弹劾。周埙听后，便捧着官印，主动来到省城请罪罢官。上司见他抚民之心如此执著，经藩司请求巡抚，才改发漕米备赈，免了渑池县的运粮任务，使大批逃难外出的民众陆续返回家园。

在淇县和渑池任知县期间，周埙曾多次承办兵差。对过往和驻扎当地的军队所需的物资，周埙总是自己想方设法筹措，尽量不增加民众负担，有时还拿出自己的俸银填补所缺。

鹿邑县与安徽的颍、亳两县毗邻，长期以来边民关系非常紧张，宿怨甚深，常因一些小事大闹纠纷。周埙上任仅半个月，民间就发生械斗十多起。在经过深入调查以后，周埙联络邻县的地方官绅共同审察民间纠纷，不偏不倚化解矛盾，对首要肇事者予以拘捕，痛杖首恶，对一般民众则晓之以理，进行教育，械斗之乱很快平息。此后，周埙还制定各种措施鼓励双方友好来往，增进感情。

乾隆四十三年（1778）秋，黄河又闹洪灾。周埙独自一人来到洪灾现场，冒着大雨组织民众抢修河堤。外堤冲破后，周埙又冒着危险指挥民众用木筏、小船将洪水围困的灾民紧急救出险境，送进县城安顿，大量灾民入城以后，市面上的米粮很快就被卖光，周埙下令立即开仓放米，救济灾民，并严令不许饿死一人。

  周埙每到一处任职，都奉行以民为本的原则，表现出强烈的爱民情怀，在老百姓中间留下很好的口碑。

杏林名家蔡宗玉

佚 名

　　蔡宗玉，遂川县雩田蔡屋村人，生于乾隆二年（1737）。幼时天资聪颖，勤奋好学；青年时为贡生，因仕途坎坷，转随祖父、父亲学医。他医术高明，造诣精深，为一代杏林名家。

　　蔡宗玉，他秉承医业后，深得真传。且博览群书，潜心钻研，治医严谨，通众家之长，融会贯通，灵活运用。选方择药，独具见地，往往治辄有奇效，时称"妙手"，颇负盛名。据《龙泉县志》载："蔡宗玉，字象员，号茗庄，恩贡生。祖、父皆以名儒习医学，藏医书甚富，研究有年，精通其理，集诸家之说，著《医书汇参辑成》，共二十四卷。于各症之下，分别何脉何方，使阅者依病审脉，依脉辨症，依症寻方，依方定药，皆可调达无疑。金溪进士蔡上翔为之序。"

　　由于蔡宗玉家藏医书甚富，给他创造了良好的学习条件。为了打好医学理论基础。他嗜书成癖，博览广闻，对古典医籍，从源到流，细细研读。对名家学说，研究有素。蔡宗玉不但有扎实的医学理论功底，而且有丰富的临床经验。这样，他学力根深，医术超群，治起病来，"方必切病，药必对症"，出奇制胜，达到高妙境界。

　　到了晚年，他潜心著书立说，编写的《医书汇参辑成》共24卷，刊于嘉庆十二年（1807）。这部医学巨著收集了清朝以前历代名家医学理论。包括了中医基础学、方剂学、药物学、内科、妇科、儿科及五官科等。所涉范围广泛，内容十分丰富。这部书的特点，一是尊崇经典著作，汇众家之所长，可谓洋洋大观，精深广博；二是分类编写,排列分明有序,浅显易懂,检索方便,实用性强。这部书所引的典籍,有不少是过去汇辑的医书所未触及,他在书中阐述的许多观点,更是前人所未发。他的真知灼见,为医学界所称道,堪为医学研究中的不朽之作。

蔡宗玉为《医书汇参辑成》这部书耗费了许多精力,倾注了大量心血。他在凡例篇中说:"医书原欲以济人,故不禁翻刻。但是书稿凡六易始定,俱出愚一手,不敢假人,及授梓时,复邀良友,共相较正,诚恐一字之讹,有关性命。"这部24卷的宏篇巨著,六易其稿才最后敲定,而且都出自蔡宗玉一人之手,其中艰辛,可想而知。书稿写成后,在付梓刊印之前,他又邀请良友"共相较正,诚恐一字之讹,有关性命"。这种精益求精、治学严谨、一丝不苟的态度,感人至深,实在堪为医家楷模。

蔡宗玉将毕生精力奉献给医学事业,起沉疴,济群生,良方震世,妙手回天,被医学界称为江西名医,是当之无愧的。

宽容大度的黄义方

胡 睿

位于堆子前镇的鄢溪古村,距今已有200余年历史。村中祖宅正亮堂始建于乾隆五十九年(1794),是由木材商人黄义方携两位胞弟历时十三年苦心建成的。在这片百年香火传承的土地,至今还流传着这位鄢溪主人的鲜活故事。

声东击西开基业

黄氏先祖由湖南桂东迁徙至此,历来人丁单薄,少有田地。黄义方幼年家境贫寒,为一家木材店做长工,勤劳苦干,又聪明乖巧,甚得掌柜欢心。多年的磨砺让他学成经商本领,于是辞去东家,在南昌开了一家名叫"福寿堂"的木材铺子,因经营有道,生意越做越大。有一回返乡路过鄢溪,惊叹此地风光旖旎,林木葱郁,萌生安家落户的念头。当即请风水先生勘探,得出聚财纳宝的卦言,于是携带余资向当地邱姓人家购置土地。邱家主人听说黄家想要买地,抱着狠敲一笔的心态使劲抬价,让黄家既气愤又无奈。黄义方思索数日,终于想出个绝妙点子。他停止与邱家交涉,到邻村下源另租一块土地,雇佣工人堆满石料,摆出一副准备动工建房的态势,再雇请一位老人佯作通风报信。当时老人火急火燎地跑到邱家大喊:"老俵啊,你自以为这块地奇货可居,现在好了,你一个子也拿不到了。"邱家主人一问缘由,吓得连忙跑出家门,在下源找着黄义方,赔笑道:"燕亭(黄义方表字)老弟,你们生意人不是最讲诚信吗？和我正谈着买卖呢，怎么不声不响就去找下家？"黄义方压根不和他谈价，颔首微笑道："邱老哥，咱们可没签协议呢。人家地理先生算过一卦，这边风水更好，我总不能不听吧？"邱家主人急得额头直冒汗，道："老弟你是明白人，可不能听那些家伙瞎说啊！谁说我那块地风水不好，我大耳刮子抽他！要不这样，就按老弟你说的价格尽早买卖，省得那帮家伙成天搬弄是非。"黄义方道："这恐怕不成呀，我这边死乞白赖刚谈好，不好反悔。何况我这边已经花费了不少。"邱家主人道："这好办，价钱降你一成，弥补老弟损失。"黄义方面露难色，闭口不语。邱家主人一咬牙，道："老哥也明白兄弟的难处，价钱降三成，你看如何？"黄义方叹道："老哥如此诚意，就依您的意思罢了。"于是两家签下协议，黄家开始筹划建宅。

两年后，邱家越想越觉得吃亏，以鄢溪山场为其祖坟地为由，向黄家讨还周边土地。两家发生激烈争执，邱家每天跑到黄家大声嚷嚷，"卖田卖岭也不可能卖祖坟"，甚至一纸状书告到官府。其实邱家祖坟年代久远，早已印迹湮灭，连自家都不知具体所在。黄义方看出邱家不肯善罢甘休，索性花钱请县太爷亲临断案，并事先探明了邱家祖坟位置。当日黄家将县太爷请上山，想方设法让其在祖坟地上方落了轿。邱家翻遍山场一草一木，也找不到坟地，只好恳求县太爷移轿。县太爷大怒道："大胆！我的官轿你也敢移？翻遍整座山都找不着，难道就凑巧在我脚下？"于是当即宣判山场归黄家所有，不得再起争执。

放眼思量筑华厦

初到鄢溪，黄义方就决心用毕生精力在此为儿孙建造百年基业。为寻找优质建材，他四处奔走，赶马车、乘渡船；足迹遍及桂东、九江、南康、兴国……他当时就考虑到，房屋不是一朝一夕就能够建成，于是将家中事务托付给二弟义言，自己带着三弟义齐继续贩卖木材，为建房提供充足后续资金。多次迁徙的客家人，深知"家和万事兴"

的道理，黄义方始终认为他们兄弟三人仅仅是分工不同，从未小瞧收入微薄的耕农兄弟，也从未摆过长房的架子。他承担全部建房费用，"九厅十八井"的用材、做工都要求上乘；他用辛苦赚来的钱财慷慨接济亲族，还兴建家族书院供亲族弟子免费习读；他将买田置地这一宗族莫大功劳献于父亲，让其逝后受赐"崇德象贤恭宽敏惠"谥号，永载族谱。

房屋选址后，黄义方多方打探，没有选择经验丰富的老建造师，反而高薪聘请了一位性格执拗的年轻人。旁人深感疑虑，问其为何如此，黄义方解释说："建造工期长，年轻就是资本。而他的性格执拗，说明做事一丝不苟，讲求原则。"签完用工合同，黄义方听说建造师尚未成家，便让其先回家娶妻，还给足了定金。建造师十分感动，安顿家室后立马出来干活，而且一干就是十三年。后来建造师儿子长大了，也参与到这项工程当中。事实证明，黄义方确有识人之明，正亮堂不但如期完工，而且建造水准堪称一流，依山就势，功能齐备，通风、采光、排水、卫生，连同子孙的发展都纳入规划之中，独具匠心的设计让现代人都为之折服。

据传，当时建造师喜食鸭胗，黄义方每回设宴款待，席上美酒佳肴唯独缺少鸭胗这道菜。建造师心里纳闷，难道是东家疏忽了？但平日东家对自己不薄，也不好去计较这些，久而久之就习惯了。谁知在房屋竣工当天，随着一长串鞭炮声响起，黄义方从里屋挑出满满一箩筐鸭胗，对建造师微笑道："早就听说老弟好这口，为兄今日特来相送。"建造师顿时明白过来，原来东家和自己开了个小玩笑，今日才送上惊喜。建造师推让不过，激动地接过挑担，回到家中整宿难眠，脑海中不断回想建造上是否还有纰漏，东家如此礼遇，绝不能亏欠恩情。第二天，他早早赶到黄义方家，建议在新建大屋周围砌起两米多高的围墙，并在西边建造牌坊式大门楼，如此可保家族昌盛。用人不疑的黄义方当即采纳了此建议。果然，从此黄氏家族财丁兴旺，富甲一方。一方面是因为围墙防范了盗匪骚扰，保障了家族安宁。另一方面，按旧时说法，大门朝向直接关系整个家族的吉凶祸福。建造师所建议的朝向恰恰规避了凶煞，招来了财富。

劝善规过睦乡邻

黄家原本贫苦，自从黄义方经商发了家，乡邻对黄家就有了不同看法。有人因黄家乐善好施而肃然起敬，也有人因黄家大兴土木心生嫉妒。黄家入住正亮堂时，连同长工、丫鬟仅有13人，根本无法看顾占地3000多平方米的房屋。常有盗贼见黄家家底殷实，入室盗走钱财。黄义方见家中人心不安，便在每间空房间安置马桶，让长工夜间提水壶挨个倒水，做出有人起床如厕的假象，利用声响吓走潜藏在侧的盗贼。这方法看似笨拙，却收效甚奇，黄家失窃事件大为减少。

正亮堂因建造工期较长，屋外常堆放大量砖石、木料。村内有一惯偷见此，打起了顺手牵羊的主意，每到夜间便偷取少量木材。当时富人不多，偷得的木材无处转手，他只好将木材卖回给黄义方。偷儿打得一手好算盘：反正木材都长一个样，别人难以识出；就算不幸被发现，他黄家作为外来户，也不敢把自己这个本地人怎么样。黄义方多年贩卖木材，一眼就能分辨出自家木材，但他对偷儿运来的木材二话不说，全部照收。如此反复数次，偷儿以为黄义方仍未起疑，不禁心中窃喜，别人都说黄义方精明，没想到这般糊涂。于是晚上来得更勤，结果有次摸黑前来，一不小心摔了个嘴啃泥。第二天，黄义方打听到偷儿住处前去探望，微笑道："以后若是需用木材，尽管白天来取，我分文不收。工地难免会有坑坑洼洼，若是夜间前来让你跌跤就不好了。"偷儿羞愧万分，原来黄义方并不糊涂，只是宽宏大度，不与自己计较罢了。当即将偷得的木材如数归还，并在往后努力改掉偷盗这一恶习，走上勤劳致富的正道。这段佳话不胫而走，黄义方的气量让人折服，再也没有人去议论黄家是非，十里八乡的乡绅名望都以结交黄义方为荣。

英雄母亲张龙秀

李梓文

井冈山斗争时期，遂川出了一位英雄母亲。她忍受各种苦难，誓死保卫党组织的秘密，最后献出了自己宝贵的生命。

这位英雄母亲，姓张，名龙秀，儿子是井冈山根据地创始人之一、新中国第一任中共江西省委书记陈正人。

张龙秀19岁时嫁给了前清秀才陈治安为妻。婚后，夫妻和睦相爱，先后生下了陈正人兄弟姊妹7人。可是"天有不测风云"，当陈正人8岁时，张龙秀的丈夫便一病不起，过早地离开了人世。从此，她带着儿女艰难度日。为了这个家，她忍受着各种痛苦和压力。陈正人参加革命后，反动军警常来家中搜捕，张龙秀只好带着儿女东躲西藏，吃尽了千辛万苦。

1928年1月，毛泽东率领工农革命军攻克遂川县城，陈正人担任了中共遂川县委书记。全县城乡很快掀起了打土豪、筹款子、建政权的热潮。1月24日，遂川县工农兵政府成立大会在李家坪广场举行。一大早，张龙秀就从盆珠大屋村出发，走了几个小时，赶到了县城。当她看到儿子陈正人和部队领导坐在主席台上主持大会时，心里真是比吃了蜜还甜。

2月初的一天晚上，陈正人从县城回到家中向母亲辞行。陈正人见到背微驼、发已白的母亲，心中非常难过。他再三叮嘱母亲，要多加保重。陈正人心中清楚，部队撤走后，土匪肖家璧、罗普权就会反攻倒算，母亲的生命随时都有危险。张龙秀含着眼泪安慰儿子说:"孩子,你就放心跟部队走吧,只要你能为穷苦百姓的翻身做事,我就是死了也瞑目。"

工农革命军上井冈山后,国民党军和肖家壁、罗普权两匪重新占领了遂川县城。他们大肆捕杀革命干部和家属,通缉捉拿陈正人。

2月8日早上,张龙秀正在家中吃早饭。一个农协会员急忙忙地跑来,告诉她说:"陈婆婆,匪首刘伟才带着200多个匪徒进村来了,您赶快藏起来吧!"张龙秀不慌不忙地放下饭碗,说:"我一个老太婆,他们能把我怎样?"农协会员急得直跺脚,拉着张龙秀就往后山上跑去,将她和女儿安置在下水坑郭兴腾家。

下午,陈正人的堂叔陈长庚一脸惊慌地来到郭兴腾家,告诉张龙秀说:"嫂子,刘伟才一伙土匪,见你家屋门紧锁,就一把火烧了你的房屋。他们还在各个路口布有密探,连过路人都要盘查。你可要小心呀!"张龙秀听了,急得双眉紧锁,心想:白匪已经是一群疯狗,他们在大屋村没有抓到人,一定会派人来下水坑搜捕。自己被抓,不过一死而已,可千万不能连累老郭一家人。她立刻与郭家兄弟商量,准备在晚上转移到石罗坑陈家方家,那里山高路远,土匪吃不了那个苦。

傍晚,张龙秀一出郭家门,就被刘伟才的密探发现并跟踪。刘伟才得到报告后,如获至宝,带领众匪徒直扑石罗坑,包围了陈家方的房子。走了一天山路,早已筋疲力尽的张龙秀正在睡梦之中。忽然间,被一阵"汪汪"的狗叫声吵醒。她知道情况紧急,连忙起床叫醒女儿和陈家方一家人,拉着女儿就走。刚要开门,只听"嘭"的一声,大门被砸倒,冲进一群如狼似虎的匪徒。匪首刘伟才一见张龙秀,便淫笑着说:"老东西,找得我们好苦啊!"说着,就将手中的枪托往张龙秀的脚踝骨上死命地砸去,张龙秀立刻倒地。刘伟才怕情况有变,急令匪徒把张龙秀捆绑起来。张龙秀原是小脚,如今又被刘伟才砸断了骨头,无法行走。匪徒们就把她绑在两根木杠上,抬到县城,关押在水南尚义祠的暗室里。

罗普权听说抓到了陈正人的母亲,高兴得不得了。他对刘伟才说,就从这老太婆身上打开缺口。

第二天,罗普权头戴黑色礼帽,身穿棕色丝棉马褂,坐着轿子,一摇一摆地来到了尚义祠。下了轿,在祠堂正厅一坐下,便令匪徒摆好桌椅,放上了几盘水果、花生在桌子上,又泡上一杯热气腾腾的狗牯脑茶。他看到一切准备就绪,便大声说道:"快请陈老太出来!"两个匪徒连忙走进暗室,半抬半扶着张龙秀来到正厅的椅子上坐下。

罗普权赶紧起身,走到张龙秀面前,从头到脚打量了她一遍,突然惊讶地说:"陈老太的脚,怎么搞伤了?"转身便对刘伟才大发脾气:"陈老太已是半百之人,你们怎能如此无礼!"张龙秀微闭双目,一声不吭。罗普权表演完毕,坐回太师椅上,一边吸着水烟,一边劝说道:"陈老太太,还是答应我们吧!你这么大年纪了,又何必受这皮肉之苦呢?""你要我答应什么?"张龙秀睁开双眼厉声问道。

罗普权以为张龙秀动了心,连忙说:"只要你答应说出遂川党组织的情况,把你儿子劝回来,我就放了你,并保证你以后过上舒心的日子。不然的话,就别怪我罗某不客气!""呸!"张龙秀将一口血痰吐在罗普权脸上,"我儿子是不会投靠你们这些杀人不眨眼的土匪的。现在我落到你们的魔掌里,要杀要剐随你的便。"

"你,你这个老东西还敢嘴硬。"罗普权恼羞成怒,他一使眼色,几个凶神恶煞般的匪徒淫笑着冲上前,一把扯去张龙秀的上衣,用锋利的匕首往张龙秀乳房割去。顿时,张龙秀如遭五雷轰顶,胸前鲜血直流。"你们这群畜牲!"说完,昏倒在地。

2月12日,天色阴霾,寒风呼啸。水南洲背石桥头上,岗哨林立,戒备森严。张龙秀被五花大绑,从狱中押了出来。她昂首挺胸,面不改色,一双小脚拖着沉重的脚镣,一瘸一拐往刑场走去。当走到聚满人群的桥头时,她突然高呼起口号:"打倒罗普权!"罗普权一时慌了手脚,连忙指使匪徒将张龙秀拖到河滩上,疯狂的匪徒拿起梭镖往她身上刺了28刀,见张龙秀还有一口气,又拔枪射杀。烈士的鲜血,染红了滔滔东去的泉江河水。

年近花甲的张龙秀虽然被敌人残杀了,但她的英名永远在井冈大地上传颂。

近代教育家陈剑翛

刘志桂

  陈剑翛，1897年出生于遂川县泉江镇。1920年毕业于北京大学，后留学英国，专攻心理学，获硕士学位，为英吉利心理学会名誉会员。回国后任北京大学教授，武汉大学、浙江大学系主任，中央大学教务长，中央研究院心理研究所筹委，广西教育研究所委员，南京市教育局局长，教育部社会教育司司长兼代高等教育司、蒙藏教育司司长，江西、湖北教育厅厅长，广西大学法商学院院长，广西大学校长等职，是近代著名的教育家。

  陈剑翛在北京大学读书期间，参加了"外争国权，内惩国贼"的"五·四"爱国运动，成为运动的组织者之一。1919年5月3日晚上，他参加了北京大学召开的北京大中学校学生代表会议。5月4日，他参加了"火烧赵家楼，痛殴章宗祥"的斗争，后被北洋军阀逮捕，成为"五·四"运动的勇士。

  在英国留学期间，陈剑翛潜心于教育思想的研究。他认为"教育的力量是要把社会上的人，造成有相当技能、知识与品性的方法和态度，然后方能参加并适应各种社会组织的共同生活"。主张"脚踏实地""实事求是"，提倡职业教育。

  陈剑翛在教育实践中勇于革新，任人唯贤。在他任江西省教育厅厅长时，创立了省会小学区管理委员会，将督学改为视导员。在教育厅设立了健康教育推行委员会，切实加强对学校卫生体育工作的管理和疾病的防治。他还撤换了一些不称职的教育官员和中学校长，为此与当时的江西省主席熊式辉发生龃龉，任职半年便愤然辞去教育厅长的职务。他在中央大学任职时，"三顾茅庐"从上海请来国画大师徐悲鸿到校任美术系主任。

陈剑翛热爱祖国，追求进步。在北大读书时就经常发表反帝爱国文章，深得校长蔡元培的赏识。在广西大学任校长时，他帮助、支持中华民族解放行动委员会（中国农工民主党前身）在校建立基地，开展地下革命活动。为此，陈剑翛于1949年4月被国民党政府免去广西大学校长职务。他愤而奔赴香港，与在港的13名教育界人士联合发表反蒋宣言，脱离国民党，拥护共产党。后由香港转赴北平，受到周恩来的接见。新中国成立后，陈剑翛被任命为中南军政委员会教育部副部长兼中原大学副校长，为新中国的教育事业出力，1953年病逝于武汉。

红军团长王佐农

李先茬

1931年10月初的一天，永新县城上空，乌云密布，电闪雷鸣，一位被五花大绑的年轻人在狂风暴雨中像青松般地挺立在西门外刑场上。倾盆而下的暴雨淋透了他的全身，黑洞洞的枪口在他面前晃动，容不得他作任何申辩。

令人痛心的冤案终于发生，年仅25岁的共产党员、红军独立七团团长王佐农被诬作"AB团"分子，血洒西门外。

王佐农，1906年出生于遂川县泉江镇（原瑶厦乡）西庄村一个贫苦农民的家庭。四岁时母亲去世，八岁进入本村私塾读书，三年后由于家庭经济困难而辍学，在家帮父亲种田。1925年春，他瞒着家人独自去参加国民革命军，在路上被长兄阻挡，没有走成。但他投身革命的决心没有改变。

1926年9月下旬，钟皋九率北伐军进占了遂川。冬季，陈正人以国民党省党部指导员的身份回到遂川，正式组建了国民党县党部。同时建立了中共遂川特别支部，陈正人任支部书记。在党的领导下，工农商学等群众团体组织起来了，农运掀起了高潮。王佐农与王次榛、王次淳带头参加西庄村对土豪劣绅的斗争，并带领农民进城清查"仇货"，举行打倒帝国主义、打倒贪官污吏的游行示威。由于王佐农斗争勇敢、积极，年底被吸收为中国共产党党员。

1927年"四·一二"反革命政变后，一些被清算斗争过的土劣，勾结县公署官吏，耀武扬威，大有反攻倒算的势头，但王佐农并无畏惧，积极地协助陈正人、王遂人、王次榛等主要领导人开展斗争。

5月13日，反革命的"军界偕行社"匪徒与保安队军警，冲击国民党县党部和各群众团体，捕捉共产党人。共产党员和一部分国民党左派被迫退出遂川县城，转移到碧洲山区。6月3日，保安队和军界偕行社60余名匪徒进攻碧洲，捕去肖万燮、罗凤鸣、蒋世良等共产党员，将他们关进了县城牢狱。佐农为了营救同志出狱，积极进行劫牢准备。7月下旬的一天，他得到国民党反动派要在8月1日对在押共产党员下毒手的消息，立即赶到万安县罗塘乡，向陈正人报告了情况。

7月29日，曾天宇、陈正人命令遂万农军火速攻打遂川县城，劫牢救战友。担任农军副班长的王佐农与副队长王次榛作前哨，半夜从万安罗塘出发，到达遂川时天还未亮。他巧妙地叫开了城门，带领农军顺利进到城内，并勇敢地向牢房冲去，砸开牢门，救出共产党员和革命群众100多人。

劫牢胜利后，王佐农随军返回万安，参加了万安农民暴动。他冲锋在前，在下造攻打郭名达靖卫团战斗中，夺得敌枪10支；不久后，他与王次榛一起，又在赣江罗塘湾河段，缴敌枪6支。他所领导的班，被称为"奋勇敢死班"。

1928年1月5日，毛泽东率领工农革命军攻克了遂川城。1月8日，王佐农参加了毛泽东亲自主持召开的党员会议。会上毛泽东提议成立中共遂川县委，陈正人任县委书记，王佐农被选为委员，后又任县民协会委员长。2月初，他随工农革命军回师井冈山，担任团县委书记、遂川赤卫大队分队长。10月，在湘赣边界党的第二次代表大会上被选为边界特委委员，主要负责青年工作和协助遂川赤卫大队的领导工作。参加了新城、五斗江、遂川等战斗和黄洋界保卫战。

1929年1月，在与"会剿"井冈山根据地的国民党军斗争中，王佐农协助县委保卫机关，兼做后勤工作。当红五军突围时，他负责组织机关人员及老幼病残跟随部队转移。1月30日，朔风怒吼，雪花飞舞。当突围队伍到达大汾长冈坪时，埋伏在山上的国民党军突然从四面包围过来，彭德怀指挥红五军与敌鏖战，打破了敌人的包围，队伍冲了过去。王佐农为照应这支老弱病残队伍，错过了冲出去的机会。他们返回井冈山，与陈正人夫妇一起，钻进了深山老林。他们用野菜充饥，用茅草御寒，坚持着艰苦的敌后斗争。

1929年5月初，彭德怀率领红五军从赣南返回湘赣边界，边界特委恢复。特委派王佐农回遂川开展党的秘密工作。5月10日，特委在宁冈召开第4次执委会，王佐农仍当选为特委委员。此时，肖家壁、罗普权靖卫团还在四处搜捕共产党人。王佐农冒着生命危险，走村串户，联络被冲散的共产党员、赤卫队员、红军战士。他在西庄召开了老党员会议，恢复了党支部，随后建立起中共遂川临时县委，并任书记。7月，临时县委在枚江下屋召开了党团员联席会议，建立了雩田、枚江、碧洲、城区区委、北乡特别区委。王佐农紧紧依靠党的骨干和工农群众进行革命斗争，取得了很大的成绩。边界特委书记邓乾元在给中央的工作报告中指出：遂川的工作"很有办法"。

为了发动群众开展斗争，1930年春，临时县委决定，在西庄、县城、鸦鹊口建立党的秘密交通站。王佐农拿出边界特委发给自己的钱，为西庄交通站开设了杂货店，作为交通站的联络点和与县委联系的地址。他常在店里以做生意为名，接待来往人员，代表县委向下布置工作任务。

这时，赣西南特委要求遂川县委筹措万元款子和食盐，支援苏区建设。这个任务对处在敌管区域内的秘密县委是很困难的。但王佐农毫不犹豫地接受了党分配的任务。他及时开会研究了筹款的办法，决定打通泉江河的交通，端掉国民党政府设在河岸的关卡，设法将停留河中的木竹排输送出去，以税收获取筹款。

泉江河，是遂川通往吉安、南昌等地的水上交通要道，木竹是遂川的主要特产。国民党政府在泉江河和赣江岸边设立关卡，阻止红白区来往交通，禁止遂川木竹出境，使木排停留在泉江河中已达数月之久。王佐农把任务给了自己所在的西庄党支部。他指派了五位同志组成临时党支部，领导排工斗争，从而保证了筹款任务的完成。为此，赣西南特委表扬了临时县委，颁发了200元奖金。

10月22日，陈毅军长、邱达山政委、毛泽覃党代表，率领红军二十二军攻占了遂川。王佐农向陈毅汇报了遂川的工作。在陈毅的帮助下，他串联了一批青年，组织起地方武装——遂川特务连。又于10月底成立了遂川县苏维埃政府。随后各乡镇也普遍建立了苏维埃政府，再次掀起了清算土豪劣绅的革命高潮。

1931年春，特务连发展到700多人，三四百支枪，组建成红军独立第七团，王佐农任团长。他与政委刘世泉、参谋长何访文一起，领导全团先后攻占了上犹、南康县城，游击到万安、泰和、崇义、桂东、吉安县境，打败了郭名达、朱家泮、肖家璧、罗普权等地主武装，击毙了国民党遂川县县长王蕃，缴获敌军警大批武器，建立了鄱遂边红色苏区，后来成为湘赣革命根据地的一部分。

1931年8月初，王佐农在永新被诬为"AB团"分子，关进政治保卫局，10月被错杀于永新县城西门。新中国成立后，被追认为革命烈士。

陈正人巧计夺银元

郭赣生

1928年4月的一个傍晚，县委书记陈正人同总工会主席蒋世良回到县城，住在县城南门"洪泰客栈"的一个阁楼密室，该店是地下党员郭宗芬开设的县委秘密中心交通站。子夜时分，八个挑着担的"脚客"敲门进店。走在前面的是个中年矮胖子，四方脸，长满麻子，进店就鼓着田螺眼，操着满口永新土话问道："老板，有铺位吗？"

宗芬听出他的口音，连忙笑着点头说："有，有，有！你们永新一带做生意的，也常在这里歇脚。"说着便领着他们往客房走去。

宗芬把客人安置好，拿出店簿说："老板，请你登个记吧！"麻脸客吊眉一锁，勉强笑笑说："怎么，还得登记？"

"你们跑江湖的，常住店，这还消说！"宗芬翻了翻旅客登记簿，说："这册子，天天要送警察局，要是夜里查户口，查上没上册的，都要当'黑人'押走……"麻脸客一听，马上在册子上填上姓名和来历。借着淡淡的灯光，宗芬发现麻脸客肥胖的手指上，有一道戴过戒指的白印子，心下生疑：字写得这么好，手又白又胖，不像一般过往的"脚客"。

吃罢晚饭，"脚客"们进房睡了。宗芬在房外听了一阵，听见房里传出清脆的咔嚓咔嚓数银洋声，心里便有了底。等"脚客"睡熟后，宗芬急忙跑上阁楼，把这一情况向陈书记汇报。

阁楼里，张文溥、蒋世良等三四个地下工作者还未睡，正在低声谈论"脚客"们的来历。原来陈正人此前听了随这帮"脚客"进城来的交通员的汇报。宗芬一来更证实了交通员谈的情况。于是，陈正人低声说："同志们，现在可以断定，住在这里的这些'脚客'，就是由永新逃过来的土豪。这帮家伙怕永阳一带的红军游击队，才绕到这里，想从万安、泰和逃往吉安、南昌。"顿了顿，他说："我们想个办法，把土豪的现洋弄到手。"

陈正人说完，大家便聚精会神想起办法来。有的说："动手抓！"有的说："把他们干掉！"……但这些办法都不合适，因为此时反动势力猖獗，这样做很容易暴露。大家一时半会想不出什么好办法，过了一会，陈正人想了一出"空城计"。

"好！"大家听了非常赞同。接着，大家按计划动手裁纸条、写标语、弄糨糊……没过多久，大家各自背上一卷标语，走出客栈，消失在夜幕中。

夜阑人静，大家悄悄把标语贴在城里。第二天清晨，保安团团长肖家璧从团部走出来。肖家璧剃着光头，满脸雀斑，尖嘴巴下面挂着稀疏的山羊胡子，眼露凶光。刚走出大门，抬头看见对面城墙上贴满了红红绿绿的标语，上面写着"打倒国民党反动派！""红军万岁！""活捉肖家璧！"等等，每条标语后面都有落款"永新苏维埃宣"。肖家璧气得脸色青紫，翘着山羊胡子，把标语撕得粉碎。

肖家璧跑进团部，命令号兵："快吹紧急集合号！"

号声响起，一群保安团丁急忙跑来，肖家璧把明晃晃的马刀向上一扬，咬牙切齿地说："快关城门，只要是永新人就给我抓起来，一个都不准放过！"霎时，城里大街小巷，到处是拿枪的保安团丁。他们见围着看标语的老百姓，就枪推脚踢，见标语就撕。可是，刚撕下的标语眨眼间又出现在城墙上，保安团丁旋即又围了上来，对过往行人一个一个盘查，查出永新人押着就走。闹得满城鸡飞狗跳，哭声喧天。

宗芬见此情景，急忙走进客房，装着十分关心的样子对麻脸客说："王老板，你们挑的是什么贵重货？现在满街都在搜查永新人，你们的货放在这里太显眼了，怕不稳当，还是先放到后门柴间里避一避吧！"麻脸客急忙点头，连声说道："谢谢老板提醒！"宗芬假装殷勤地协助"脚客"把货担搬进了柴间，用茅草把装货的油箩遮盖严实，用铁锁锁紧了柴房门。

宗芬刚走出柴间，忽然"砰"的一声，店门开了，七八个保安团丁端着长枪，气势汹汹地冲了进来。一个当官的手里拿着"快慢机"，走进柜台板起脸问道："册子呢？"宗芬连忙赔着笑把登记簿交了过去。当官的翻开看了看，忙问："那几个永新客呢？"宗芬顺手一指，团丁蜂拥着蹿进客房，将这八个"脚客"押出了客栈。

等他们走后，陈正人等人立即从密室走出，走到柴间打开油箩一看，嚯！里面全是白花花的银元，箩底层还有金灿灿的金条。大家喜出望外，迅速把银元装进备好的八担灰笼里，上面盖了一层尿浆灰。然后往"脚客"的油箩里装上谷壳，照原样把甜菜丝、咸萝卜干撒在上面。收拾停当，陈正人等人装成进城买肥的农民，从西门出城，挑着偷梁换柱弄来的银元，沿着崎岖山路上了井冈山。

陈正人走后，宗芬也离开了客栈。不久，麻脸客领着肖家璧和一群保安团丁，跑进"洪泰客栈"。八九个团丁蹿进柴间，提出八担油箩打开一看，里面除了甜菜丝、咸萝卜干，就是糠头。肖家璧恼羞成怒，狠狠打了麻脸客两个耳光。接着，匪兵们的棍子、皮鞭雨点般朝麻脸客打过来，直打得他半死不活倒在柴间门口。

气急败坏的肖家璧命令团丁往柴间点了把火，随后命令团丁在城里、乡间进行搜巡，此时此刻，陈正人带着赤卫队员们早已无影无踪。

井冈山上，毛泽东见陈正人弄到这么多白花花的银元，高兴地赞扬遂川的同志唱了一出革命的"空城计"。这年的5月，红军在井冈山上井村创办了造币厂，遂川这八担银元就成了首批"工"字号银元。

遂川旅游故事
SuiChuan LüYouGuShi

风物传说

板鸭的传说

茶道

金橘的前世今生

冬笋的故事

香菇的传说

"五龙下海"的故事

保护楠木的佳话

康王庙的"七月七"

窗溪九月二十八民俗节的来历

遂川县林区四大文化辑录

　（1）林业民俗文化系列

　（2）林乡村落文化系列

　（3）林乡庭院文化系列

　（4）客家民俗文化系列

客家婚俗忆哭嫁

大汾客家民俗

板鸭的传说

刘述涛　搜集整理

明朝末年，龙泉县出了一位技艺超群的厨师名叫刘仁杰，他能够在一只鸭子上做足工夫，通过烹、煎、煮、炸、蒸、清、水、合……十八门绝技，把一只鸭子从头到尾做成九九八十一道绝不重样的菜。

正是凭着这手精湛的做鸭厨艺，刘仁杰被县官举荐到皇宫，成了一名专职给皇帝做鸭席的御膳房厨师。

有一天，刘仁杰身上起了点内火，就偷偷宰杀了一只鸭子，准备煲汤清热。当刘仁杰给鸭子烫毛、开肚，弄干净正准备下砂钵炖汤的时候，忽然听见外面传来司膳太监李公公的声音，让所有的厨师到御膳房外接旨。刘仁杰生怕自己偷鸭子私吃的事被李公公发现，慌忙之际只得把鸭子平摊在案板上，然后再盖上菜板。还不放心，刚好旁边有一堆刚刚做完咸鸭子的盐，于是又把盐推盖到鸭子身上。

走出御膳房，只见李公公一个个在点名，点完名后，李公公说，你们御膳房108房厨师听着，下个月的腊八，是皇太后的寿辰，皇上下旨，所有御膳房的厨师都必须拿出一道全新的菜肴，不能够跟原来做过的有任何雷同。李公公还特意指着刘仁杰说，像你的九九八十一道鸭全席就不要端上去了，皇上和皇太后都吃厌了。所以你们都必须好好想想，今天离下个月腊八还有二十天时间，到时你们拿不出新鲜的菜肴，那就等着皇帝杀头吧。

李公公走了，但他的话仍在刘仁杰的心里像擂鼓一样响着。刘仁杰想得头痛，也没有想出除了九九八十一道鸭全席，还能够开发出什么新鲜的鸭菜来。做别的不是自己的强项,何况御膳房分工明确,打铁卖糖各有各行,像刘仁杰除了做鸭子,别的任何一个菜系都不需要他掺和。

　　一天过去,两天过去,整整一个星期过去,刘仁杰还是没有想出什么新鲜的菜谱。刘仁杰对自己说,不想了,不就是死吗?死就死,十八年后又是一条好汉。对死看开的刘仁杰心里又记起了自己的吃,他这时忽然想起,菜板底下的盐堆里还有自己藏着的那只鸭。

　　从菜板底下拿出这只鸭,刘仁杰正想着怎么样吃掉它,李公公忽然间神不知鬼不觉地站在刘仁杰的面前,指着刘仁杰手里的鸭子喊道:"刘仁杰,你不想活了是嘛?竟敢私吃御膳房的鸭子。"刘仁杰心里一惊,手里的鸭子差点掉到地上,好在刘仁杰聪明,随口回应道:"公公,你可不能冤枉我,我这是为皇太后寿辰准备的菜呢。"李公公一听,心里想,你都被我抓住了把柄,还要像手中的鸭子死了还嘴硬,我倒要看看你到底怎么还圆你的谎。

　　于是李公公指着鸭子说,好呀,刘仁杰,今天你就给本公公说说你手中的鸭子,准备怎么弄成新的菜肴。刘仁杰心想,现在怎么样都是个死,还不如死马当成活马医,多拖点时间。刘仁杰这么一想,马上就口若悬河,他举起手中的鸭子,对着李公公说,你瞧好了,这只鸭是我从上万只的江西麻鸭中挑来的上等麻鸭,它多一钱就肥,少一钱就瘦。我先用精盐腌好,现在正准备找个有阳光有风的地方晾晒,等到晾晒到腊八这天,这道新鲜的菜肴也就好了。

　　好,我倒要看看你到了腊八这天,拿什么端上桌给皇上、皇太后享用。说完李公公悻悻地走了。

　　转眼之间,腊八就到,刘仁杰知道自己离菜市口近了,做这道菜的时候,也就没了心思,为了省事,烹、煎、煮、炸都没用上,任何佐料也不放了,就这样放在锅里蒸,等到蒸熟之后,刘仁杰闻到一股浓烈的香味,他将鸭子切成块状,然后按照孔雀开屏的形状摆好,呈了上去。

　　半个时辰之后,刘仁杰忽然听到"刘仁杰接旨"的声音,刘仁杰以为死期已到，忙跪在地上，对着家乡龙泉县的方向叩了三个响头，头刚叩完，耳边听见传旨的太监说："刘仁杰，皇上等着回话呢，你做的这道菜名到底叫什么，你怎么不吭声呀？"刘仁杰这才如梦初醒。原来刘仁杰呈上去的鸭子，不但皇上吃了龙颜大悦，就连皇太后也赞叹不已，所以特意传旨追问这道菜名。刘仁杰一时也想不出什么好的菜名，只记得这只鸭子在菜板上压了，于是脱口而出："回公公，这是腊味之王——板鸭！"

板鸭就这样成为美味佳肴，刘仁杰也因为这盘板鸭被皇上赏赐了黄马褂，并且开始在南京城外的淮河边上专门建起了御鸭房，专职给皇宫进贡板鸭。可惜好景不长，清兵入关，刘仁杰也就潜回家乡龙泉县，开始在龙泉县做起了板鸭生意。当年的龙泉也就是今天的遂川，板鸭做得好的，大都是出自刘姓之手，这是因为刘姓人家真正得到了刘仁杰的真传。

茶 道

刘述涛　搜集整理

　　汤湖镇如今成了茶乡，家家户户，屋前房后都是茶树。特别是狗牯脑山上的狗牯脑茶更是绿茶中精品。但真正说起来，汤湖在清康熙帝之前是没有人种茶，也没有人喝茶。后来在外头做木头生意的汤员外从南京带回几株茶叶树种，汤湖才开始有了茶的影子。但当地人喝茶还是不讲究，烧上一壶水，抓起一把茶叶丢到壶中，随时口渴随时喝。

　　真正说起讲究是汤员外的儿子，名字叫着汤正纯，说起这汤正纯那可称得上奇人一个。刚出生的时候，不知是不是在娘肚子里被憋坏了，还是别的什么原因，他两脸通红，不哭不闹，两只小手紧握成拳。谁看了都心疼，可是却没有一个医生能够说出原因，都是开不出一个方子，摇着脑袋离开。

　　三天过去，汤正纯还是小脸憋得通红，不哭不闹。汤员外慌了手脚，连忙张榜，说：谁要是能治好汤正纯的病，愿以百两白银相赠。可是榜贴出去三天，还是没有一个人愿意揭榜上门来给汤正纯治病。

　　正在汤员外绝望的时候，打外面进来一位银须飘飘的道长。道长手持拂尘对汤员外说："听说你家小儿刚出生就不哭不闹，小脸通红，可否抱出来让我看看。"汤员外一听，忙让丫环抱出汤正纯，道长看了之后对汤员外说："不碍事，贫道带来狗牯脑山上的好茶叶一包，你令仆人到百妙山上挑担泉水回来，只是要记住了，去挑泉水的仆人一定不能换肩，要一口气把水挑回来。"

水挑回来了，道长取来一把铜壶，架在红泥小火炉上，烧的却是上好的宣纸。一根香点完，壶里的水也滚过三道，道长提起铜壶，温壶烫盏一遍之后，取出茶匙小心从茶叶包中取出茶叶放入汤盏之中，然后提起铜壶高冲低斟一番，当茶叶一片一片舒展，释放馨香的时候，道长又连忙把第一遍的水弃之不用。然后再提起铜壶三起三落，一气呵成。霎时间，茶叶特有的清香就在风中漫延开来。可是道长却是脸色大变，拿起桌子上的汤盏摔在地上，指着汤员外说，你的仆人一定偷奸耍滑换了肩，这杯中的水分明是污秽之水，怎么能治好你儿子的病。汤员外一听，怎么也不相信仆人换不换肩道长也能够知道，他又没有跟着仆人去挑水。但还是把仆人找来，仆人一听道长说自己换了肩，马上脸色大变，哭丧着脸说："这山高路长，我怎么可能不换肩……"汤员外把仆人打了一顿，再找了一位身强力壮的仆人去挑水。

这次的水挑回来，道长没有再说什么，当茶水泡好，他让丫环抱来汤正纯。只一汤匙的茶水进入汤正纯的嘴中，汤正纯忽然两手松开，脸上露出灿烂的笑靥。再一汤匙茶水进入嘴中，汤正纯竟然对着所有的人哈哈大笑起来。

道长交代，茶只能让汤正纯喝七七四十九天，七七四十九天之后就可以不用给他这样喝茶了。可是七七四十九天之后，汤正纯却是依赖上了茶，早、中、晚三顿，一顿没有先来一点茶，就大哭大闹。而且还必须像当初道长给他喝过的茶一模一样，稍有不同，他就不吃不喝。

汤员外夫妻两个也认为多喝点茶不是什么坏事，无非就是买点好茶，烧点宣纸。何况家大业大，也不在意这几个钱。

不知不觉汤正纯这样喝茶就喝到十六岁，可惜十六岁的人除了越喝越精的茶道，别的什么本事也没有学到。为了能够承接自己传下的家业，汤员外决定把他送到龙泉县城自己家的店铺去。

汤员外对汤正纯说，你也知道家里在龙泉县有三十六家店铺，每家店铺都是经营着不同的生意，有棺材铺、有杂货铺、有粮食铺、有开水铺……你呢每家店铺就学一个月，这样刚好三年，三年之后你也就懂得各个店铺是怎么一回事了，我也就放手让你去做生意了。汤正纯听完汤员外的话，就问汤员外一句话：能让我喝上茶吗？汤员外思索良久，问汤正纯一句："你能够把茶戒了吗？"汤正纯站在汤员外边上，愣愣地说："没有茶喝我就不去。"汤员外只能无奈地点头同意。

只要天天能够喝上宣纸烧的山泉水泡成的茶，去哪里汤正纯也同意。可这些店铺的管家却是不乐意了，本来汤正纯不来，自己一间店井然有序，现在倒好，太阳还没出来就得安排人去挑山泉水，而且不能换肩，一担水回来，前桶才烹茶，后桶洗手洗脚。一天三次，稍微没有安排好就大吵大闹。于是有些管家索性劝汤正纯把店卖了，他可以安安心心地去品自己的茶，汤正纯一听还真的就把店一家一家卖了。

汤员外一听汤正纯把所有的店卖了，只为了自己能够安心品茶，气得"败家"的话还没有说完，就两脚一蹬，撒手人寰。

汤员外走了，汤正纯更是放开手脚喝自己的茶，先是卖田，后是卖地，卖到最后汤正纯成了一名叫花子。可就是叫花子，汤正纯也与人不同，他从来向人讨的是茶，喝了之后还不忘记对人家的茶指手画脚一番。

这天，汤正纯茶瘾发作，正在难受的时候，忽然闻到一阵茶香，他马上从稻草堆中爬了起来，四处张望，却见一棵大樟树底下，坐着一位银须飘飘的老道长正在煮茶，汤正纯连忙跑到老道长的身边讨茶喝，老道长看着汤正纯忽然大惊，指着汤正纯问："你是不是叫着汤正纯？"汤正纯说："管他什么名字，先给我喝杯茶再说。"老道长给了汤正纯一杯茶，汤正纯慢慢品完之后，才说："是的，我叫汤正纯。"

"你为何变成这等模样？"老道长带着疑问的目光问汤正纯。

汤正纯叹了一口气说："一切皆为杯中茶呀。"

老道长这才知道汤正纯因为贪茶而把家败光了，不由得懊悔莫及。

原来汤正纯刚出生的时候,是由于他的母亲吃得太好,吃滞了,于是道长想到用茶水喂养,定能把汤正纯肚内的滞物给化去。可道长一生喜爱品茶,刚好当天晚上又做了一个梦,梦见一位仙人对他说,宣纸烧出山泉水泡的茶可以明心益智,于是他就借给汤正纯治病的时机,让自己也品尝一下宣纸烧山泉泡的茶。可谁也没有想到,汤正纯却因此爱茶成瘾,最后沦落成一个败家子。

成也是茶,败也是茶,道长最后决定把汤正纯带上狗牯脑山,让他一生种茶、制茶、品茶。也许正是汤正纯的爱茶如命,经过汤正纯侍弄的茶竟然成了皇家贡品,而且开发出绿茶的一番新天地,这也是老道长做梦都没有想到的。

金橘的前世今生

梁路峰　搜集整理

（一）

　　金橘有个别致的"奶名"——懒汉果。

　　相传，在很久以前，龙泉（今遂川）西南43公里处，有一堆垒状小山镇，曰堆钱（后由于历史发展的缘帮，改称为堆子前）。镇上有古姓汉子懒得出奇，"比蛇还懒"，人称"懒蛇古"。

　　"懒蛇古"穷得家徒四壁，常常揭不开锅。一日，实在饿得没办法，他才移步上山，去寻找野果充饥。当他转过一个又一个山坳，翻过一道又一道沟坎，饥"累"交加，陷入绝境时，猛然间，一排长满金黄果粒的小树兀现在自己面前，他不由得一阵狂喜。也不管它能不能吃，一口一个，狼吞虎咽，饱饱吃了一顿，然后美美地睡在山地上等死……然而，"懒蛇古"睡了半天后醒来，不仅没有死，而且精神爽爽，神采奕奕，他突发奇想，何不把果子带回家去种植试一试，今后没粮食维持生计，那不是最好的食粮了吗？于是，"懒蛇古"把果树上的果子全部摘了下来，回到家食用后，把内核全部埋在自家的菜园土中。此后，"懒蛇古"再也没有到菜园地去看过一眼。次年春天，"懒蛇古"的菜场园地里长出了一棵棵青绿色的幼苗，"懒蛇古"兴奋不已。但是，他依然不下肥也不松土，只是有时无时到菜园里除除草而已。三年后，菜园里的果苗茁壮成长，一棵棵苗子长得比"懒蛇古"高了，到了夏天，果树花香遍地，树枝上结满了青色的果子，"懒蛇古"高兴得欢天喜地，等待果子的成熟。到了秋天，果子熟黄了，全部是金黄色的，一个个硕大而圆嘟嘟的，好看又好吃，他自己吃饱了，就摘下一些到市场上去卖，当人们问他叫什么果子时，"懒蛇古"不假思索地回答说："懒汉果！"当地老表尝到了甜而略酸的"懒汉果"之后感到十分惊奇，有人就问起"懒汉果"的来历，"懒蛇古"也毫不保守地告诉了乡亲邻居。"懒蛇古"为了乡亲们能够解决饥饿问题，还告诉了他们如何播种，如何修整……从此，这里的百姓一传十十传百，广而播种，嘉庆年代，"懒汉果"被人们流传到了广西、浙江、湖南一带，这三省也成为全国有名的金橘产地。此后，这种果子被人们取名为金橘子。

"懒蛇古"没有想到，他"发现"的那金黄黄的"懒汉果"，千百年来，在历史上出尽风头，成为皇室珍果。唐太宗李世民每年重阳节在蓬莱殿宴请群臣，都把金橘列为上品，每人赐予新鲜金橘。祝福"吉祥如意，寿比南山"。北宋景祐三年始至汴都，因温成皇后嗜之，价遂贵重。元代诗人林虹在他的《橘子记》一诗中，描绘了这种盛况，"人人洗手烧金盆，旋试红巾入殿门。众里摇抛金桔子，在前收得更承恩"。明代名医李时珍在《本草纲目》载："金橘的橘叶治肺痛，捣汁一盏服，叶浓血愈；金果汁虚，除痰嗽。"又"橘皮除温痰留饮，吐哕反胃……"

（二）

改革开放，党的富民政策春风吹过重重山野，吹进了堆前镇。镇里一些有识之士，率先在金橘树上打起了发家致富的主意。

古玉生，"懒蛇古"的第40代传人。1984年，他从华中农学院学成归来后，一头扎进了"低改果园"实验之中。他拿自己分到的2.5亩老橘园进行试验、深翻、施肥、防虫等，均按严格的科学方法进行，当年就获得可喜的成果，产量达到1700公斤，比低改前翻了一番多，到1990年产量又翻了近一番。2.5亩橘园产量3250公斤。他因此获得了"全国星火带头人"的称号。

古玉生的科技成果为镇政府"大力发展金橘事业,把金橘育成堆前镇农民脱贫致富的摇钱树"的宏伟蓝图备添了信心。1991年,镇政府组织人员学习金橘科学栽培技术,把古玉生点燃的科技星火,引燃到堆前镇,以至遂川县的千家万户。

　　如今,那遍地开放的科技之花,已结出丰硕成果。低改前,全镇每年总产金橘75万公斤,目前达到250万公斤,翻了一番多,连续五年增产增收,获得历史好收成。

　　从懒汉果到摇钱树,从天种到人栽,这是一个质的飞跃。

冬笋的故事

樊命生　搜集整理

很早以前，天地间只有春笋，没有冬笋。

相传古时候，在一个山村里，一户农家住着母子俩。一年冬天，娘得了重病，不几天就病得懵懵懂懂。

一天，娘提出想吃泥鳅，这可把儿子急坏了。这大冷的冬天，到哪里去找泥鳅呢？没办法，从小懂得孝顺娘的他，只好卷起裤脚到冰冷的田沟里去挖泥鳅给母亲吃。

第二天，他的娘又提出想吃猪肉。这下又急得他围着灶台打圈圈。家里穷得吃了上顿没有下顿，哪有钱为娘买肉吃呢？为使母亲能吃上肉，他便上山去打野兔。

天寒地冻，野兽们大都躲进了崖洞。在寒冷的深山寻找了大半天，手也冻僵了，脚也磨破了，浑身冷得如万箭穿心……终于在天黑前逮到了一只野兔。

几天后，母亲的病更重了，连呼吸都已经很微弱。这天清晨，他听得母亲断断续续地说要笋吃。儿子更加犯了难，竹笋只是春天才有，现在正值严冬，到哪里找笋去呢？他急得像热锅上的蚂蚁，眼泪夺眶而出。他想去跟母亲说清楚，请求娘放弃吃笋的念头，可转念又想，娘一生含辛茹苦，受尽磨难，现在病成这样，应该想办法满足她的要求，于是，他扛起锄头，抱着侥幸的心理上了山。

他在竹山上挖了半天，累得满头大汗，双手起了血泡，也没有发现笋的踪影。汗水和泪水模糊了他的双眼。他无奈地放下锄头瘫坐在一根竹竿旁哭了起来，这时前面突然走来一个白须老人。老人走到他身旁俯身向他询问缘由，他把为难之事告诉了老人，老人听后，沉吟片刻，走到几株枝繁叶茂的竹子旁双手合十，口中念念有词，然后告诉他哪几个地方有竹笋。果然，他在老人的指点下挖到了几只粗壮的笋。

原来，那位突然而至的老人是来自天界的神仙，见他对娘亲颇有孝心，便下凡来帮助他。

从此，人间就有了冬笋。

香菇的传说

彭义福 搜集整理

相传在很久很久以前,巫峡北岸的神农架下,住着以狩猎为生的父女俩。姑娘名叫香菇,出落得如花似玉,而且有副菩萨心肠,寨子里有人没米下锅,她就慷慨送去麂子腿、野猪肉;谁家老小生病,她就采来草药,帮着熬好后送去;哪个缺衣少衫,她就送去平时收藏的虎皮貂裘。一天,山外财主进山打猎,看见香菇年轻美貌,便起淫心,喝令随身喽啰把香菇强行抢回家中,硬逼着她答应做偏房。"花烛"之夜,聪明的香菇略施小计,假装温存依顺,用剪刀捅死了醉醺醺的财主,趁着黑夜逃离虎口。

跑呀!跑——

没过片刻工夫,香菇身后就出现了一串长长的"火龙",财主家派人追捕来了。

"快跑!"

香菇暗暗使劲,可她毕竟是在黑暗中摸着跑,而家丁却有火把引路。距离慢慢缩短了,最后,香菇被逼上一道陡峭的山崖,家丁们吆喝着围了过来。绝望之中,香菇借着火把的光亮,对准脚下一段很大很长的枯树跳下去,身子软绵绵的,似乎和树干黏在一起往下飘落,她昏迷过去了⋯⋯

恍惚中,有一位白发苍苍的老人手持一把褐色雨伞,来到香菇面前说:"好姑娘,你把这伞拿着,他们就永远追不上你了!"香菇感激地接过雨伞,然后就不知不觉地飘向远方。

后来，在她昏睡的枯树上，奇怪地长出了一个硕大的香蕈。有人说，这香蕈是香菇为报答大地的养育之恩特意留下的。此后，香菇就专门生长在深山树林里，给劳动人民采撷食用，而不愿到假山花园里落脚，供财主们享受。

"五龙下海"的故事

遂川县文化馆

民间舞蹈"五龙下海"是根据民间"太子斩蛇寻亲"的神话故事编演而成的。故相传：从前有一皇帝在避难途中，皇后生下太子，寄养在当地农户家里。太子幼时练就一手好剑，九岁那年只身上路寻找父母，途中遇一神仙告诫太子说，你此去凶多吉少，切记辨善恶，勇向前。太子出行不久，突然从树上跳下一只猴子挡住他的去路。太子想，猴子虽然张牙舞爪，但不会有恶图，便绕道而走。没走多远又见一只鹿子熟睡小道中，太子想：多善良的鹿子，我不能惊醒它，遂又绕道而过。又行不远，突然一条张着血盆大口的巨蛇凶猛地向他扑来，太子吓了一跳，连退五步，刚一站——在它前面又出现了四条巨蛇，太子四周也变成了汪洋大海。"辨善恶，勇向前"，太子想起神仙的嘱咐，顿时勇气倍增，拔剑向前，与五条毒蛇展开殊死搏斗。太子连斩五蛇，继续上路，终于找到了父母。后来民间艺人就根据这个故事编成了"五龙下海"灯彩流传于世。

"五龙下海"通过全场紧密相衔、变化多端的十二个花节动作，再现出当年太子只身寻亲，不畏险阻，勇斩五蛇的壮观情景。舞龙开始后，只见红鲤鱼欢雀跳跃，频频戏水，二龙珠飞快舞动，遍地开花，五条龙此起彼伏，倒海翻江。随着剧情的发展，五条龙时而跟着红鲤鱼穷追不舍，时而向着龙珠你争我夺，时而又交缠在一起相嬉互戏……"高车滴水"，恰似半空中悬吊起五串明珠，"五龙分水"就像绿茵里绽开五朵金花。"五龙出场"意为五蛇发现太子后，齐向太子扑来;"双龙进水"表示五蛇采取车轮战术轮番向太子进攻;"五龙分水"说明车轮战术失败后,五蛇又向太子扑来;"二龙搓珠"表示太子突围,五蛇苦思寻计;"一变花"意为五蛇设下伏击圈,企图引太子上钩;"高车滴水"说明太子没有上当,五蛇急得团团转;"二变花""三变花""四变花""五变花""四面花""对角线"说明五蛇抖出所有解数,企图征服太子;精彩的"麻雀钻秆笼"表现出太子沉着应战,将计就计,与五蛇巧妙周旋,最后各个击破;"团龙"则将剧情推向尾声,只见红鲤鱼居中高高摇头摆尾,引五龙团团急转,由内圈转至外圈,圈圈渐次由高及低,阳终舞成圆塔形,犹如金龙缠柱,煞是好看,表现太子终于征服五蛇,全胜而归。整个灯舞声形并茂,观后给人一种与邪恶奋斗其乐无穷的勇气和力量。

保护楠木王的佳话

佚 名

蜀水河左江流域为楠木之乡。在风景秀丽的茶盘洲自然村楠木群中,保存着一棵高18米,围径5.2米,树冠覆盖面积800平方米,树龄600多年的江南最大的楠木之王。数百棵大大小小的楠木立于其后,外地游客称之为"江南第一猛男(楠)"。

茶盘洲东、南、西三面临水,北面靠山,占地面积百余亩。当地《何氏谱牒》记载,清朝康熙戊午年(1678),时任南安府(今赣州大余)副参将何纯勋镇守上犹县。是年四月初九,经龙泉(今遂川)县往衙前省亲时,殁于竹芫庙坝里。其子永兴、永贵来到其父丧身之地,见茶盘洲山清水秀,古木参天,美若仙境,于是把父亲就地安葬,兄弟俩在三年守孝期间,从广东兴宁举家迁居茶盘洲。何氏后人秉承"只造不砍"的祖训,把洲上的古树当成众产一样予以保护。相传在清朝光绪年间,龙泉知县派人到茶盘洲强取这棵古楠木作贡木,刚抡斧砍了一个小口时即被人发现,何氏家族的男女老少闻声赶来,手牵手围住楠木,异口同声地说:"要砍这棵树,就先砍我们。"由于众人同心协力保护,以死相拼才保住了这棵"楠木之王"。当年冬天,一场暴雪把楠木主干拦腰折断,次年春,截口下端萌发了七个小枝芽,久而久之长成"七子同根"的参天巨桠。那道砍破的伐口腐朽后形成了一个很深的树洞,成了动物栖身繁殖的乐园。

康王庙的"七月七"

郭裕标　搜集整理

每年的农历七月初七是传说中牛郎织女相会的日子,这也就成了国人传统"情人节"。但在遂川县雩田镇的横岭村,这一天却是另一个节日——康王庙庙会。四面八方的善男信女们都会来到这里,在他们信奉的庙神——康王爷的神位前献上祭品,把一沓沓的黄表纸浸上"大红"或者"小红"(信众们把祭牲猪羊的血称为"大红",祭牲鸡鸭的血称为"小红"),焚烧给康王爷,感激康王爷的恩德,祈求护佑自己平安健康如意。

当指针指向零点时,庙内的钟声浑厚地敲响,庆典的大幕徐徐拉开。在鼓乐声中,信众们开始点蜡、燃香、献祭、焚纸……人们在火光的映衬下,脸上没有丝毫的疲惫,每个人的脸上只有一种表情——虔诚。

香客一批接着一批,轮流着给他们信奉的康王爷上香。从零点开始,陆续涌入成千上万的信众,平时冷清的街道,一下子热闹起来,变成了繁华的集市。

关于康王庙的传说,民间有这样一个版本。

相传很久以前,横岭一带干旱来袭,山上的大片木梓树即将枯死,人们想尽了办法也无能为力。就在大家束手无策的时候,住在万福仙里的神仙康王爷赶紧施展法术,唤来了甘霖,让枯死的木梓树重新焕发生机。从此,横岭一带风调雨顺、五谷丰登。慈悲为怀的康王爷成了有求必应的保护神。这里的人们因为得到康王爷的庇佑，即使有困难也能逢凶化吉，遇难呈祥。为感谢康王爷的大恩大德，人们捐资在此处修建了一座庙宇，塑起了康王爷的神像。因为康王爷的生日是农历七月初七，于是每年的这一天就成了横岭康王庙的盛大庙会。善男信女在康王爷的塑像下顶礼膜拜，祈求风调雨顺、人丁兴旺、生意兴隆。而康王爷也似乎有求必应，保佑众生，特别灵验，因此，康王爷香火长盛不衰。

　　康王爷大旱之年出手，救灾民于水火，平时对百姓提出的合理诉求，他也能做到有求必应，因此，他获得了一代又一代当地人的尊崇。

窗溪九月二十八民俗节的来历

刘述涛　搜集整理

在遂川县流传着一句话，叫做"九月二十八，窗下伢子不要搭，早上冇米煮，中午杀只鸭"。什么意思呢？就是说在农历九月二十八这天，只要你同窗溪这个地方的人能搭上话，算是朋友，他家再穷再苦，哪怕早上还找不出一粒米来下锅，中午只要你到了，他也会杀只鸭子来招待你。这也足见窗溪人有多么重情重义，多么好交朋友。

现在每一年的农历九月二十八成了遂川窗溪老百姓的一个民俗节，并被列入江西省第二批非物质文化遗产名录，但关于这个节的来历，却有好几种说法，有说是为了纪念娘人姑姐的治病之恩，还有说是有一年窗溪这个地方发生了瘟疫，后来一白发老人出现，用米果救了一村人的命，九月二十八就是为了纪念这位白发老人。

还有一个版本，可能是窗溪九月二十八民俗节的真正来历。

传说有一年，窗溪刘氏的开山之祖，当着两个儿子的面，拿出一百两银子对两人说，我每人给你们五十两银子，你们拿出去做生意，一年为期，谁把生意做大了，做红火了，我就把所有的家产传给他。

老大一听，非常高兴，他知道老二根本不是自己的对手，老二整天除了呼朋唤友，吃吃喝喝外，什么本事也没有，而自己又有眼光，又懂得节省，什么生意也能做，什么生意也能做大。

于是，五十两银子一到手，老大就一头扎进了市场，先是与人合伙贩木头，贩药材，后来又联手贩牛贩羊，可不管什么生意，老大都做不长久，都越做越没伙伴。到后来不但没人与他结伴同伙，还都传出来说老大这人太小气，精于算计，斤斤计较，与朋友也是一分钱都要争出牙齿血。从此，没有人愿意同老大做生意，老大越做越做不下去，只好灰头土脸地回了家。原以为老二也一定好不到哪去，一定做得比自己还差。谁知道老二的生意却做得风生水起，越来越顺。

老大不甘心，向父亲打探究竟，父亲笑笑说，你自己去问老二，这生意怎么做的？

老大就跑去问老二，老二告诉他，一开始，还真的如老大所想，他拿着这五十两银子，天天同朋友花天酒地，生意还没开张，五十两银子就花光了。老二开始暗暗着急，也怀疑自己真的不是做生意的料。

屋漏偏遭连夜雨，到了九月二十八这天，又来了一群朋友，老二只能没钱买酒就赊酒，没钱买肉就赊肉，没钱买鸭就赊鸭，赊出一屁股的债。在吃饭的时候，想到欠下的那些债，老二不由得叹了一口气。朋友问他有什么难处，让他把难处说出来。老二原是个很要面子的人，这次也许是喝酒多的缘故，就把父亲给了五十两银子，要自己同老大一样去做生意，可自己宁可欠债也要招待朋友的事一五一十都同朋友说了。这群朋友一听，马上说，这有何难？我们正好要去北方贩药材，就带着你一起去，你没本钱，我们凑本钱，你不会做生意，我们带熟你做生意。就这样，老二从贩卖药材做起，认真学做生意，而且不管做什么生意，都保持这样的品性，自己手里有一碗饭要分半碗给朋友吃，结果是老二的口碑越来越好，生意越做越大，人气也越来越旺，所有人，都愿意同老二在一起做生意，都说他大气、懂事。

听完老二的话，老大不由得佩服说，还是你愿意与人分享。我愿意把所有的家产都给你，老二却说，大哥，你说哪去了，我们永远不分家，我赚的钱就是你的钱。听到这样的话，坐在堂上的父亲不由得哈哈大笑，庆幸自己生了两个好儿子，他还要求老大老二，记住九月二十八这个日子，把每一年这个日子就当成"分享日"。

　　从此，窗溪的刘氏仿佛有神的眷顾，子孙绵长，家族越来越兴旺。几百年来，窗溪人无人忘记九月二十八这个日子，都懂得这一天是"分享日"。在这一天，全村人要与亲朋好友分享自己一年来的种种快乐，种种幸福，种种收获 。也正因为有了这个日子，窗溪村的人才比任何地方的人更珍惜当下，更懂得生活，他们都知道，只有拿出你的幸福与他人分享，他人的幸福也就能够与你分享。

遂川县林区四大文化辑录

林业民俗文化系列

计量

林乡人在长期实践中探索了独特的林木计量方法,如"布手知尺、段锯法、排水法、年轮法"等。其中最著名的"龙泉码",以竹篦制的十进制滩尺量,由遂川(古称龙泉)林乡人郭维经(1588—1646)父女发明。这是世界最早的木材计量方法,比欧洲同类计材方法早300多年。"龙泉码"沿用至新中国成立后,如今依照国家《原木(杉原条、锯材)材积表》已有更精准计量。

择日

俗称"看日子、挑日子",寄予吉祥平安愿景。林乡人无论婚嫁、建房、乔迁,还是进山造林、抚育、伐木,对良辰吉日尤为看重。比如进山,如果早饭没煮熟,或吃饭打碎碗,或误讲不吉利话,这些都提醒进山要当心。比如伐木,如果伐成片整山的树,除了选日子,还要看山势地貌,有什么树、哪些可否砍、树往哪边倒,都要胸中有数;如果伐大树或寺庙、茶亭旁的树,择日时还要祭品,将雄鸡血滴树画滴血符讳。

敬树

连绵群山、茂密林木,不仅保持水土、抵御灾害、净化生态,更养育了代代林乡人。尽管盛产林木、"靠山吃山",但在林乡人眼中,每棵树都是一个生命和传奇,他们对树的崇敬,体现于对造林抚育的日常经久、对名木古树的油然而敬。林乡人对供奉的神树、水口树、风水树,往往系上红布红绳,每逢初一、十五供奉之、敬仰之、护佑之,甚至政府都会挂牌保护。

暗语

亦称"隐语(行话)",分谐音、意隐两种。谐音由客家方音谐出原意,如伐木时看到蛇称"看到老溜",因"蛇"与"折"同音,有折本之意;意隐是通过事物原材、形状等表达,如称"斧头"为"大铁"、"柴刀"为"板铁"、"吃饭"为"点麦"、"喝茶"为"喝叶子水"、"抽烟"为"烧柴"、"收工"为"打牛"、"下雨"为"下猴"、"虎豹"为"猫"、"蜜蜂"为"飞机"等,这是林乡人在林业生产实践中为交流的便捷吉利而形成的林业语言民俗文化。

溜槽

林区溜槽有别于现代机械化的溜槽,是林乡人在长期林业生产实践中运木材下山的惯常使用方法。林乡人利用山势坡度将伐木溜放下山,日久天长自然形成一条槽型通道,由于经常溜滑木材,窄窄的滑槽几近不长草。如今在林区陡峭山林仍有溜槽可寻,把木材推进溜槽,木材顺槽滑下,这种方法看似原始,但经济快捷、省时省力,至今仍被林乡人广泛采用。

放排

古代交通不发达,木材从深山老林下山后,大多借助林区天然水运,即放排方式运输各地。林区往往山系好、林系好,水系更好。古代林乡人将伐木运至码头后,直接扎成一个个纵横连接的大筏子

（排子）。筏子既是运输工具又是木材货物，其大小据河宽水深而异，由3-4人掌管，满载木材顺流而下。如今随着公路等运输方式的进步，这种人力操纵的原始水运方式已基本消失。

崇楠

楠木被誉为"木中贵族"，散落林区新江的一个个古楠木群，是林乡人敬树崇楠理念深入精髓、林业生态文化底蕴深厚的写照。林乡人视楠木为"神树"中的风水树、添丁树，由于"男"与"楠"谐音，在全国首批、江西首个生态文化村——石坑，自明朝起即有以"树"（楠木）陪嫁的婚俗，至今延续着家里添丁种楠木的习俗，人们视楠木为风水之林、兴村之宝，这里杉山如海、楠木擎天，先人保护生态的朴素"风水"文化发扬光大。

起名

林区新江地名、人名都有其独特林乡韵味。地名多因事物、因地理、因传说而得，如"新江、金溪、和溪村"即有江河流经之意，"曲坑组"即林深幽坑而名，"水边组"即因其在蜀水之滨，"仙足下"则由仙人曾驻足于此而名。而人名更具浓郁林乡地方特色，往往带有"根、柳、樟（男孩）""芝、荷、莲（女孩）"等林乡特色，有的还会先为小孩取个贱名，长大后再取学名。

抚育

山林是林乡人的依靠，他们对林木有着天然的感情，像呵护子女一样抚育山林、收获希望，"炼山—造林—抚育"是林乡使用率很高的三个关键词。林乡造林前一般要炼山，先斩出防火带，选定无风的适宜天气，有组织地进行。等到冬春时节，即可在炼过山的山埂造林。这时土壤肥沃，且无杂灌争肥，利于幼苗成长。迹地更新造林后的前三年，林乡人通常会对中幼林进行抚育管理，主要方式是劈草砍杂，通常每年秋冬、早春时节进行，以改善和促进中幼林生长。经过几年辛劳抚育，林乡人就能坐等青山成林成材。

分红

　　林乡人创新集体林权制度改革，实践中探索了以"分股不分山、分利不分林"为核心，以"统一炼山、统一造林、统一抚育、统一管护、统一采伐，集中分红"为内容的林业经营"五统一分"模式。除了自留山自主经营外，责任山由村集体统一经营管理，商品林出材收益后按一定比例（一般为三、七开），在剔除村集体公益事业、林业生产等开支外，其余的以村或组为单位按农户家庭人口进行股金分红。这是创新林业经营管理体制机制的成功探索，有效解决了自然生态保护与林农利益保障的林业可持续发展问题，被誉为林改的"新江模式"。

林乡村落文化系列

依山

　　林乡村落，依山而建，错落有致。林区到处是莽莽群山，山多地少，林乡人村居建房讲究的是依山就势，盖因山是依靠、是"靠山"之故。绵绵山脉被称为龙脉，林乡很多村庄就依山形山势建于后龙山下，而植被丰茂、视野开阔的山体之处也成为建房居家的首选。久而久之，围绕山体就形成了村落，而山体也就成了村庄的后龙山。依山势选福址建房，有就近取土取材之考量，并可避风、有依靠，居家心里踏实有安全感，也寄予借自然之势助力居家昌盛之意。

傍水

　　依山而居，傍水而栖，小桥、流水、人家，林乡居家村落往往濒江近水。近水楼台先得月，傍水不仅为居家生产生活带来极大便利，更是被视为上善若水之福泽，水成为福气之象征。"气之阳者，从风而行，气之阴者，从水而行""顺阴阳之气以尊民居"，故林乡人尤为重视水口,将其看作保护神和生命线。林乡人还朴素地认为水主财,门前有水,亦称堂前聚水,也叫明堂前有水。林乡连村落地名往往都带有"水"字样,如新江、水边、金溪、和溪、小湖等;家族兴建宗祠,即使人工也要在祠堂前开一口池塘并引入水源,傍水居家的渊源由此可见一斑。

沿道

林乡山峦阻隔,古时交通闭塞出行难,林乡人建房居家看重出行,往往靠近道路选址。如今随着生产力水平提升,林区公路、村组道路畅通,便利的交通打开了林乡与外界的时空通道,林乡人思路更开阔了,全面小康道路也更宽广了。而现代林乡人建房居家,在讲究依山傍水时,也趋于看重是否通路通车、出行是否便捷,以利于钢筋、水泥、砖瓦等建材运送及日后户主私家车出入。取土建房(土坯房)而今早已退出历史潮流,沿道建别墅小洋房甚至沿道成村落,已然成为林乡风尚。

集居

人以类聚,物以群分。林乡人先祖远徙陌生之地,古时为防盗贼侵扰和野兽攻击,往往集中集群而居。最初是本家或本姓人共住一栋大房子,或在同一区域聚居,人多势众力量大,相互有个照应。如今,集居早已突破本族本姓本家局限,林乡村组集居地,异姓或杂姓或土客之间,融合通婚,和睦相处,邻里互助,生动诠释"远亲不如近邻"的朴素处世哲学。村落集居文化反映了林乡客家人团结互助的淳朴性格,是中华民族凝聚力、向心力在林乡新江之写照。

尊老

"老吾老以及人之老",林乡村落文化体现于精神层面,尊老敬老有一定代表性。林乡人早年远道迁徙、客居异地,尊长孝老是缅怀先祖的一种寄托。以前家庭、家族主持农村各类事务的户长、族长,一般均由德高望重的长者担任；而今新时代林乡在党领导下村民自治、民主管理，尽管不同于旧时，但各类农村事务的理事会，依然选有口碑、有威望、有担当的农村长者任会长。平时家中一日三餐，上席往往长者才可就座，遇村中红白喜事，座上宾非年长辈高者莫属，而"孝顺好媳妇、敬老之星"等评选活动，更让尊老敬老传统在林乡传承弘扬。

佑幼

"幼吾幼以及人之幼"，与尊老相呼应的，是林乡人对晚辈幼小的悉心呵护。从为初生婴儿穿棉布红绳"交襟衫"，到满月、周岁亲友登门道贺；从为小孩子佩戴避邪银器玉饰，到为小孩子取贱名使其健康成长；从哺乳抚育、备加爱护，到姗姗学步、涂鸦上道；从家中长者每逢初一、十五为晚辈奉斋饭祈福，到每逢春节过大年要给小孩压岁钱；从旧时"砸锅卖铁也要散崽读书"，到而今千方百计为子女择校智力投资……这些对子女不同于溺爱的、无怨无悔的护佑，是普天下之大爱，寄予着林乡人对未来的期望与坚守，也传递着林乡人对责任的传承与担当。

耕读

"数百年人家无非积善，第一等好事只是读书。"林乡人客居异地，无根无基，无依无靠，要想出人头地，唯有读书。古往今来，这里耕读兴盛，人才辈出，源远流长。林乡人信奉"书中自有黄金屋，书中自有颜如玉"，而迁徙之所的江南林乡，又地属钟灵毓秀、人杰地灵、崇文尚学的金庐陵。"黎明早起耕荒地，午夜迟眠颂业书"，受此底蕴深厚、人文荟萃、书院蔚然之庐陵古风浸润，林乡人自古耕读传家、耕读相长，体面立足于客居地，并在"耕"与"读"中学做人、学谋生，精学业、精事业，体现务实进取精神。

忠信

厚德载物，忠信为本。林乡人忠实厚道、守信如金，从旧时的家庭寺庙敬奉关帝，到如今的清明节祭祀革命先烈；从中华民族传统美德对忠义守信的传承，到如今社会主义核心价值观对诚信爱国的彰显；从旧时"为朋友两肋插刀"的江湖义气，到如今林乡人"言出必行、行则必果"的责任担当；从当年新江横石自发迎送红军驻军休整、储粮征兵以顺利西征，到如今林乡党员干部忠于党旗、爱于国旗、敬于军旗，忠实履行入党誓言……林乡人传承忠信基因并将其发扬光大，注入时代内涵，焕发蓬勃生机。

堰塘

堰塘修筑于村外、郊野、河边，位于河流冲击的沟渠洼地，由人工根据地势修建，具有简易堤坝、储存雨水功能，除了农业灌溉、蓄水洗刷、牲畜饮水等作用外，旧时更是放排的码头、水运的中转，在林乡木材等大宗产品运输中起着十分重要的作用。对其功用打个比方，犹如现今高速公路上的各个服务区。在林乡河流未流经的村庄，通过堰塘储蓄天水用于农业灌溉，这也是"靠天吃饭"年代农业生产的重要补充。如今林乡自来水入户，林区公路畅达，堰塘功能早已衰退，但其作为特定历史产物，仍长存于林乡人的乡愁记忆中。

融林

绿树村边合，青山郭外斜。放眼林乡新江，青山秀水，鸟语花香；走进林乡村落，绿林深处，屋舍俨然。莽莽林海，村在林中，林在村中，人在森林"氧吧"中。林乡人是有福气、有眼光，且幸福指数高的，选择如此好山水、好生态之地，作为世代栖身之所。林区新江是中国绿色名乡、全国环境优美乡，森林覆盖率逾80%，林乡人护林、爱林、敬林，生产生活都融入森林，融入大山，融入大自然。林乡人道法自然、融林一体，林乡村落绿树掩映、别具一格。在这里，人与自然和谐共生，林与村落浑然天成。

林乡庭院文化系列

净居

　　林乡人自古讲卫生，屋里屋外往往收拾得洁净清爽，净居文化习俗源远流长。当年林乡人的先祖为避战祸，自中原迁居，辗转流离，他们深知病从口入，故对居所环境卫生极为重视。逢年节尤其春节前，再忙也会将家中门窗等擦拭干净，并将桌凳椅等搬出庭院，先用细沙、谷糠、草木灰等擦洗，然后在村口小河边净洗，再搬回庭院晾晒。但凡来客尤其生客，主人都会端上一盆热水并毛巾、香皂，让客人洗脸净手，以示接风洗尘，彰显主人的热情好客与卫生讲究。发展到今天，林乡人不仅注重自身"小家"的环境卫生，也践行身外"大家"的环境保护，推行农村清洁工程，倡导"垃圾不下地，不下河，进清洁棚，做文明人"，净居文化焕发出新时代风采。

好客

　　林乡人自中原迁徙，客居而来，其热情好客，善结人缘，蔚为古风。每每客至，除端水待客净手外，主人必先上茶，为客人泡热茶一杯，并拿出自家土特产做茶点，如各类花酥、果干等，招待宾客围坐八仙桌喝茶"傍茶"。遇远客（生客），还会烧汤料招待客人打（吃）"点心"，用餐时更是将自制腊味、家酝陈酿等悉数奉上，故林乡人往往家家备有腊味、花酥、果干等，以作"谢客"之用。用餐后，端来温水让客人洗漱，极尽地主之谊。遇上办喜事，宾客馈赠贺礼或寄礼，辞别时主人往往会"回礼"，一条毛巾、一包果酥、一半鸡脯等，送交客人或托人带回去。

薪垛

　　林乡新江到处是深山茂林，最不缺的就是薪柴——林乡人数千年沿用的能源。现代林乡人早已用上了电、燃气及各类电器，传统能源的柴火也有了可替代品，但林乡人对薪柴仍有着特殊感情。巡山途中、炼山过后、抚育归来，总会不辞辛劳，将山上杂灌枝柴搬运回家，劈垛成块，长短一致，堆垒于庭院，用作能源储备。薪垛的堆垒也颇为讲究，干柴堆垒于屋檐下，或厨房的近处，讲究规整通透，以避雨水；而刚下山的湿柴，则堆垒于屋前坪场向阳处，像艺术品一样，垒成"井"字形、圆柱形、金字塔形，以利干燥；也有庭院砌专用柴棚堆薪垛的。薪垛体现林乡人特有的勤劳智慧，也寄予薪火相传的美好愿景。

庭饰

一方水土滋养一方文化。林乡客家民居庭饰与其生产生活的变迁及审美情趣息息相关。过去的土坯房，林乡人常在房屋正栋前壁窗楣张贴"福、禄、寿、喜"等斗方，表达主人对美好生活的向往与追求；房屋正堂（大厅）往往会挂大幅墙画，其中大厅正壁挂毛主席像或送子观音等图，侧壁则挂些普通年画，一般家庭会挂些吉庆图，文雅些的家庭会挂梅兰竹菊图，风格、主题不一。现在的砖混房和别墅除了张贴年画，还会挂中国结和大红灯笼，以带灯礼屏和现代灯饰点靓整个正屋，也寓意生活红火，展示出鲜明的时代气息。

庆丰

林乡庆丰仪式多种多样，体现于源远的农耕文明长河中。一年之计在于春，牛是农耕时代的重要生产力，春耕时节，林乡人鞭挞春牛，寄予风调雨顺。夏秋收后，人们会将晒干的稻秆堆成垛，以示五谷丰登。在喜获粮油丰收后的冬闲时节，林乡人用初榨木梓油煎米果宴宾客、庆丰收。新春佳节，桃符和楹联也选择"丰"字主题来装饰，并在春节期间采取舞龙灯仪式祈福庆丰。过去农家庭院还会围绕生产丰收，挂大黄玉米串、大红辣椒串等，通过挂农物、贴窗饰、挂年画、贴春牛，挂灯笼、贴门神，以特有的农家庭饰来庆丰。

避邪

过去生产力水平低下，加之林乡人先祖自中原远道迁徙而来，对陌生自然环境不适应，面对自然灾害力不从心、无能为力。为寻求心理慰藉、寄予平顺安康，林乡人采取很多"土法子"祛灾避邪。有的在正门的门楣挂上一面小镜子，以驱邪恶；也有的用天然作物如桃枝、柳枝、艾草等，插于正门一侧以避邪，或在大门上贴门神以驱邪；小孩受惊吓时常用大米做成红布包，拴挂于小孩身上，或佩戴金银饰物如戴银项圈以避邪。不仅如此，以前林乡农家还会在饲养鸡、鸭、鹅的禽舍门上书写"姜太公在此"字样，以护佑六畜兴旺。

间扇

客家民居"四扇五间"，对称而规整，尤其正堂天子壁间扇，将不雅杂物藏于间扇之后，表达了林乡人谦虚不露、律己敬人的处世风格。传统间扇材料一般是木制品，如木板雕刻的屏风间扇，有的家庭大房间也会以书柜作间扇。随着现代窗帘饰物的普及，前后套房之间也会用窗帘来做间扇，一则尊重他人并起装饰作用，二则隐藏个人隐私。而正堂大厅天子壁，以前多用木质板材造壁间扇，随着砖混结构房屋兴盛，现代装饰物也被用作间扇材料，如水泥浇筑的墙面、玄关、背景墙、玻璃门等，既美观大方，又牢固实用，是新时期间扇之首选。

阁楼

林乡林木丰茂，但山多地少，为弥补"四扇五间"瓦房民居院落狭小、不利晾晒之弊，林乡人土木结构建筑中常有木制阁楼，楼台观榭在偏远林乡也能找到现实观照。林乡民居之阁楼部分，相当于现代建筑的阳台，一般是在正房的正面二楼挑出，也有在房屋一侧或两侧挑出的，还有在屋房后面挑出阁楼。阁楼颇为开敞通透，环绕有走廊，供登临眺望，也作晾晒之用。阁楼承力部分为两端拉柱和契墙横梁，拉柱连接屋檐，横梁支托走廊，构造虽简，但大道至真。有的阁楼栏杆还雕刻图样，工艺精细，错落有致，代表林乡独特的建筑艺术和审美追求。

护院

林乡地广人稀，尽管喜群居，但较为分散。为看家护院保安全，林乡人有筑篱、砌墙护院的居家传统，此外有的家庭养狗护院也沿袭至今。林乡竹木丰富，往往会扎竹篱、木栅栏作围挡护院，也宣示自家四至界址；也会以地貌如山坎、河流护院；还会开掘水塘、种植木竹护院。发展至今，林乡庭院最常见的当属砌通透性围栏护院，有的还会外装监控防盗护院。在推进美丽乡村、安居工程建设中，带围栏庭院的农家别墅点缀于青山秀水间，有的还从建筑风水学角度讲究围栏庭院门的朝向，林乡人的憩息地越发靓丽安宁。

播绿

林区新江被誉为"林海"，林乡人靠山吃山，林木是其赖以生存发展的宝贵资源，故极为重视植树造林，永续利用林木资源。林乡人不仅为山上保持"绿色"、林业可持续发展而植树造林，也见缝插针在自家房前屋后绿化家园、播种"绿色"。既种桃、李等果树，也种茶树等经作物，还种辣椒、豆角等蔬菜，更种楠木、杉木等用材林。如石坑村家庭自古每生男孩种棵楠木，林乡人朴素的"添丁""树人""播绿"理念深入人心、内化于心。如今只要谁家生了小孩，无论男女，都会象征性地在自家门前或屋后种上一棵树，以示纪念，也寄予幼苗茁壮成长为大树。

新江古道赋

时空任驰骋。往事越千年。此卵石小径。穿丛林。滨蜀水。过山峦。谓新江古道。系溯水舟楫之外。古林乡交通之唯一。古道热肠是也。曾经马蹄声碎。客货繁忙。而今了无踪迹。湮没无形。只留下片石只土。故道遗址。若处子。静默于斯。守望世间沧桑，见证林乡巨变。斗转星移。今逢盛世。建新农村。筑登峰亭。奔康庄道。天堑变通途。人和更路畅。乙未仲秋。稻香天爽。于林乡之郊野。登临江口。步道今古。寄情幽思。感怀正道沧桑。创业维艰。正若古道之变迁。惟登攀永向前。

乙未年仲秋新江村江子口郊野
登峰游园古道碑刻纪念

客家民俗文化系列

婚嫁

林乡客家传统婚嫁讲究颇多，过去完成一桩姻亲，往往要历经"说媒、看妹仔、写庚帖、编红单、定亲、看家方、送日子、过礼、杀喜猪、哭嫁、上头开脸、迎亲送亲、拦媒谢媒、拜堂、闹房、回门、送满月"等程序，可谓"好事多磨"。时至今日，过去烦琐礼俗得已简化甚至逸失，如今主要有"合婚（合八字）、下定（开庚书）、纳彩（过礼）、迎亲、拜堂、闹洞房、回门"等遵循，一般仍在宗祠举行婚俗礼仪，虽然化繁为简了，但仍独具神奇魅力和传奇色彩。

宗祠

林乡人缅怀先祖，同一姓氏集居地往往建有宗祠，作为供奉祭祀祖先、宗族活动庆典场所。旧时宗祠由青砖等建材建成，屋顶盖青瓦，飞檐翘角；正厅中央设有采光、装天水、排水的天井，并设置消防设施储水缸；正门两侧安放石狮雕刻，正房两边建有厢房；庭院前留有半月形池塘，寓意聚水蓄财。现代宗祠除使用钢筋水泥建材外，其他都传承古祠风格，尤其讲究建筑风水，往往修建于村子中央或后龙山下。除了举办婚丧等红白喜事、宗族集体活动，人们聚集宗祠，体现集体力量外，如今林乡宗祠还发挥留守老人儿童"阳光家园"、传播文明的积极作用。

纹碑

科举制以来，林区文风兴盛。旧时林乡人考取功名后，刻碑于青石条，立碑于宗祠或庭院前，光宗耀祖，激励后学，以志纪念。这种记录科举及第人士的功名石刻，高约1.5至2米、厚约15厘米、宽为40厘米，于碑正面刻有及第人士朝代、年号、姓字、功名等，并居中镂空刻一小斗方，供及第者衣锦返乡时拴马或立杆树旗之用，因而纹碑被称为功德碑、旗杆石、拴马石，犹如现代的毕业证书，故亦称"科举证书"。也有捐取功名的，但其纹碑中小斗方定然不会镂空。纹碑是林乡崇文尚学、人才辈出的历史物证，虽经历史沧桑，但林乡各地仍散见纹碑留世，以石坑村宗祠碑林最具代表性。

醇众

新江是个好地方，山林好、水土好、生态好，但林乡人更好。这里党风正、政风实、民风淳，"党政民风，新江形象"，整个林乡风气醇良纯正，如流经全境的蜀水右江清澈可鉴。林乡人淳朴厚道，醇如陈酿，他们与人为善、乐于助人，他们亲望亲好、邻望邻好，即便偶发意外，不论远近亲疏也会拉上一把，传承着邻里相助、手足相望的古贤者之风。数千年来，林乡人虽迁徙客地，但土客相处相安、团结和睦，即便外人也乐与林乡人打交道。如今，林乡人在党的领导下村民自治、民主管理，大家团结包容、民主集中、科学决策村组事务，淳朴民风发扬光大，赋予时代内涵。

花酥

花酥是林乡典型的客家民俗食品之一，以家常蔬菜或其他植物开的花甚至结的果作为原材料，经采摘、洗净、浸盐水、粘米粉、蒸熟、晒干、油煎等多道工序做成，是一种薄脆爽口、色泽金黄、酥香可人的小食材。花酥原料以寻常菜花为主，如南瓜花、五香花、木槿花、丝瓜花等，也有以果实如丝瓜干、南瓜干、冬瓜干、苦瓜干、辣椒干、红薯干等作为花酥原料入菜的，在林乡可入花酥的不下少

20种。花酥一般制成于仲夏时节,是林乡人待客和年节必上的一道家常菜,也可作为小吃打发馋嘴的孩童。花酥是林乡人勤俭持家的真切写照,曾经勾起在外游子多少美好回忆。

戏堂

林乡人勤劳实干,又有林木资源,因而生活较宽裕,当年全县第一个电视村就出自于此。那时林乡物质生活相对丰富,也就有了精神追求,于是戏堂(礼堂)应运而生。虽地处偏远,但村村办有乡镇甚至县城才有的大礼堂,村里开大会、剧团演出、影片放映都在礼堂,成为当年林乡一道靓丽风景线。除了村集体重大活动,个人乔迁、做寿办喜事,东道主往往会在大礼堂请戏班子或放电影,以示庆贺。如今随着经济发展和科技进步,精神文化产品无限丰富,戏堂功能日趋退化。而农村文化建设、数字电影下乡、农家书屋入村,又让传统戏堂焕发活力。戏堂记载那个年代林区生产生活烙印,见证林乡人精神文化生活变迁。

祭祀

林乡人缅怀先祖,主要采取祠祭、墓祀方式。"祠祭",即族人在其宗族祠堂祭祀祖先牌位,祠堂供奉着族姓列祖列宗牌位,有的还有画像及楹联,此祭祀方式一般在重要民俗节庆日举行;"墓祭",即族姓到其祖先坟墓举行祭祀活动,这种祭祀方式多在清明或冬至举行。此外,林乡人也祭神,如土地神、门神、灶神、山神、树神等,以祈求平安顺旺,但祭祀最常见的还是自己的祖先。祭品一般为三荤三素,并备茶酒、鞭炮、油烛、线香、土纸等,通过仪式表达缅怀之情,也祈求祖先护佑后人,表达一种精神寄托。

申气

林乡人饲养的家猪至肥膘待屠宰时,主人往往会先行焚上几根线香,点上两根蜡烛,并点燃一挂鞭炮、烧上几张土纸,敬祀各路神灵。屠夫在屠宰中，会将猪血喷洒一旁的黄草土纸上，寄望屠宰顺利。饲养牲畜的主妇此时还会对着呻吟的猪念念有词，喃喃几声予以申气，祈祷猪的灵魂早日上路，以化解其戾气，也寄慰来年六畜兴旺。过后，被称为"杀猪肉"的猪心、猪肺、猪血等，还会分食左右邻舍。而沾上猪血的土纸，一部分放置自家厅堂神台数日后焚化；一部分用于包扎庭院桃、李等果树枝干，据说这样的树果长得特别甜。

祛灾

林乡人先祖迁徙至异地，为抵御疾病和自然灾害，常以独到之法祛除灾害。比如，小孩出生至童年阶段，往往会为其戴红符、配金锁祛灾，祈望健康平安、茁壮成长。当小孩受惊吓、哭闹不止时，家中长辈往往会盛上斋饭，于傍晚时分到河边向受惊方向，为小孩"喊魂"祛灾。也有为小孩起贱名（小名），如狗仔、石头、铁蛋等，或称呼亲生父母为叔婶的方式，通过叫贱名字或疏称父母的方式祛灾，寄予小孩健康成长。还有的父母会对孩童提问"如何出生的"回答成"捡来的"以祛灾，或在小水渠铺简易木桥并系红绳，以架小桥方式为孩童祛灾。总之，林乡多样的祛灾方式，体现了祈望后代幼小平顺安康的一种精神寄托。

祈福

林乡人祈福形式多样，最常见是逢农历初一、十五早上敬斋饭、点线香、烧纸钱、燃鞭炮，祈福四季平安健康，家庭人财两旺。还有春节前夕在大门上贴倒"福"字，祈望福临门；在畜栏上贴"六畜兴旺"斗方竖批，在谷仓外贴"五谷丰登"斗方竖批，也有在自家果树上绑动物血钱纸的做法，祈望农林业生产丰收、养殖业兴旺发达。民间流传的观音娘娘、康王等福神生日时，虔诚的林乡人也会结伴到属地寺庙敬神祈福，寄予对美好生活的向往。

客家婚俗忆哭嫁

黄淑群　搜集整理

　　遂川的客家基本分布在西南部山地区域，全县有近一半以上的人口为客家人。遂川的客家人长期生活在林木苍翠的西部山区，好山好水赋予了客家人钟毓灵秀的文化，形成了"十里不同风，百里不同俗"的特有现象。客家人在婚嫁中形成的一系列传统风俗习惯更是融会贯通了敬宗怀祖、崇文敦礼、克勤克俭的人文气息。

　　哭嫁是世代流传在客家聚集地别有情趣的典型婚俗。作为一种风俗，其来由和寓意，与旧时的婚姻习俗有关，与封建礼教有关，出嫁时姑娘不哭不仅会被认为不吉利，还会受到舆论的谴责；还有一个重要因素就是感情的作用。旧时婚姻全由父母做主，婚后的命运生活如何，心里全没底细，想到这些真是肝肠寸断，伤心欲绝；嫁出去的女，泼出去的水，婚后除非与丈夫感情不和或婚姻发生变故，否则是很难和父母兄弟见上一面的，这种别离之苦确实令人难以承受。因此在旧社会哭嫁是妇女们对不合理的婚姻制度的悲叹，也是对封建婚姻的揭露和反抗，聪慧灵秀的客家女子于是用哭嫁来诉说客家妇女买办婚姻制度下的不幸命运和对自己亲人的眷恋不舍之情。

　　即将出嫁的客家新娘，在正式出嫁的前一天起就要开始哭嫁。客家哭嫁歌内容十分丰富，哭嫁大致都包括了哭爹娘、哭哥嫂、哭姊妹、哭穿衣、哭众亲友、哭骂媒人、哭出门、哭梳妆、哭上轿、哭入席等一系列内容。新娘哭嫁至动情处，还有母女相哭、姐妹相哭、姑嫂陪伴相哭，边哭边唱，唱中有哭，哭中有唱，娓娓道来，情真意切。新娘哭嫁时，被哭的父母兄妹、亲朋好友们随着新娘的哭诉一句句规劝和安慰，哭声幽幽，劝语殷殷，那难舍难分的骨肉亲情，无不让旁听者为之动容而跟着潸然泪下。

新娘哭嫁时用一块手帕将脸蒙住，一手扶着被哭的人，见谁哭谁，见事哭事，拖长尾声似歌非歌地哭诉。哭嫁时还有一个规矩，就是被哭的各位亲友都要事先准备好红包（哭嫁包）在哭嫁时送给新娘，以此表示安慰和亲情，并祝福新娘婚后生活幸福安康。

在婚姻相对自由和民主的20世纪六七十年代，婚俗中哭嫁的独特形式衍生的则是新娘表达自己内心的感情，感谢父母的养育之恩，对众亲的离别之情，抒发哭嫁女辞别亲人时难舍难分的忧伤。哭嫁语言精练质朴，一般为七字句结构，押韵上口，通俗明快，易于传唱。哭嫁音律为旋律平缓、内容不同的说词反复哭唱。在哭泣轮唱的过程中，由于唱词变化，旋律也随之略有变化，但旋律的基音及终止音保持不变，每句旋律均由高音逐级下降，旋律中装饰音运用较多，在句尾时常加进呜咽与抽泣声，以表现哭嫁女与亲朋好友难舍难分的依恋情绪。哭嫁时每一句首都为拖长音调的被哭者称谓，句末根据性别角色冠以不同的后缀尾音：如男性长辈为"爷"，女性长辈为"嗳"，兄长多为"哥"，年幼者加上昵称为"宝"，哭嫁新娘可根据实际称谓灵活应用。哭嫁歌词一般为七言两句，合拍押韵，叙事抒情，紧密联系客家人的风情习俗，结合亲切而又煽情的称呼，通俗易懂，委婉含情又耐人寻味。

待嫁客家女在正式结婚日前一天的早餐后，由侍娘（侍娘一般由家族中贤良勤劳善于女红的嫂子或婶娘充当）牵着从闺房步入自家厅堂。厅堂的神台上已经事先准备好敬过祖宗后点燃的红烛，红烛边放置着圆的簸箕，簸箕里一应俱全整齐地摆放着新娘子即将穿戴的新衣和首饰。哭嫁由步出闺房开始拉开序幕。这时的哭嫁多是表达不忍心离开父母离开亲人的依恋和不舍。如：哭父亲：娃（自称）阿爸哦爷（音ya）！已下（现在）当真卖（嫁）吾（女）了哦爷！

细时（小时候）带娓（自称）不得大,带大子女拿娓（自称）卖（嫁）。再过三年唔（不）为迟,再过五年唔（不）为大［表达对父母早早将自己许配嫁人的埋怨］。往时卖（嫁）吾（女）年十年［小时候觉得嫁女是十多年以后的事］,你卖（嫁）吾仔（女儿）就今年；往时卖（嫁）吾（女）月十月［几个月前觉得嫁女是许多个月以后的事］,你卖（嫁）吾仔（女儿）里该（这个）月；往时卖（嫁）吾（女）日十日［几天前觉得嫁女是许多天以后的事］,你卖（嫁）吾仔（女儿）天光日（明天）。［形容自己出嫁的日子日益临近、迫在眉睫,已经没有时间在家对父母尽孝心］这时女方母亲多会进得闺房,陪着女儿哭诉。内容为自己千辛万苦抚养女儿的种种艰辛,将女儿带大又要许配人家等心酸无奈。如：娓（我）心肝啊宝！已下（现在）当真卖（嫁）吾（女）了哦宝！往时教你做功夫（做事情）,今不教你做新丘（儿媳妇）；唔（不）过山莨唔晓（不知道）路,唔（不）做新丘（儿媳妇）唔低（不知道）苦。母女对哭时一哭一和,情真意切,缱绻难舍,格外打动人心,让听者跟着柔肠寸断。待嫁女一边哭唱一边来到厅堂拜过祖宗,然后在神台前早已准备妥当的竹椅上坐下,开始接受做新娘子的第一道程序:开脸。（客家人谓之挞面）侍娘将手工纺织的麻线用清水浸湿后,一头咬在嘴里,另一头在手上灵巧地打个活结,俯下身准确无误地绞去新娘子脸上各个部位的汗毛,动作娴熟利落,几声"嗤嗤"细响后,新娘子的脸上立刻变得光滑柔嫩。侍娘接着又用细嫩的香粉来回擦在待嫁女的眉毛上,待到毛孔发热张开时,细心用锥子把眉毛一根一根挑起理顺,再将凌乱的眉毛一点点细致修理。末了将红纸递与新娘在唇上轻抿,新娘的妆容到这里基本装扮结束。在旧时不盛行浓妆艳抹的客家农村,这样的化妆术约定俗成地在每一个女子出嫁时流行。

　　妆容完毕后,侍娘就该给新娘子穿上嫁衣了,嫁衣穿好后在新娘的肩上斜披一根又宽又长叫作"襻红"的红布。接着在额头缠上数层黑色金丝纱布卷成的绉纱,最后戴上红色官花状的步摇,蓝衫与襻红相映,环佩叮当,半炷香光景,一个不施脂粉却活色生香的素颜女子跃然而生。旧时的新嫁衣多是藏蓝或是藏青的卡机布料做成，质朴沉稳，叫做蓝衫。

新娘子在开脸即将穿上蓝衫时凄凄哭唱道：娃（自称）阿爸哦爷！已下（现在）当真卖（嫁）（嫁）吾（女）了哦爷！新做花边（银元）圆丁丁，勿（不）拿花边勿起身。新做蓝衫三尺三，娃（自称）冇花边勿（不）着（zhuo）衫；新做蓝衫四个角，娃（自称）冇花边压袋角；（女儿最后一次行使撒娇的权利，意欲要父母给银元才会穿上新嫁衣）这时父母会将自己出嫁时的传家宝贝——银元首饰等交给女儿，侍娘将各式宝贝用红色丝线固定在新娘披挂的襻红上。穿戴妥当的新娘打扮得焕然一新后，再对父母的养育之恩来一番感谢：娃（自称）阿爸哦爷，已下（现在）当真卖（嫁）（嫁）吾（女）了哦爷！新着（zhuo）蓝衫头戴花，天光（明天）吾仔（女儿）这别家；此时，外客大多还没有赶到，新娘一般都哭那些送了嫁妆前来帮忙的各位家族亲属，如哭婶娘：娃（自称）叔娘啊嗳，已下当真卖（嫁）吾（女）唠嗳；新买面盆溜溜光，难为（感谢）叔娘来帮忙；新买面盆溜溜圆，难为（感谢）叔娘来行前；热头（太阳）一出晒杉坳，你吾（侄女）卖（嫁）嘿就有叫（哭）；热头一出晒竹篙，难为（感谢）叔娘敢会教；热头一出晒杉叶，教会你吾（女）又要卖（嫁）；热头一出晒杉排，卖（嫁）嘿你吾（女）你要来。

哭罢家族亲属后，新娘针对不同来客的不同送嫁礼物分别哭唱，内容丰富，表情达意通俗到位，寓意浅显易懂。有感谢亲友山高路远赶来喝酒的道谢哭词，如哭舅舅：娃（自称）舅爷哦爷！黄泥石子铺路心，难为（感谢）舅爷敢有心；黄泥路子段十段，难为（感谢）舅爷下条塅。十个沙山九个坳，舅爷走倒脚起瓢（泡）；十个沙山九个窝，舅爷走路冇奈（没哪里）坐；新买水瓶圆又圆，做嘿舅爷敢多钱；新买座钟四四方，票子做嘿几下张。还有哭姐姐的谦辞：娃（自称）阿姐呀姐！以下当真卖（嫁）妹唠哦姐；姐妹好比一面钟，嫁个西来嫁个东；姐妹好比一头花，嫁个上来嫁个下。阿姐眼珠就过光（有眼光），嫁到一个好地方；老妹眼珠就过朦（没眼光），嫁个人家又敢穷。门口有头石山茶,你妹卖(嫁)嘿要来拉(走亲戚);门口有头石山树,卖(嫁)嘿老妹要来住;阿姐出手又敢惯,买里新被又买伞;阿姐出手敢大方,送里匹斗(被窝)又送床。这些朗朗上口又不失纯真朴实的唱词,总是能够在打动客人的同时让旁听者感动。还有哭大嫂,对大嫂多年手把手的教导表示感谢:娞(自称)大嫂呀姐!已下(现在)当真卖(嫁)妹唠姐。芭蕉打子一条心,难为(感谢)大嫂敢有心;有心来里要帮忙,冇酒冇菜莫去讲;新买水瓶三尺四,唔张(不用)烧火茶有碧(热);新买水瓶丁丁圆,做嘿大嫂敢多钱;屋背有头大叶柴,娞(自称)的大嫂喜欢娞(自称),屋背有头大叶树,大嫂教娞(自称)做功夫。日里捡柴挎是挎(一枝又一枝),夜不(晚上)做鞋双是双。

  客家嫁女的前一天晚上,要隆重举行拜祖仪式,客家人称之为"拜阿公"。仪式上将父母和亲朋好友置办的所有嫁妆整齐有序地摆放在厅堂正中,显示父母和来客所置办嫁妆的丰厚。新娘于鼓乐声中边哭边唱,将所有辈分和年龄都要比自己大的亲属来客一一拜谢,接受跪拜的长者都要准备好钱物在仪式举行时送给新娘。由于此时接受跪拜仪式的人来来往往,穿梭不停,新娘的唱词一般简短精练,多是将客人送的礼物用好听易记的唱词略加表述。

  及至第二天,新娘在父母家待嫁的时间所剩无几,早饭后除了将当天赶到的客人以哭唱表示感谢外,还要再把家里的至爱亲人分别哭诉一番。有哭年幼的弟弟妹妹,希望弟妹在家听父母的话,好好读书,表现姐妹姐弟间难分难舍的手足情深。哭妹妹:娞(自称)嫩妹哦宝!已下(现在)当真卖(嫁)姐唠哦宝,姐妹分开勿舍得哦宝。人家卖(嫁)姐就会叫(哭),你听卖(嫁)姐哈哈笑;蜘蛛牵线长又长,你听卖(嫁)姐笑断肠;蜘蛛牵线圆又大,老妹大里也要卖(嫁);蜘蛛扯丝一厘厘,卖(嫁)嘿你姐就卖(嫁)你;竹子打水下十下,卖(嫁)嘿你姐要听话;竹子打水篙十篙,卖(嫁)嘿你姐要信教。哭弟弟:娞(自称)嫩太(小弟)呀宝!等下阿姐就卖(嫁)唠宝;你细(在)屋夸(家里)要听话,阿姐卖(嫁)

嘿要来拉（走亲戚）；娌（自称）的嫩太（小弟）亲又亲,爷嗳（父母）面前要跟心；阿姐卖（嫁）嘿你可怜,爷嗳（父母）的事要到前；嫩太（小弟）还要读好书,大里唔张（不用）做功夫。

新娘临行前再次谢客,向亲友辞行的哭唱也是情意殷殷,哭到动情处客人亦是跟着泪眼迷离,透过新娘的哭词客家人重情重义知恩必报的美德可见一斑。有哭舅舅的:娌（自称）舅爷哦爷,已下（现在）当真卖（嫁）吾（女）唠爷；河边竹子尾对尾,卖（嫁）嘿你吾（女）莫话归；河边竹子节对节,卖（嫁）嘿你吾（女）样子（这里）歇；屋背有头枇杷树,冇酒冇菜对勿处（对不起）；屋夸（房子）又矮又咁窄,冇好招呼也莫怪。

客家嫁女时,在出门前一般由本家兄长进入新娘闺房将最重要的嫁妆——木箱抢出来。新娘跟侍娘等众多好姐妹这时就要齐心协力抢回木箱,开始双方基本是用尽力气来一番势均力敌的拉扯,最后因为预定出门时辰将到只是象征性地再对峙一时半刻,就让迎亲的客人将木箱搬走。新娘对自家兄长抢走木箱,有意赶自己出门表示不满,哭道:娌（自称）阿哥啊哥！新做箱子四四方,娌（自称）的箱子唔（不）见光；新做箱子四个角,奈有（哪有）箱子游天角；箱子只有搬上楼,奈有箱子路上走；娌（自称）的箱子不出外,红包拿来娌（自称）就爱；拿里一个要两个,箱子你就搬出外〔意欲要兄长给红包才允许箱子被搬出〕。

嫁妆抢完后,新娘子会再次跪拜父母亲感谢养育之恩,并哭唱道:娌（自称）阿爸哦爷,已下（现在）当真卖（嫁）吾（女）唠爷；因为卖（嫁）吾（女）操里心,隔年隔月操到今；日里操心脚冇停,夜里操心目冇瞑；石榴打花朵朵开,卖（嫁）嘿你吾（女）要想开；石榴打花朵朵笑,卖（嫁）嘿你吾（女）你莫叫（哭）。这时新娘母亲跟着一哭一和,声泪俱下的真情流露让所有人肝肠寸断。

出阁的时辰到了,新娘子由家族中的叔辈或是兄长从闺房中强行拉出来。按照习俗,此时新娘子必须在众姊妹的帮助下竭尽全力往回牵扯,客家人称之为"打泼辣",双方拉锯的力度越大就越能够表明新娘恨嫁的决心,也更能表达自己与父母和众亲人的深深眷恋和浓浓离情。新娘这时会理直气壮地唱骂抢走自己的兄长:你妹做人唔系(不是)歪,难为阿哥出手拉。左手拉来右手软,右手拉来割心肝;亏里阿哥过得意,撸手蹍脚抢妹去;只有手指搬呀进,奈有手指搬呀出;人家开门抢妹归,阿哥开门赶妹出。双方一番对峙后,新娘在厅堂再拜过祖宗,被强行拉上放置于厅堂正中的自行车,在众多送嫁的亲朋好友簇拥下渐行渐远。

客家人没有嫁女送亲至男家的习俗,只是象征性地在新娘出门之时略送一程,新娘婚后三天或九天后娘家再派出男性同家族亲属到夫家看望,这是客家人"拉(走亲戚)九朝、拉(走亲戚)三朝"的习俗。客家送嫁还有不过桥的规矩,因此送嫁到桥边,装着新娘的自行车会暂停片刻,让新娘与送嫁亲友再一次惜别,新娘这时哭唱:娌(自称)阿哥啊哥!竹篙打水下十下,娌(自称)要阿哥来送嫁;竹篙打水万丈深,敢多(这么多)满门(众亲友)一样亲;冇心送嫁送到屋,冇心送嫁送半路;一缸酒娘半缸糟,娌(自称)爱阿哥拉(走亲戚)九朝;一缸酒娘半缸水,娌(自称)爱阿哥扛(音gang,四声)露水[出嫁后要兄长们多来看望自己]。亲友最后递上送嫁的红包或礼物,止步桥边,目送新娘越走越远。客家风俗中,新娘哭嫁只限于在娘家,因此送嫁完毕后,新娘的哭嫁戛然而止。但是如果在哭嫁的氛围中沉浸得过久,情绪太过于投入,哪怕新娘已经走远,那些动情的声声哭唱几天后仿佛还在余音缭绕,久久不散,依然给听者许多言之不尽的伤感和无止无休的离愁别绪。

因为旧时交通不便,按照客家人的婚嫁习惯,所有嫁妆都分类摆放在两根染成红颜色的木棍支架上,用红色粗绳捆扎牢固,再由两个身强力壮的男性用肩膀抬着一路从女家走向男家。那时的木质家具和各式嫁妆等清一色都是红色,嫁妆丰盛的时候,居然有十几二十架之多。蜿蜒的乡村小路上,色彩鲜艳琳琅满目的嫁妆,新娘子坐在自行车上撑着的大红伞,还有蓝衫红布,像一幅横亘在青山绿水间的写意画,隽永而绵长。

在古朴的客家山村，许多事情都随着岁月的长河随风逝去，慢慢消失在大山的沟沟壑壑之间。只有那些遗留和沉淀下来代代相传的文化，像一坛封存多年却历久弥香的客家米酒，愈存愈久愈香，成为客家人生活习俗中一幅色彩绚丽的珍贵图画。

大汾客家民俗

钟书先 李星联 搜集整理

大汾镇位于遂川县西部，是湘赣边商贸中心、赣中南"四大古圩镇"之一。全镇国土面积301平方公里，人口近4万，其中80%是在明末清初由广东五华、兴宁及福建上杭等地迁居而来的客家人。众多的客家人，形成了大汾独特的民俗。

仙 庙

大汾有名的仙庙，墟上有三圣庙，附近还有万寿宫、仕公祠、净土庵、太平庙、观音阁（已废）等。分散在各个村落的有玄帝庙、石花仙、莲花仙、白鹤仙、白杨仙、黑爷庙、康爷庙、乌溪仙、落马仙、淋洋仙、滁峰仙等。

三圣庙

据传是为纪念关羽、关平、关兴三位圣人而建，殿中最大的塑像是关羽，两边是关平、关兴。据《上官氏族谱》（2000年修）记载，该庙由上官氏克公牵头于嘉庆七年壬戌（1802）春集资建造。相传该庙基址及动工时辰，是由李、钟、上官三位从广东来的地理先生测定的，他们对星辰流变及山水走向很有研究。据说，在为三圣庙择定起工良辰时，三位先生曾预先叮嘱：必须等到"鲤鱼上树蛇打鼓、穿铁靴、戴铁帽"时，方可放鞭炮施工。时值春天，刚好那天有人在圩上买犁头准备春耕，几个好胜青年想比试谁能穿着犁头走得快，便把犁头套在脚上。此时，正好一个老俵买了一口铁锅顶在头上赶路回家，应了"穿铁靴、戴铁帽"的忏言；此时，正好有一渔翁钓了一条鲤鱼，他用力一甩，把鱼缠在树上，应了"鲤鱼上树"的忏言。只等"蛇打鼓"出现时，突然一只乌鸦从头顶飞过，它嘴里衔着一条蛇，不偏不倚刚好掉在鼓面上，打响了这面鼓。于是，大家燃放鞭炮施工，三圣登位。该庙建好后，神明一直很灵验。

淋洋古仙

　　淋洋古仙位于大汾墟西北角，据《遂川县志（首志）》记载：淋洋古仙在戴家埔、七岭、大汾三乡交界处，由三个山峰成品字形排列成一把"座椅"状。后峰为三清观，左峰无殿宇，右峰有石庵，匾称"淋洋古仙"。有前后两栋中心大殿，后栋为圣帝宫（供奉佛祖），前栋为玄天宫（供奉玉帝），匾称"美岭古仙"。20世纪50年代，有人在右峰石庵的神龛中见到一块粉红色的石碑，居中刻有"后土神位"四字，右下角刻有"元祐元年立"，距今有930年了。该庙兴盛时期，曾有道士百余人。现仙山四周还分布四十余座灵塔，麻石结构，刻有某某祖师、某某弟子等，立碑时间多为清代。

　　相传，仙庙后面有一口井。有一次，一位老人口渴前来求水，守庙的庙祝谎说没水。那老人一不高兴，用拐杖在井边点了一下，井水就干了。到咸丰年间（1851—1861），庙中出了个不肖之徒，见有妇女只身上山，便拉入庙中行不轨之事。此事激怒了四周乡民，妇女结伴上山砍柴，把柴寄放在仙庙四周，柴晒干后，乡民便相约于晚上悄悄上山，锁上庙门后点燃柴草，把道士烧死在庙里。从此，仙庙成了废墟。直到清宣统二年（1910），村民集资重修仙庙。1952年，中心殿、石庵及庙内佛像、碑志再遭毁灭，仅剩下"宣统二年立'淋洋古仙'"横碑。

赵公亭

　　大汾每隔五里路,便会有人捐建个凉亭,并备上凉茶,供过往行人避风躲雨、乘凉歇息。清光绪二十一年(1895),商人邹世珍买了一批折扇,请了十五个壮汉挑到湖南长沙去卖。邹世珍沿途好与人交谈,不觉远远落众人后面,当走到赵公亭旁边时,天黑了。在这海拔900多米的高山上,远近三十多里都无人烟,常有老虎出入。孤身一人的邹世珍,不得已,只好借宿赵公亭,他向赵公祈祷:"如果菩萨显灵,保佑我平安,做生意赚钱,我一定重建赵公亭。"他果真平安无事,这批扇子也赚了大钱。于是,邹世珍请石匠打麻石,重建了赵公亭。每逢初一、十五,人们便成群结队去祭祀赵公,以祈求财源茂盛,衣食丰足。经过赵公亭的人,也会停下来净一净手,点燃几炷香,以祈求神明保佑。

醮 会

　　醮会是一种客家民俗和民间宗教活动。醮会多以庙命名,也有以社坛命名的,一般五年一大醮、三年一小醮。醮的主要内容是祭神,请道士设坛念经做法事、上刀山、过火海、下油锅、放荷灯、昏童等。有的时候会打清醮,即请道士念经做法事、烧香拜天神,驱邪除灾,以保佑民众平安、粮食丰收、六畜兴旺。醮会一般在秋收后农闲时举行。

乌溪仙醮会

　　乌溪仙始建于清代,位于大汾墟东南角"狮子跳台"的山顶上。该庙每三年两次请道士、鼓手来打醮。打醮,又叫打保安,旨在祈求百姓平安,五谷丰登。打醮时,道士身穿长衫,一天举行3次念经活动,即早朝、中朝、晚朝,最后完场。念的经书有《三官经》《救苦经》《解冤经》《童子经》《太阳经》《太阴经》《药王经》《龟王经》……道士休息时,鼓手便吹奏弹唱。打醮费用多出于乐捐,参与乐捐的人遍及湘赣两省，组织者为当地较有名望的绅士。

凡打醮时间3天以上时，还会举行"上刀山""过火海""放荷灯""昏童"等活动：

上刀山 在场地上竖起一根高达30多米的大树，树的四周扎上镰刀。是时，几名道士踩着锋利的镰刀，攀上树顶，先向东南西北4个方向各作一个揖，称"拜天角"。然后吹牛角、做"乌鸦展翅"等动作。"刀山树"下则有一男一女（女的由道士扮演）表演"采茶"（"采茶"有调情的内容，故由男人来扮演）。四周人山人海，十分热闹。

过火海 上刀山的当晚，大家在地上挖一条长约30米的沟，沟上放满烧红的木炭。道士在求得雪山水洗过脚后，便打着赤脚牵着青头脑鸭从火红的木炭上走过，称"过火海"，也叫"过火焰山"。

放荷灯 在即将完醮的晚上放荷灯。先把7盏像荷花一样的灯，里面点着火，用小块木板托着，从村中小河的中段放下，让荷灯顺水而下，直到淹没。道士在河边口念阿弥陀佛，鼓手则起劲地吹奏。

昏童 昏童又称降童、落童。是醮会将要结束时的一项特别活动。昏童前先点燃香，拜请神明降临。神明降临后附在童子的身上，便是"昏童"。昏童时，童子口里念念有词，闭目摇头，且越摇越快；接着便以头叩案，且越叩越重；然后伏案或仰卧在地，口称某某神仙降附。此时，村民有什么问题便可询问，相互间一问一答。如果童子答不上来或认为天机不可泄露时，大家也不再追问。

太平盛世龙

大汾人特别喜欢"舞龙"，舞的龙称"太平龙"，分为草龙和灯龙两种。

草　龙

草龙制作简单，用稻草扎成龙头、龙身（3节）、龙尾共为5节。舞龙时，在每节龙头、龙身、龙尾上各插上一支或三支线香，所以又叫线香龙。草龙制作虽然简单，但却是"正龙"。如遇旱灾或虫灾，就非得舞草龙才能求到雨和驱除虫害。届时，先要在庙里敬神，然后敲锣打鼓，逐村、逐田塅向社坛烧香、舞龙。

灯　龙

　　灯龙制作比较精致。先要用篾片编好支架，外面再糊上纸，并贴上龙鳞，中间点上油灯或蜡烛。灯龙又区分为五股龙、蛇龙等。五股龙，由龙头、龙身（3节）、龙尾共5节组成，相互间用红布连接在一起。蛇龙，就是用很多竹圈连在一起，扎成龙头、龙身、龙尾，前后之间为一个整体，龙头上安上两把手电筒，以象征龙的眼睛，其形象更逼真。

　　灯龙，只在正月里舞。由某一个姓氏组织的，称"姓氏龙"；由几个姓合起来舞的，叫"合乡龙"。灯龙只扎成五节，再配上一个龙珠。舞龙队伍里还有花灯、马灯、狮子、猴子、仙鹤、鲤鱼、锦鸡等，多的有百余盏灯火，排成长龙。

舞　龙

　　舞龙，要先发帖。是时，先派一人提着灯龙去散灯帖，帖用一张长方形红纸，上面写着："即晚恭贺新喜△△龙灯狮队敬拜"。散帖时挨家逐户都要去，不能遗漏一家，因灯龙、狮子是吉祥物，"灯"与"丁"同音，接灯有添丁之兆，如果漏了哪户未散灯帖，还会引起事端。

　　天一断黑，各家各户都在门前挂起灯龙，备好香烛、爆竹，准备接灯。灯队则派出白天散帖子的人，先带着2个或4个打着大灯龙的人，逐户登堂入室，恭贺新禧。接着，锣鼓喧天，花篮、走马灯、锦鸡、仙鹤、狮子、猴子、鲤鱼等排成长队，款款而来。先是12个生肖花篮，按月序在门前一字儿摆开，之后是狮子、鲤鱼等在门前穿梭跳跃。跟着，四匹骏马，口唱十二月歌，在房前屋后不停地奔跑。最后是长龙，在龙珠的引导下，先进大厅，绕柱飞舞，再从厅里出到房前大坪上飞舞一番，而后又回到大厅里重舞一番。如此再三，才龙尾在前、龙头面向大厅慢慢地退出。事主虔诚地送上红包，端出米果、茶点招待灯队。若是新婚夫妇，还会从龙头上拔下几根龙须放在床垫下，以求早生贵子。

　　春节舞龙，有绕柱的规矩，不管人家屋里的柱子多少根，一定要根根绕到，否则主人会不高兴。如果村里有人乔迁了新居，则舞龙一定要从他家开始。舞龙时，要先舞草龙（正龙），舞完后，将草龙在他家就地焚化，以示龙留在他家中。主人会准备红包并酒饭招待。当天最后舞龙的那一家，俗称"圆灯"之家，客家人很忌讳。因"圆灯"有"熄灯"（死丁）之嫌。因此，在舞完最后一家后，舞龙人还要再到野外空旷地或社坛下去再舞一遍，然后熄灯回家，明晚再舞。

　　正月十五是"辞灯日"。这一天，所有的灯龙都集中到大汾圩上玩耍，气氛非常热闹，看的人也特别多，店主忙个不停，接了上家接下家，有时一直舞到天亮。龙队从墟市出来后，再到社坛舞一趟，然后把龙灯放起，等待来年再舞。

红色传说

毛泽东率兵三进遂川城

毛委员巧改地名

创建遂川县工农兵政府

横空面世"十二字诀"

三项纪律、六项注意的产生

草林红色圩场的复活

红六军团西征之谜

横石启程西征远

萧克在双桥

朱毛会师首战五斗江

双镜村的枪声

大汾劫难

激战长岗坪

大汾乌鸦洛阳大屋围困战

彭德怀雪夜送棉被

烈士鲜血染红的大印

毛泽东率兵三进遂川城

郭赣生

遂川，是井冈山革命根据地的重要组成部分。1927年秋收起义后，毛泽东率领工农革命军在湘赣边界开创井冈山革命根据地。从此，遂川这片红色土地上开展了轰轰烈烈的革命斗争，并以其彪炳千秋的丰功伟绩浓墨重彩地载入中国革命的史册。

从1927年10月，毛泽东率领工农革命军从遂川大汾经黄坳、荆竹山到达井冈山茨坪建立革命根据地始，至1929年1月，毛泽东率领工农红军从茨坪经遂川大汾、左安向赣南进军，开辟赣南闽西革命根据地的两年零四个月时间里，毛泽东常来往于井冈山与遂川之间。期间，三次率兵进驻遂川城，前后历时55天。

毛泽东第一次率兵进驻遂川城是1928年1月5日至2月4日，历时31天。

为策应万安暴动，解决部队给养，1928年1月2日，毛泽东率领工农革命军第一师第三十一团从宁冈砻市出发，向遂川进军。毛泽东吸取去年10月23日在大汾遭遇肖家璧靖卫团袭击的沉痛教训，部队绕道大坑，先端掉肖家璧老巢，打垮其反动势力再进县城。5日，部队到达大坑。工农革命军同仇敌忾，一阵激战，很快就将肖家璧的靖卫团和赣敌刘士毅部一个工兵连打垮。毛泽东率领工农革命军乘胜追击，第一次进驻遂川县城。

毛泽东进城后，立即着手发动群众，开展党的工作。6日，毛泽东派刘真（随军前来的永新县委书记）与遂川地方党组织联系。

当晚，刘真根据毛泽东的意见，来到遂川革命的发源地和活动中心——瑶厦西庄了解情况。在那里召开了党员和工农积极分子座谈会。会上决定立即派人送信去万安、南康找回大革命失败后散落在外地的陈正人等。7日，毛泽东在他的住地邱家厦所接见了陈正人和西庄王遂人、王佐农、王次淳、王次榛等原遂川党组织负责人和工农运动骨干。毛泽东向他们讲述了国内外革命形势，指出了中国革命的性质和前途，说明开展土地革命和实行工农武装割据的重要性，特别强调要建立工农政权和工农武装。

8日，毛泽东在天主堂（现县教育局址）主持召开党员会议，原中共遂川县特别支部书记陈正人和王遂人、胡嗣燐等几十名党员出席了会议。毛泽东在会上作了重要讲话，号召大家立即行动起来，带领遂川人民开展武装斗争，进行土地革命，建立革命政权。并正式宣布成立中共遂川县委，指定陈正人为书记，王遂人、毛泽覃（毛泽东之弟）、肖万燮、王次淳、王佐农为委员。毛泽东指示，县委成立后，要着手红色政权的建设工作。同日，根据毛泽东的指示，王次榛等人把大革命失败后保存的6支枪背到邱家厦所，毛泽东检阅后，高声赞道："保存得好啊！"并指示说："你们就以这六支枪为基础，组建起遂川人民自己的武装。"

毛泽东在发展遂川党组织的同时，命令部队"分兵发动群众"。根据部署，工农革命军兵分三路，一路由毛泽东带领到零田一带；一路由陈毅安带领到大坑一带；一路由罗荣桓带领到草林一带开展工作。工农革命军每到一地，四处张贴标语，广泛发动群众，打土豪，推翻反动统治，建立苏维埃政权，将没收地主、恶霸的财产分给贫苦农民。

草林圩场，历史上曾是湘赣边界2省4县有名的集镇，常有广东、湖南、福建等外地商人来此经商。自从肖家璧与本地豪绅黄礼瑞相互勾结后，利用权势垄断市场，欺压中小商人和老百姓，圩场日渐萧条。为改造草林圩场，扩大工农革命军供给，1月14日，毛泽东率领工农革命军从县城进入草林圩镇。当晚，毛泽东就在他的住所肖万顺客栈召开工人、农民积极分子代表16人的会议。毛泽东亲切地向他们讲述了工农革命的政策，号召他们团结起来，打土豪，闹翻身。在毛泽东的亲自领导下，整个草林圩镇轰轰烈烈地开展打土豪筹款子，组织农会、暴动队，建立区、乡工农政权的革命运动。经过2天的组织发动，1月16日，即农历12月24日过"小年"的日子，这天也恰逢草林圩日，工农革命军在草林万寿宫召开了3000多人的群众大会。参加大会的有区、乡农会、工会会员、暴动队员和前来逢圩的老俵及各地商贩。

在会上，毛泽东用通俗易懂的语言启发、教育大家组织起来打土豪闹暴动，反对封建剥削。着重宣传工农革命军"保护中小商人、取消苛捐杂税"的政策。他大声说道："我们保护工商业，保护小商小贩，只要是做生意的，我们一个红枣也不会动，你们放心做买卖吧！"会后，工农革命军协助地方武装打掉了土豪劣绅、靖卫团设在草林至黄坳的税卡。工农革命的政策深入人心，消息传出，各地商贩又从四面八方回到草林圩镇做生意。毛泽东后在《井冈山的斗争》一文，高度赞扬草林圩的盛况，称道："草林圩上逢圩到圩2万人，为从来所未有。"

工农革命军在草林圩镇为根据地筹集了大量的物资。当时查封没收"四美"等几大商号，缴获布匹达700多担，银元2万多块。这些布匹，一部分在遂川加工成灰色军衣，分给每个战士1套，使工农革命军第一次穿上了统一的灰布军装，及时解决了工农革命军御寒冬装的大问题。其余的运上井冈山，办起服装厂。运上去的银元，办起了铸币厂。自后，草林圩场就成了井冈山根据地物资供应、红军给养的重要来源。毛泽东带领改造的草林圩场，是井冈山根据地开辟的第一个红色圩场。它的建立，为活跃根据地的经济，巩固和发展井冈山革命根据地起了至关重要的作用。

这时，国民党调集重兵准备进攻遂川、万安。1月20日，毛泽东在县城第一高级中学（现县地税局址），主持召开前敌委员会和遂川、万安县委联席会议（简称遂万联席会议）。在会上，毛泽东精辟分析了当前国内外形势，指出共产党当前的任务，就是放手发动群众，武装工农，有计划地组织、领导武装起义，建立农村革命根据地。为对付敌人的强大进攻，毛泽东建议万安县委应将斗争的中心区域由河东转到河西来，转到赣江罗唐湾一带，与遂川建立巩固的联系，以井冈山为依托进行更有胜利把握的长期斗争。并首次提出了"敌进我退，敌驻我扰，敌退我追"的游击战术12字诀。

毛泽东从草林回到县城后，立即督促遂川县委加紧政权建设工作。一个晚上，他在住所与县委书记陈正人等商谈成立县工农兵政府的情况，特别嘱咐县委要在调查研究的基础上，拟制一个《施政大纲》，在大纲中告诉老百姓，这是一个什么政府，政府是干什么的。毛泽东对大纲的内容作了具体指导。陈正人等根据毛泽东的指示，将起草后的《施政大纲》交给毛泽东审改。毛泽东看了之后，觉得还满意，只是将一些深奥晦涩的用词、语句改成通俗易懂的群众语言。如"不虐待儿童"改为"不准大人打小孩"，"废除聘金聘礼"改为"讨老婆不要钱"，"废除土豪的债务"改成"借地主的钱不要还"等。修改后的施政大纲称《遂川工农县政府临时政纲》，其内容涉及政治、军事、文化、土地、生产和人民生活各方面共30多条。这部经毛泽东指导、修改后的《遂川工农县政府临时政纲》较完整地体现了共产党民主革命时期的方针和任务，集中反映了广大人民的要求和愿望，成为赣西南和闽西等苏区建设的最初蓝本。

1月23日，工农政府成立大会的准备工作基本就绪，但大会主席台两边挂的对联还没有选定好。这时，正好毛泽东来了，大家知道他学问好，就请他审定。毛泽东很有兴致地把大家拟写的联稿看了一遍，抽出其中一副，称赞语言通俗，气势磅礴，边说边提起笔在联稿上圈去"农民"改为"工农"，把每联的二、三句的顺序对调了一下。然后放下笔，笑问大家："我们再看看，这样好吗？"大家一看，无不拍手称好。经毛泽东修改后的对联为"想当年你剥削工农，好就好，利中生利；看今朝我斩杀土劣，怕不怕，刀上加刀。"

24日，毛泽东出席了在县城李家坪召开的遂川县工农兵政府成立万人庆祝大会。在会上毛泽东作了热情洋溢的重要讲话，并把用红布包着的工农兵政府方印交给王次淳，指着他说："这位就是你们的县长，叫王次淳，西庄人。前几天还在挑大粪，现在要当县长了。"遂川县工农兵政府，是毛泽东亲自领导建立的第一个县级红色政权，成为湘赣边界的一面旗帜。

25日，工农革命军再次分兵下乡开展革命活动。出发前，根据前几天在草林做群众工作有违反纪律的情况，毛泽东在李家坪召集工农革命军，重申"三大纪律"之后，又郑重提出了六项注意：一、上门板；二、捆铺草；三、说话和气；四、买卖公平；五、借东西要还；六、损坏东西要赔。

遂川蓬勃发展的革命形势，引起敌人极大的恐慌。国民党江西省政府主席朱培德下令吉安驻军杨如轩师长进攻万安，威逼遂川。毛泽东审时度势，2月4日，命令下乡发动群众的各路部队快速集结，返回宁冈，避其锐势。根据毛泽东的指示，遂川县委、县工农兵政府也于同日随军迁往黄坳、行洲、下庄、茨坪、大井等地办公。

毛泽东第一次率兵进驻遂川城整整的1个月时间里，在他的亲自领导下，遂川迅速恢复建立了县、区、乡各级党的组织，创建了县工农兵政府和区、乡红色政权，工人、农民、青（少）年、妇女群众运动蓬勃发展，县赤卫大队、区、乡暴动队等地方革命武装机构纷纷建立，迅速形成全县苏区"一片红"的喜人革命局面。在此期间，毛泽东还写下《遂川调查》，为他日后撰写《井冈山的斗争》等著作积累了大量资料和素材。

毛泽东第二次进驻遂川城是1928年8月30日至9月8日，共计10天。

8月中旬，红军大队在郴州失利的消息传回井冈山，毛泽东立即率领第三十一团三营前往湖南迎接返回的红军大队。是月23日，三营与红军大队在湖南桂东会合后，取道崇义、上犹、遂川返回井冈山。30日，毛泽东、朱德率部进入禾源，将尾追的国民党军赣西独立第七师刘士毅部击败，毛泽东第二次率领工农红军进驻遂川县城。9月8日，毛泽东率部返回黄坳，对参加黄洋界保卫战的遂川赤卫大队进行慰问。

毛泽东率兵第三次进驻遂川县城是1928年9月13日至26日，共计14天。

赣敌刘士毅不甘心禾源失败，又以5个营的兵力尾追至遂川，并占领了遂川城。毛泽东闻讯，立即在黄坳召开会议，决定将计就计，回头吃掉这股赣敌，收复遂川。9月12日，毛泽东、朱德率领红三十一团三营和遂川赤卫队二分队从黄坳出发。13日，毛泽东率部在县城至雩田一带与敌展开激战，打垮刘士毅部五个营的兵力，毛泽东带领红军第三次进驻遂川县城。毛泽东在《井冈山前委给中央的报告》中写道："我以四营进攻刘士毅，破之于遂川县城，缴枪二百五十支，俘营长、连长各一名，排长三四名，士兵二百余，余部退赣州。"遂川大战，扭转了"八月失败"所造成的被动局面，为恢复井冈山根据地创造了十分有利的条件。

毛泽东率兵进驻遂川县城后，领导红军大队行动委员会和遂川县委，兵分四路，分别到雩田、巾石、碧洲、草林等地开展游击活动，发动群众，分配土地，建立党组织和红色政权，筹措红军给养。24日，赣敌李文彬部二十一旅和刘士毅残部向遂川合围。敌我力量悬殊，毛泽东于26日率部主动撤离遂川，回师井冈山。

1929年1月，湘赣2省军阀调集6个旅18个团，以对红军总兵力不到6000人的5倍之众，分5路向井冈山汹汹扑来。为保存革命力量，14日，毛泽东、朱德率领红军主力3600余人撤离井冈山，从茨坪、小行洲出发，经大汾、左安向赣南进军，开辟赣南闽西革命根据地。

毛委员巧改地名

薛荣光

话说1927年的一个傍晚，天下着小雨。一位高个子率部从湖南进入遂川七岭。此时，天色已晚，一行人来到吊槟桥头的一间店铺借宿。高个子轻轻敲了敲门，操着浓厚的湖南口音说："老俵啊，老俵……"

店老板打开门，见是一位穿着旧长衫的陌生男子，身后站着十来个穿着不一，个个头戴五角星军帽，荷枪实弹的士兵。店主顿时心里咯噔一下。高个子见这个老实巴交的店主有些惊慌的样子，和气地笑着说："老表哥，能住店吗？"店主很难为情地说："老总啊，我这个店铺小，住不下这么多人呀。"

高个子说："老表哥呀，我们是工农革命军，是穷人的队伍，我们借你宝店打个盹就行嘞。"店老板顿时觉得心里踏实多了，连忙点头称好。高个子接着说："铺少莫要紧呀，借你两扇门板打个地铺就行啰！"

随后高个子问道："老板，您贵姓呀？"
店主答："免贵免贵，鄙人姓戴，戴斗笠的'戴'。"
高个子听后笑逐颜开："真是有缘分哟！"
店主以为对方也是姓戴，说话很和气，心里有了几分亲近感，又见他像个教书先生，就让他们进了铺里。

只听高个子接着说道："你的姓氏中有我的姓，我的姓氏现在还少，过两年就多得很啰！不过，你的姓也少不了我的姓。"

店主摇摇头，不明就里。高个子看出他的心思，一边用食指沾着水在桌子上写，一边说："你的姓中有土有田有戈，你老祖宗开始有土有田的，后来被土豪劣绅抢去了。所以，你要和共产党一道消灭国民党反动派，打倒土豪劣绅，到那时，你们就能要回老祖宗的田地。你的姓与我们有缘。"

店主听了连连点头称是，觉得此人非等闲之辈。正巧有哨兵前来报告，口中喊道："毛委员。"店主这才如梦初醒，眼前的说话之人原来是穷人的大救星毛委员。

不知不觉交谈至深夜，大家劝毛委员休息。可店主哪睡得着，反复思量着，觉得共产党的军队就是与众不同，在这里开店这么久，特别讨厌那挨户团，在店里白吃白拿，强抢豪夺……店主越想越气愤，决定要跟毛委员去闹革命。他一大早就起来，看见毛委员盘腿在地铺上查看地形图，便鼓足勇气跟毛委员说，打算把店退了，跟毛委员当兵去。

毛委员高兴地说："你想好了？"

店主急忙说道："想好了，想好了！我还有个儿子，在大汾家里，长得顶结实的，也跟你们去。"

毛委员听了点点头，一边点燃"喇叭卷"深深吸了一口，一边说："你留在这里做我们的秘密交通员吧，帮我们接送情报。"接着走到炉灶旁，捡起一根黑木炭，在店铺的窗沿下写下"戴家埔"三个大字，对店主说："你这店就叫'戴家埔'吧。"

店主读过几个月私塾，粗通文墨，但他还是不解地问："毛委员，为何写土字旁的'埔'，应是'金'字旁的铺呀？"

毛委员诙谐地说："这个字意义大着哟，这个埔字难得呀！为何用'埔'而不用'铺'呢？我睡的是地铺，所以改写为土字旁；你让我安全地睡上好觉，将来我要分给你一份土地；我们为的是进行土地革命，所以舍得一切去争取这个难得的土地，有土地大家才能生存。"毛委员顿了顿又说："这个秘密只有革命军才知道嘞，过去你们这里叫河下吊竿（方言为槟）桥头，这吊槟桥我以后还要调十万百万的兵到这里来！"毛委员诙谐幽默的话让店老板听得浑身是劲，赶忙用一张黄牛皮小心翼翼地将"戴家埔"三个大字覆盖好。

　　早饭后，毛委员召集地方党组织负责人开会，布置了建立秘密交通站等工作，把这店铺作为进军江西的第一个交通中心联络站，并商定好了接头暗号。来人问：这里是吊槟桥吗？回答：这里是戴家埔。问：哪个埔呀？答：土字埔。即算对上了暗号。从此，戴家埔成了革命军的秘密交通站，承接着戴家埔至大汾的情报，戴老板的儿子负责传送情报，后来他改名为戴承接。

　　自那以后，"戴家埔"就代替了吊槟桥头的地名。戴家埔这个地名后来被载入毛泽东《井冈山的斗争》光辉著作中。

创建遂川县工农兵政府

佚 名

1928年1月24日,遂川县泉江镇李家坪格外热闹,一万多工农群众在这里集会,庆祝遂川县工农兵政府的成立。遂川县工农兵政府设在万寿宫,这是一座土木结构的建筑,这座历史的丰碑,记载着当年在毛泽东的领导下遂川工农群众翻身掌权的光辉业绩。

遂川,是井冈山革命根据地的南大门。1928年1月,为了进一步扩大井冈山革命根据地和策应万安暴动,毛泽东率领工农革命军向遂川进军。1月5日,工农革命军打垮肖家璧靖卫团和王均部工兵连后,首次占领了遂川县城。

工农革命军来到遂川后,遂川籍共产党员陈正人、王遂人、王次榛等人纷纷返回遂川。毛泽东亲自主持召开了遂川县第一次党员大会,建立了中共遂川县委,陈正人任县委书记。接着毛泽东又率领部队分三路下到草林、大坑、雩田等地,开展打土豪、筹款子、建立地方政权的斗争。在区、乡政权普遍建立起来后,1月中旬,毛泽东指示县委应尽快做好成立遂川县工农兵政府的筹备工作。

1月21日,毛泽东从草林回到县城,立即约见县委书记陈正人,听取县委对县工农兵政府筹备工作的情况汇报。当陈正人谈到有些人不知工农兵政府是干什么的时,毛泽东提出,成立工农兵政府是遂川人民自古以来未有的大事,有些老俵对我们这个政权还不太了解,因此,首先要把我们的主张宣传出去,让广大群众知道我们这个政府是干什么的。毛泽东同时嘱咐陈正人赶快起草一个纲领,并对纲领应包括的内容作了具体指示。

按照毛泽东的意见，陈正人用两天时间写好了一份《施政大纲》，呈送毛泽东审阅。为了使大纲更加通俗易懂，毛泽东对其中的一些条文作了修改，比如把"废除聘金聘礼，反对买卖婚姻"改为"讨老婆不要钱"，把"废除土豪的债务"改成"借地主的钱不要还"，把"反对虐待儿童"改成"反对大人打小孩"。修改后的施政大纲，称《遂川县工农兵政府临时政纲》，内容包括政治、经济、军事、文化、土地、生产和人民群众生活等七个方面，共三十多条。1928年1月下旬《遂川县工农兵政府临时政纲》印成布告，中国历史上第一部县级无产阶级政权的施政纲领便诞生了。

1928年1月24日，是个大晴天，一万多人参加了遂川县工农兵政府的成立大会。大会主席台两边木柱上，贴着一副经毛泽东修改的对联，上联是："想当年你当年剥削工农，好就好，利中生利；"下联是："看今朝我今日斩杀土劣，怕不怕，刀上加刀。"毛泽东坐在主席台中间，毛泽覃、陈正人等领导分坐两旁。上午十时，大会主席陈正人宣布遂川县工农兵政府成立，并宣读了《临时政纲》和组织机构名单。"下面，请毛委员讲话。"陈正人话音刚落，台下顿时响起了雷鸣般的掌声。

遂川县工农兵政府实行委员制，由工农兵代表大会选举产生委员若干人，组成人民委员会，设主席一人。政府下设土地部、财政部、教育部、军事部、裁判部、秘书室。办公地点设万寿宫。

遂川县工农兵政府成立后，领导全县工农群众打土豪、分田地、建立武装、发展工农业生产、兴办文化教育卫生等各项事业，成为人民真正当家做主的政权，是边界红色政权的一面旗帜。

遂川县工农兵政府建立时，正值旧历过年，翻身的群众欢欣鼓舞，唱着歌谣：

过新年，过新年，今年不比往常年。

工农革命军来了，又分谷子又分田。

过新年，过新年，今年不比往常年。

打倒肖家璧，活捉罗普权。

过新年，过新年，今年不比往常年。

高举红旗开大会，穷人翻身掌政权。

横空面世"十二字诀"

彭石生

1928年1月中旬,工农革命军前委和遂川、万安两县县委在遂川县立第一高级小学教室内召开联席会议。会上,毛泽东首次提出了"敌来我退,敌驻我扰,敌退我追"的十二字游击战术原则,像千里戈壁迷途的行者蓦然看见了路标,"十二字诀"的横空面世,成为红军在艰难环境中生存壮大、克敌制胜的法宝。

在实践中出奇制胜的"十二字诀"是如何形成的呢?历史老人向我们呈现出真实的一页。

1927年10月,毛泽东率领湘赣边秋收起义部队来到井冈山区后,以宁冈为大本营,分派部队四处游击,实行工农武装割据,至1928年2月,先后攻下了茶陵、遂川、宁冈三个县城,取得了丰富的游击战经验,提出了"分兵以发动群众,集中以应付敌人"的原则。在游击战争的实践中,毛泽东不但善于运用古代兵家著作中的理论知识,而且善于吸收井冈山与绿林武装的盘旋经验,并加以改造和提高,形成新的独特的游击战术。他对井冈山绿林朱孔阳(朱聋子)的"打圈子战术"的改造,就是一个例证。据一位井冈山老红军回忆说:"1928年12月,工农革命军攻打茶陵撤到湖口地区时,毛泽东就曾向部队官兵讲述了战术问题:'战无常法,要善于根据敌我情况,在消灭敌人保存自己的原则下,抛掉旧的一套,来个战术思想的转变。打仗也像做买卖一样,赚钱就来,蚀本不干……他还由此及彼讲到走路问题:走路两三岁小孩也会,可是对于打仗,走路是一门好大学问。'他举了个例子,从前井冈山有个老土匪,和'官兵'打了几十年交道,总结了一条经验:'不要会打仗,只要会打圈。'毛泽东说打圈是个好经验,当然土匪打圈是消极的。我们要改它一句,既要会打圈,也要会打仗。打圈是为了避实就虚,歼灭敌人,使根据地不断巩固扩大。强敌来了,领他兜几个圈子,等他的弱点暴露出来,就要打得准,打得干脆利落,要有缴获。最后他笑着说:'打得赢就打,打不赢就走,赚钱就来,蚀本不干,这就是我们的战术。'"很显然,毛泽东先前提出的"既要会打圈,又要会打仗""打得赢就打,打不赢就走",就是他对游击战术的最早总结,具有"敌进我退,敌疲我打"的含义。

"十二字诀"后来发展成"十六字诀",其中也蕴含了朱德的游击战争经验。朱德曾经说:"过去从1911年辛亥革命开始。在同川、滇和北洋军阀等打仗,打了好几年,总是以少胜多。在军事上的主要经验,就是采取了游击战争的战法。记得在莫斯科学习军事时,教官测验我,问回国后怎样打仗,我回答:"战法是'打得赢就打,打不赢就走''必要时拖队伍上山'"。1928年4月,朱德与毛泽东会师后,适逢江西敌军频频"进剿",朱德以其深厚的军事素养和作战经验,率领部队于5月间连续取得了五斗江、高陇、草市坳、龙源口等战斗的胜利。这些战役,有的运用了突击战,有的是伏击战,实际上都运用了"敌进我退,敌驻我扰,敌疲我打,敌退我追"的战术。

"十六字诀"最早见诸历史文献记载的是毛泽东于1929年4月5日在瑞金起草的《前委致中央的信》。这封信第一次完整地记载了"十六字诀"和其他游击战术。他在信中说:"我们三年来从斗争中所得的战术,真是和古今中外的战术都不同。用我们的战术,群众斗争的发动是一天比一天扩大的。大的说来是:'分兵以发动群众,集中以应付敌人。''敌进我退,敌驻我扰,敌疲我打,敌退我追。'固定区域的割据,用波浪式的推进政策;强敌跟踪,用盘旋式的打圈政策。很短的时间,很好的方法,发动很多的群众。这种战术正如打网,既要随时打开,又要随时收拢。打开以争取群众,收拢以应付敌人。三年以来,都是用的这种战术。"

在提出游击战争"十二字诀"的前委和万安、遂川县委联席会议上,毛泽东还对国内外形势作了深入分析,批判了陈独秀的"右"倾悲观情绪,指出了共产党当前的斗争任务。这次会议是井冈山根据地初创时期毛泽东亲自指导召开的一次重要会议。会上提出的游击战争"十二字诀",在粉碎敌人历次会剿,巩固革命根据地斗争中发挥了重要的作用。

三项纪律、六项注意的产生

李梓文

在创建井冈山革命根据地的斗争中,毛泽东根据斗争、生活条件艰苦,部队内部兵士成分来源复杂的情况,为了正确处理好军民关系,开创革命根据地,赢得革命的胜利,继1927年10月为部队制订出"三项纪律"后,1928年元月在遂川县城又为部队制订出言简意明的"六项注意",作为红军官兵行动的准则。

秋收起义后,毛泽东带领起义部队向萍乡、莲花、永新一带转移,在永新三湾从组织上对部队进行了改编,建立了党的组织,加强党对军队的领导。毛泽东根据群众的反映,每天都和部队讲话,要求沿途写大字标语,大家说话要和气,买卖公平,不拉伕,请来伕子要给钱,不打人,不骂人……可是环境困难,战士们肚子饿了,拿老百姓一个红薯,一个鸡蛋的事还很多。向地主土豪筹款,大家乱拿一阵,有的还拿到贫农和小商人头上去。特别是有一部分战士非常散漫,不听指挥,乱说乱动,侵犯群众利益。那时党员的水平不高,也无法说服和制止这种行为。这些日子,毛泽东经常在战士队伍中间行军,一边走,一边和战士们聊天,了解情况,并且给他们讲些必须依靠群众的道理。

部队沿湘赣边界向南行动,路经江西遂川大汾,遭到敌人的伏击,担任前卫的三营被隔断,继续南去。一营和团部集合起来,决定上井冈山同王佐部队会合。当晚就在荆竹山一个小村子里宿营,毛泽东住在一栋土房子里。

第二天早晨，部队在村路边集合，大家知道今天就要进山了。这时候，毛泽东走到部队前面，站在路边的石坎上开始讲话，乱哄哄的三四百人顿时肃静下来。他首先给大家介绍了身边一个身穿长袍头戴礼帽身材不高的人，他是王佐派来的代表，欢迎部队上山的。

接着，毛泽东简略地介绍了井冈山的情况。又说，今天，我们就要上井冈山，要在那里建立根据地，大家一定要和山上的群众搞好关系，和王佐的部队搞好关系，做好群众工作，没有群众的支持，根据地是建立不起来的。于是毛泽东宣布了三项纪律：第一、行动听指挥；第二、打土豪筹款子要归公；第三、不拿老百姓一个红薯。并对为什么要规定三项纪律，进行了具体解释。这一宣布和解释，给大家的印象十分深刻，认识到以前的一些行为是违反纪律的。

1927年11月中旬，工农革命军第二次攻克茶陵县城后，由于没有经验。只是派了谭梓生同志当县长，县政府的工作仍沿用旧政府的样子升堂审案，收税纳粮……部队自身建设也沿用旧军队那一套，每天除了三操两讲二点名，站岗放哨外，很少进行政治活动，也不去做发动和组织群众的工作。部队的给养，也像旧军队，通过商会向各商铺摊派。这一段时间，部队乱得很。1965年，毛泽东旧地重游时，在茶陵县委机关院内漫步时对张平化同志说："部队1927年占领茶陵县城时没有纪律……"

1928年元月，工农革命军出师遂川，在大坑宿营时，有的战士竟把药铺里的名贵药材拿了私藏起来。部队进入县城分兵下去后，有些战士借了老乡的门板、稻草睡了，离开时没有及时送还给老乡，使老乡在许多同样的门板中，要找到自己家的门板很不容易。在打土豪时个别战士见有适用的小东西就私自拿用了；打仗时，见着俘虏就搜腰包，如此侵犯群众利益不守纪律的现象不时在部队出现。为了建设好这支军队。1928年元月25日，在遂川县城李家坪为部队再次分兵下乡做群众工作而召开的大会上，毛泽东向部队提出了"六项注意"：一、上门板；二、捆禾草；三、说话和气；四、买卖公平；五、借东西要还；六、损坏东西要赔。并逐条作了解释，要求全体干部战士把"六项注意"牢记心头，贯彻到行动中去。

为了保证"六项注意"的贯彻执行，当时还规定了纪律检查制度，部队每到一地离开时都要检查，看门板上了没有，稻草捆了没有，地扫了没有。为了牢记"六项注意"并对照检查，战士们有的把"六项注意"写在住地的墙壁上，有的写在自己的包裹布上。通过对"六项注意"的贯彻执行，部队遵纪爱民的风气逐步形成。

1928年3月上旬，湘南特委代表周鲁到达宁冈，指责边界"烧杀太少！行动太右！"将前委取消，改组为师委，何挺颖任书记，毛泽东任师长，调部队去策应湖南暴动。部队于29日到达桂东四都一带，因受"左"倾盲动主义的影响，部队中出现了违反纪律的现象，烧土豪的房子时，把穷苦百姓的房子给烧掉了，打土豪时，曾出现过将老百姓新媳妇的嫁妆，当土豪劣绅的财物加以没收的事情。老百姓因为怕兵，看见军队就跑，结果抓了很多农民，连给挨户团做过事的木匠也抓走了，在抓土豪劣绅时甚至还误抓老百姓。这些都在群众中产生了极坏的影响。4月3日，毛泽东在桂东沙田圩召开了工农革命军和沙田农民赤卫队员、少先队员大会，毛泽东根据部队出现的一些违纪现象，正式向部队宣传了工农革命军的"三项纪律、六项注意"，阐述了没有纪律就不成军队，没有统一指挥就不能打胜仗的道理。5月4日，朱、毛会师。在宁冈龙市召开的红四军成立大会上，再一次重申了"三项纪律、六项注意"。从此"三项纪律、六项注意"成为井冈山革命根据地的重要法宝，深得红军官兵的拥护、根据地人民的欢迎。当年，边界还流传着这样的红色歌谣："红军纪律真严明，行动听命令；爱护老百姓，到处受欢迎，遇事问群众，买卖讲公平，群众的利益不损半毫分。"

"三项纪律、六项注意"，是毛泽东对红军的斗争实践加以总结的产物。它对于人民军队的建设，对井冈山革命根据地的建立、巩固和发展，都起到了积极的作用。

草林红色圩场的复活

佚 名

　　毛泽东率领工农革命军攻下遂川城后,离县城不远的草林圩突然"死"了。土豪劣绅四处放风,说共匪要烧杀抢掠,共产共妻。生意人卷着细软跑了,老百姓也纷纷躲藏起来,草林圩冷冷清清,一片萧条。

　　草林圩位于遂川县城西北方23公里处,是湘赣边界大圩场之一,有"一唐江、二营前、三草林、四大汾"之称。它地处交通要道,东临县城,南通唐江、赣州,西邻湖南,北靠黄坳,是我县西南地区土特产和日用品的主要集散地。每逢农历一、四、七,方圆近百里的群众便挑着农副产品前去赶圩,草林圩在群众的生活中占有十分重要的地位。

　　1928年的草林圩,有下街、阎王街、河边街、潭前街;圩上有600多户人家,200多家店铺,整个圩场房屋高矮不一,鳞次栉比,簇拥成几条街。但多为豪绅地主所垄断,圩上最大的豪绅黄礼瑞不仅有盐店、布店、油行、鸦片馆等大店,还霸占七千担良田、几千亩山林,并在草林筑了碉堡,组织了一支有二十多条枪的地方反动武装。黄礼瑞与遂川县最大的反动武装头目肖家璧串通一气,狼狈为奸。他依仗肖家璧的势力,在圩镇周围的交通要道上设立关卡,强行抽税。单是从黄坳到草林这七十里路上,就有五道税卡。广大贫苦农民辛辛苦苦生产出来的一点东西,指望拿到圩镇上换一点食盐和棉布,可是经重重关卡的盘剥,到了圩镇便所剩无几了,贫苦

农民的血汗钱流进了土豪劣绅的腰包。所以,老俵们说:

逢圩莫逢草林圩,沿路关卡数不尽;

草林圩上走一圈,流尽穷人血和泪。

在草林分兵发动群众的是连长曾士峨,党代表罗荣桓率领的九连,他们来到草林圩,看到所有店铺关门大"吉",店门上贴着"存货已空,改行务农"的字条,街上行人稀少。面对这样的情况,曾士峨和罗荣桓不免有些犯愁。

来草林圩之前,毛委员对他俩说,"这次下去,切莫性急,一口难吃热糖包。慢一点,稳一点,耐心做群众工作局面总会打开的。"于是罗荣桓命令宣传队打起红布小旗,分头深入到各村,宣传群众,开展社会调查,执行群众纪律,想方设法突破口子。圩镇和各村到处贴满了"打倒土豪劣绅!""保护中小商人""取消苛捐杂税!"等标语。

同时,工农革命军查封了黄礼瑞隐藏的大批布匹、几万斤食盐、大量的茶油和难以数清的日用百货,并把黄礼瑞典当铺里的衣被、首饰等典押品全部退还物主,还发动群众到他家里没收大量屯粮及浮财。

为了彻底揭穿土豪劣绅的反动宣传,打击黄礼瑞等土豪劣绅的破坏活动,根据毛委员的指示制定了保护工商业,团结中小商人的政策:对一般的地主兼商人,只没收其封建剥削部分,商业部分不动;对民愤特别大的土豪劣绅,在没收他的商店时,要出告示宣布他的罪状。毛泽东还谆谆教育工农革命军要大力向群众宣传:保护中小商业者,对他们的东西连一个红枣也不能动。这一政策得到了中小商人的拥护,草林圩开始复活了。

根据打击豪绅和保护中小商人利益的政策,工农革命军带领群众打掉黄礼瑞在各处设立的税卡,接着又将草林圩上几个大豪绅开设的"四美""大兴""元丰""四盛""新发"等大商号全部查封没收,共缴获布匹七百多里,银元两万多块。

1月10日,毛委员来到草林圩,革命军把打土豪缴来的粮、油、布等生活用品分给群众，竟然没有人敢要。毛委员说，这种现象说明我们的工作还没有做到家哟。快过年了，把东西挨家挨户送去，让群众过个好年。

1月16日，是草林逢圩的日子，又是农历十二月的小年。从四面八方赶来逢圩的农民小商小贩络绎不绝，圩上人来人往，热闹非凡，工农革命军借此机会在草林万寿宫召开了群众大会，会场上贴了"保护商人利益"、"允许自由贸易"等标语。万寿宫的柱子上还贴了一副醒目的对联：为革命而牺牲死当欢笑；救工农出水火我应勤劳。毛泽东在会上用通俗易懂的语言，号召群众团结起来，打土豪分田地，建立红色政权。从此以后中小商人纷纷把藏起来的货物全部搬出来交易，跑到乡下的商人也全部回来营业了。周围百里内外的黄坳、大汾、左安、下七、堆前的老俵都挑着农副产品前来赶圩，南康、上犹、湖南、福建、广东等地的行商走贩也赶来草林做生意，逢圩人数常常达到两万，整个圩场热闹非凡，商货如云，一派繁荣景象。

草林圩复活了。

毛泽东创建红色圩场的事，在他的《井冈山的斗争》一文中这样写道："村圩上逢圩（日中为市，三天一次）到圩两万人，为从来所未有。"

红色圩场的创建，蕴含了毛泽东和他的战友多少心血！

红六军团西征之谜

何小文

军龄不长,"身世"却坎坷曲折

与当时红军任何一支军团级队伍相比,红六军团显然都是个"小字辈"。首先,她兵龄短:她的前身是工农红军第十七师,十七师的前身是红八军,红八军的前身是湘赣省独立第一师和第三师,而这两个独立师的前身则是湘赣边界地方武装。湘赣边界地方武装的发展是在中国工农红军第四军接连打破敌军对井冈山根据地的多次"进剿",根据地形势为之一变,边界有条件发展地方武装力量的情况下组建起来的。她的基本组成包括井冈山区游击队、茶陵游击队、安源工人纠察队和醴陵游击纵队等队伍。别看她兵龄不长,可这支队伍在政治上继承了井冈山红军的优良传统和作风,并在井冈山斗争中多次打败敌军的战斗中发展壮大起来的,是建立、巩固、扩大井冈山根据地的生力军,是驰骋罗霄、克敌制胜、闻名湘赣边界的一支英雄部队。其次,她成员少。1931 年,湘赣省独立第一师和第三师组建时,两个师不到 2000 人。直到成立红八军后,总人数也不到 3000 人。但这支部队与兄弟部队会攻赣西南重镇吉安城时,官兵们作战十分骁勇;1932 年 10 月又设伏湖南茶陵至莲花县边界的九渡冲,奔袭棠市镇,20 天连胜两仗,俘敌近 3000 人;1934 年1 月,成立不久的红六军团奉中央军委之令,由萧克率领部队北上破袭南浔铁路,在国民党军 46 个整团兵力围追堵截中,率部 4000

余人，纵横驰骋，历时2个月，行程1250余公里，在极其艰难的条件下，灵活作战，击溃国民党军6个团及许多保安团队，捣毁敌人无数碉堡和据点。

自此后，该部威名大震，县区武装到该部参军参战的日益增多，部队旋即增至4000余人。不过，直到长征出发前，整个红六军团共辖十七、十八两个师，有官兵9000余人，仍不足一万。然而，就是这支弱小的部队，在中国共产党的直接领导下，在人民群众的大力支持下，以罗霄腹地为战略依托，正确地运用"朱毛"红军的战略战术，使部队经历了无数腥风血雨的磨炼，继而从无到有从小到大，渐渐地成长为中国红军中的一支劲旅。

三打井冈不克，长使英雄泪满襟

1930年2月，井冈山大王"袁、王"被错杀后，袁文才部以谢角铭为首，王佐部以王云龙为头收拢残部，联名"电告反赤"，后在国民党当局的扶持下发展到700多人枪，分别盘踞于茅坪、茨坪、大小五井一带，完全掌握了过去红军赖以最后据守的井冈山军事根据地。

井冈山军事堡垒为敌所占，对于湘赣边界的革命斗争极为不利，不仅破坏了井冈山武装割据的地域连接，而且等于在红军的胸口上插了一把刀，具有很大的威胁作用。1933年6月中旬，湘赣红军第十七、十八师在永新沙市合编成红六军团，原红八军改为十七师，师长萧克，政委蔡会文（不久由王震担任）。为拔去井冈山上这枚"毒钉"，7月21日，萧克奉命率第十七师向井冈山进军。当所部攻击到黄洋界脚下的大陇一线时，遇顽敌反击，部队虽然全歼国民党王东原一营并击毙敌营长，另击溃一团，但部队进攻受阻，只好抱憾而撤，此为一打井冈；8月，萧克又率十七师向大陇进攻，力图收复大小五井、茨坪等地，但王东原第十五师派两团兵力增援激战于葛田，第十七师因伤亡很大后退出宁冈，此为二打井冈；9月2日，蔡会文亦率红第十七师与王东原部在下水湾激战，后退新城、七溪岭一带袭扰敌人；9月25日，萧克、蔡会文再次率红军学校学员及宁冈地方武装，在广大群众的积极配合下，夺取新城、蕉陂、白石、上坑等地。并分兵向茅坪、大陇进击，尽管在茅坪歼国民党第十五师的张旅、陈团大部，但仍未伤对方元气，敌兵一时与红军成对峙状态。加之后来敌我态势骤然发生变化，井冈山的红米饭哺育出的这支英雄部队只得忍辱含悲，怅然而返，此为三打井冈。

新中国成立后，萧克两次重上井冈山，1991年深秋是萧克将军的最后一次井冈行，他追忆起当年随朱德、陈毅率领的南昌起义部分部队和湘南农军来到井冈山，与毛泽东同志领导的工农革命军会师，随即投入到轰轰烈烈的土地革命斗争中。1933年又曾数次率部攻打井冈不克的情况时，眼里闪着泪花，心情是那么地感慨和激动不已。

挥手自兹去　西征路迢迢

1934年7月初，湘赣省苏区的中心区域国民党占领，由湘赣苏区和湘鄂赣苏区红军主力组成的红六军团已处于危险境地。为保全这支部队，同时为给即将进行的中央红军主力突围转移"探路"，1934年7月23日，中共中央和中革军委给湘赣苏区红六军团下达训令，命令红六军团离开现在的湘赣苏区，转移到湖南中部去进行游击战争，创立新的苏维埃区域，并规定了西征的路线、地域和行动计划。

1934年8月7日，虽然酷暑难当，但当红六军团即将告别苦心经营6年之久的井冈山，官兵们颇有"风萧萧兮易水寒，大丈夫兮一去不复返"之悲壮情怀。他们将能搬得动、带得走的物品全都捆绑好，在井冈山军民依依不舍，显得非常沉闷的气氛中，按照军团长萧克、党代表任弼时、军团政委王震的指令，从遂川县横石和新江口地区出发，开始漫步长征路。因大敌当前，加之时间紧迫，容不得红六军团官兵们儿女情长，部队迅速突破遂川县衙前、五斗江敌军封锁线，8月12日，到达湖南桂东县寨前。国民党西路军总司令何键为防止红军深入湖南,急令刘建绪指挥第15,第16两师由永新地区尾追;并令第19师第55旅及4个保安团设防拦击,企图与北上的粤军相配合,消灭红军于湘南地区。由于军情的变化,红六军团决定放弃在湘南发展游击战争的原计划,乘国民党军部署尚未形成之际,迅速西进。9月3日,在广西灌阳以北的文市地区,红六军团击溃进剿军8个团的进攻。4日,红六军团从广西全州界首渡过湘江后,9月8日接到中革军委令,要其吸引更多的敌人到湘西北,以直接配合中央红军即将突围长征的行动。红六军团遂从广西西延县(今资源)的车田出发,向西疾行,翻越湘桂交界的老山界,进入湖南城步大南山区。17日乘虚袭占通道城。19日,在靖县的新厂地区,红军给尾追之湘军补充第2总队两个团以歼灭性的打击。尔后红军继续西进,通过贵州锦屏、黎平县境,进入了苗、侗两族聚居的清水江流域。红军在苗、侗广大群众协助下,顺利地渡过清水江。26日,红军在贵州清江县(今剑河)地区击溃追剿军后,经镇远、台拱(今台江)县境进至黄平的瓮谷垅地区。这时,湘桂两军尾随跟追,黔军设防堵击。红军为迅速摆脱追剿军,于10月1日在施秉、黄平之间突破黔军防线,乘虚占领黄平县城(今旧州镇),继续向石阡前进。7日,红军进至石阡西南之甘溪街与桂军第19师遭遇,战斗失利,红军一部被隔断(该部后与红三军会合),主力被迫向东南转移。尔后在施秉的大庆地区遭到国民党军的拦击。红军又被截断一部。此时,红六军团处于各追剿军20多个团的包围之中,情况十分严重。为摆脱困境,红军利用山高林密,采取灵活的游击战与追剿军周旋,经过十多天的艰苦转战,终于在石阡以南突破国民党军的封锁线。红军第3军领导人贺龙、关向应等在得知红六军团的情况后,亲率红三军主力南下接应。10月24日红六军团主力在贵州省印江县的木黄与红三军胜利会师,完成了战略转移的任务。

　　红六军团突围西征近80天,行程5000里,冲破敌人的围追堵截,实施了战略转移,起到了为中央红军主力进行掩护、侦察、探路的作用。

横石启程西征远

周慧芬

　　新江乡横石，是遂川县西南部的一个不大的村庄。这里四面环山，林木茂密，往西南步行几小时便可到达井冈山茨坪。七十多年前，红六军团在任弼时、萧克、王震的率领下，从这里突围西征，拉开了二万五千里长征的帷幕。

红六军团欣然受命　秘密进驻新江横石

　　红六军团是1929年1月由红四军留在湘赣地区的游击队、赤卫队和湘鄂赣地区部分地方武装组建起来的一支新部队。1933年6月在永新组成，下辖三个师，即湘鄂赣十六师、湘赣十七师和十八师。萧克是十七师师长，王震是十八师政委。军团新成立时只是师级建制，没有设置军团领导机关，也没有向下宣布军团番号。

　　为了打破敌人围剿，1934年1月，萧克率领十七师北上湘鄂赣，两个月里通过了二千五百里的白区和五百里赤区。敌人调动了四十六个团的兵力，进行围追堵截，十七师英勇作战，打垮了敌人的六个团，冲破了敌人五次大兵团的战役包围，烧毁了敌人无数的碉堡。红十七师北上后，湘赣苏区只留下十八师和红四分校的学员，战斗力比较单薄，敌人趁机向湘赣苏区根据地的中心永新进攻。永新被敌占领，主力红军不得不撤到永新南面的牛田碧江洲一带方圆数十里的狭小地区。主力红军离开永新后，计划第二次恢复井冈山根据地。于是一部分红军部队和红军学校进入了井冈山。7月中旬，红六军团分兵向遂川县的五斗江、衙前等地进发,并秘密进入了新江乡的横石村,在这里安营扎寨,进行整训。横石村顿时遍地一片红,家家户户住满了红军。

中央七月来电　决定战略转移

面对打破第五次"围剿"希望破灭的严重情况,党中央、中革军委开始作退出中央根据地的准备。1934年7月23日,中央和中革军委致电湘赣省委,指示红六军团离开湘赣苏区,转移到湖南中部去发展游击战争及创立新的苏区。中央来电还对红六军团向湖南发展的路线、地域和行动作了具体规定,对这次行动的组织领导也作了安排:任弼时为中央代表,并与萧克、王震三人组成军团的军政委员会,任弼时为主席。

红六军团在接到中央来电指示后,立即在横石等地进行了积极的转移准备工作。军团首长日夜开会,任弼时主持召开了全军政工会议,并作了重要报告,分析了目前形势,传达了任务,指出了有利条件和困难。接着又作了西征的总动员。军政委员会对这次转移也作了周密的部署:首先是精简机关,充实基层,军区一级机关与六军团直属部队合并,抽调一部分干部到基层,把各级领导班子配备齐全。其次,清理医院的伤病员,动员能够随军行动的伤病员,跟随部队转移,不能行动的,也作了安置,还动员回家的战士归队。部队还实施了行军、侦察、警戒的教育,并从地方上抽调二百五十名干部,组成随军工作团,负责行军宣传以及打土豪、分财物等工作。战士们也个个忙着打草鞋,备干粮,出发前每个人备好五双草鞋,三五天的干粮。军团经过补充和整顿,人数也达到九千七百多人。

独立四团探路　改变原有路线

红六军团准备西征,必须考虑由江西转移到湘南的路线。原打算夜行军进入井冈山,先占领井冈山的重要哨口以封锁消息,然后迅速进入湖南抢渡潇水和湘江,这样就可以出其不意地到达湘黔边境。但当时井冈山的群众由于农民自卫军首领袁文才、王佐被错杀，对红军产生了疑虑，红军对能否守住井冈山哨口且不走漏消息没有把握。

为了弄清这个问题，红六军团领导派独立四团前去探路。独立四团接受命令之后，按预定时间从牛田出发，当晚秘密通过井冈山，第二天拂晓到达黄洋界哨口，部队隐蔽在树荫下。从山上往下看，敌人部队移动的情况一目了然。敌人显然已经得到了情报，正在有部署地向黄洋界哨口移动。团领导商量后一致认为，黄洋界工事已荒废，部队没有工具，无法及时修筑工事，附近也找不到一个群众能帮助解决困难；加上敌众我寡，粮草不足，所以哨口是守不住的。于是下令回撤。为了不让敌人发现，部队撤到小井后山密林中，披荆斩棘，辟出一条小路，最后绕到鄱县县委的所在地十都的东西坑，在那里通过县委的交通员送信，向红六军团报告了情况。经过独立四团的这次试探，经中革军委同意，红六军团放弃了通过井冈山转入湖南的行动计划，并决定在八月初提前突围西征。

横石起程西征　拉开长征序幕

1934年8月7日，红六军团十七师、十八师各三个团共九千七百多人在独立四团的引导下，告别了长期哺育他们的苏区人民，由遂川横石出发，翻过竹山坳，踏上了西进的征途。这次行动的目的，中革军委没有向部队的指战员说明，军团首长萧克当时也不知道，后来才从部队的行动中体会到中央红军也要西撤，中央要红六军团转移，是要他们起先遣队的作用。那时正是"秋老虎"的炎热天气，部队翻山越岭，日行百里，经过五斗江，当晚到达草林。在草林宿营一夜，打了土豪、筹了粮。次日从草林出发，经南江、左安、汤湖、高坪等地，连续突破敌人四道封锁线。敌人没有料到红军突围，沿途的碉堡非常空虚，被攻克和烧毁的不计其数。当烧毁碉堡时，指战员都高喊："烧乌龟壳呀！""烧鸡笼呀！"老百姓也都眉飞色舞地大声喊着："烧得好呀！"因为这些碉堡都是国民党军队强迫老百姓修的，老百姓非常痛恨。

8月11日中午，西征部队到达湖南桂东县的寨前圩。12日在寨前圩召开了誓师大会，任弼时正式宣布红六军团的番号和领导机关：萧克为军团长兼十七师师长，王震为军团政治委员兼十七师政委，李达为参谋长，张子意为政治部主任。

10月24日，红六军团与贺龙领导的红三军在贵州省印江县的木黄地区胜利会师。红六军团经过80多天的艰苦奋战，突破了湘、赣、粤、桂、黔五省敌军的围追堵截，胜利完成了战略大转移。这次西征红六军团牵制了比红军多十几二十倍的敌人，从全局上打乱了国民党反动派第五次"围剿"的部署，并探明了沿途敌人兵力的虚实，查明了道路情况，为中央红军离开中央苏区进行二万五千里长征，起了先遣队的作用。

萧克在双桥

吴贵源口述　秋敏整理

　　1932年底，萧克同志率领红八军从湘赣根据地的永新来到遂川桥头（今双桥乡）。

　　当时萧克将军非常年轻、英俊，白净脸皮、挺拔的两道剑眉，一对大眼睛炯炯有神。平日穿一件整洁的灰布军装，既有革命军人的豪健风度，又带有三分儒将气质。他住在街上一幢叫三福祥的房子里（天主教房产）。生活作风朴素，平易近人，对贫苦的老俵极和气，有时他会将一个在街上走过的穷户孩子抱在手上，亲热地问这问那。

　　我那时15岁，经常和一群穷户孩子到三福祥找红军战士玩。有一次，我们走到门口，一个担任门卫的红军战士笑着招呼我们："进里面去吧，今天萧克同志请你们这些娃娃的客呢。"

　　我们进去后，发现萧克同志从外边小摊上买回来好多艾米果，摆了一方桌，他一边招呼我们坐下吃，一边给我们讲革命斗争故事。

　　我向来身体单薄，加上穿的是我父亲遗下的一件破烂大褂，所以越显得瘦小。萧克同志以为我是饿得那样又黄又瘦，便一个劲叫我放开肚皮吃，临走时还将剩下的艾米果一齐塞给我。

　　不久，桥头街北面曲坑村的穷苦农民首先暴动了，在桥头打起了一面红旗。暴动队伍开到桥头街头上，他们扛着新锻造的梭镖、大刀，穿着红丝线结鼻的草鞋，个个英姿飒爽，斗志昂扬。暴动队长罗亦谋很快担任了新开辟的遂川北乡（包括今双桥、衙前、新江等数乡）苏维埃主席。整个北乡革命斗争如火如荼，到处打土豪抓劣绅、山霸,如刘莺等纷纷逃往当时还是白区的万安……

那天,红军在桥头街心的万寿宫场坪上召开群众大会,宣传革命,并将土豪劣绅家里没收来的财务分给群众。我记得那天每个与会者都得到了粮食、布料和一大块猪肉。

开完会大家正要走时,四周站岗的红军战士叫大家不要走,说萧克同志还有话讲。当时有些人心里害怕不知道还会发生什么事。

这时,萧克同志出现在台上,他笑哈哈地对大家说:"同志哥!同志嫂!天色还很早嘛,我们请大家看完戏再走哇,好不好?"

大家这才知道是请看戏,于是个个高兴地叫好。接着,红军战士给大家唱革命歌、演文明戏……直到天黑才散场。

这年冬,我向萧克同志要求加入红军。萧克同志开初说我年纪太小了,后来见我意志很坚决才同意了。我被分在二十二师机枪连。机枪连当时驻扎在街尾一家店铺里,隔壁便是师部。全连只有一挺水压马克沁重机枪。我做了弹药手。师长是谭家述,那时他年龄也不算大,虽然身穿军装,但处处仍然显出普通劳动人民朴实、粗犷的本质,满口乡土话。他有时候脾气有些急躁,火气大。但对我却特别好,细心关照,亲自给我去挑了一套合身的军装,并破例发了双份。晚上,他要我和他睡在一起,每晚和声和气地同我聊到深夜。他说他为了干革命,到现在还没有妻子、没有儿子。有天晚上他喝了酒,突然问我愿不愿意过继给他做儿子?

当时我以为谭师长和我开玩笑。过了几天,萧克同志见了我也问到这件事,我心里愿意,但嘴上不好意思说,萧克同志也没再问。

有一天,敌军两架飞机飞来轰炸,我们机枪连住的店房中弹倒塌。飞机还没飞走,萧克同志冒着危险赶来清查伤亡,他急着呼叫我的名字,我只被气浪抛开很远,并没受伤。萧克同志见我还活着,高兴极了。据说敌机这次是想炸司令部的。

由于白军和遂川当地反动民团的不断袭击,桥头没建立巩固的红色地方政权,一直处于赤白交界区状态。红军部队没有长驻桥头,经常是由永新突然取道桥头出击万安的敌人,然后又经桥头撤回永新。在部队处于频繁的奔袭运动中,谭家述同志顾不上再跟我谈那件事。

　　第二年,主力红军在东固作战,红二十二师奉命北上牵制敌人,我随机枪连由桥头抄山道到万安百嘉,未渡赣江,就传来东固战斗取得胜利的消息。我在随军返回永新途中,因患急病而被留下在一户老俵家休养,病好后没有再跟上部队。

　　事情过去近六十年,但萧克将军和谭家述同志当年的音容笑貌,仍清晰地留在我心头。

朱毛会师首战五斗江

钟书先

"哎呀来！俚（我们）来唱欢迎红军哥,消灭白狗子介样（这样）多。背枪炮、挑子弹,俚（我们）笑呵呵（重复一句）！哎呀来！亲爱的红军哥！要不是红军哥胆子大,哪能消灭白狗子这（那）样多！打土豪、分田地！俚笑呵呵（重复一句）！"

五斗江一带的群众至今还在传唱《欢唱红军胜利归来》的民歌,以此来纪念八十多年前在这发生的五斗江大捷。

故事发生在1928年。随着井冈山革命根据地的不断巩固和发展,特别是红四军的胜利诞生,使国民党反动派惊恐不安,他们加紧策划对井冈山根据地的"会剿"。1928年5月上旬,江西军阀朱培德命令杨如轩的第二十七师以永新城为据点,进剿井冈山。

永新县内群山耸立,地形复杂,山势险要,水陆两便,地理位置十分重要,它又是根据地内的第一大县。因此,它是红军进行武装割据,创造和扩大罗霄山脉中段红色政权的必争之地。为了发展革命形势,必须大力经营永新,绝不能允许反动派占着永新不走。毛泽东、朱德等同志决定打掉杨如轩。

杨如轩进入永新后,命他的第十团守城,第七十九团取道龙源口向宁冈进犯,第八十一团绕道拿山向井冈山南面的黄坳迂回,形成了对井冈山的两路夹击之势。

红军得到情报后,在龙市召开了营以上干部会议,分析敌情,研究迎敌之计。因此,会议决定红四军的第三十一团驻守在宁冈,永新两县的边界,凭着七溪岭的有利地形,阻击由龙源口向宁冈进犯的敌第七十九团;军部带红军第二十八、二十九团立即开赴井冈山南面,摆开攻打遂川的架势,乘敌不备,直奔五斗江,迂回拿山,从侧翼消灭敌八十一团,然后相机夺取永新城。

战斗部署确定后,朱德、王尔琢等立即率领二十八、二十九两个团分别从龙市、大陇、茅坪等地出发,翻过黄洋界来到了井冈山下庄、行洲等地宿营。第二天一早,红军以二十九团为先导,向黄坳进发,二十八团随后跟进。

黄坳,是一个小镇,只有东西走向的一条小街,街南靠山,街北是一条小河。上午八时,当二十九团翻过井冈山南面险关硃砂冲,顺着羊肠小道直下黄坳时,刚一出山口,突然遇到了一股敌人。原来,向井冈山南面迂回的敌八十一团派出的一个先头营,已在红军到达之前进入了黄坳街。红军二十九团立即占领街北的山头,展开兵力,袭击敌人,在黄坳街上的敌人听到枪响,慌忙抢占了街南的两个山头,敌我双方隔街对峙着。

红二十九团是由参加湘南年关暴动的湘南农军改编的。这个团虽然武器装备很差,全团1600余人,只有200多支枪,其余都是梭镖和大刀。身上穿的是五颜六色的衣服,又没有经过基本的军事训练,但士气很旺盛,个个精神抖擞,不怕牺牲。当他们进入阵地,看到对面山头上的敌人向这边打枪,指挥员一声令下,战士们像猛虎一样冲下山去,随即兵分两路,敌人慑于红军的声威胡乱放了一阵枪,就各自奔命去了。红军战士迅速冲过河去,跃上街南的山头,缴了敌人五六十支枪。整个战斗仅花了两个多小时。

被打败的敌人,急忙逃回拿山。敌团长周体仁万万没有想到自己的一个营,一开仗就遭到惨败,好似晴天霹雳,一时不知所措。但当他听说红军手拿的武器尽是梭镖时,立马神气起来,心想梭镖队有啥好怕的,这次再战,手到擒来,定能请功领赏,就立即命令全团集合。

周体仁亲自率领一千多人,从拿山出发直奔五斗江、黄坳。傍晚时分，敌人到南坑，周体仁就命令部队在邱屋至上水坡一带扎营，企图第二天来个突然袭击，消灭手持梭镖的红军，尔后直插黄坳，包围茨坪。敌人哪里知道，等待他们的是身经百战的红二十八团。

红二十八团是在敌人的一个先头营被红二十九团击溃以后赶到黄坳的。吃过午饭，军部命令二十九团守黄坳，二十八团由遂川赤卫队带路，继续向拿山方向前进，红二十八团有13个步兵连，一个迫击炮连和一个机关枪连，他们奉命急行军，路经龙洲、南旦、水溪等地，在当天天黑时到达五斗江。五斗江，是遂川县北部的一个小山镇，街上开着十来家店铺，四周是绿树葱茏的小山岗，沟沟道道，地形异常复杂。当夜，红二十八团就在五斗江的潘屋、王屋和街上宿营。部队住下后，立即深入农户，发动群众，熟悉地形，了解敌情。

第二天清晨，空气闷热，乌云翻滚，眼看一场暴雨就要来临。敌军八十一团在南坑分成两路向五斗江开来。当他们走得疲惫不堪，正想在五斗江喘口气的时候，突然得知五斗江有红军。周体仁以为遇上了红军的梭镖队，就命令部队强占五斗江下街背后的制高点长山冈。敌军一个个强打精神，弯着腰，费了九牛二虎之力，像泥猴一样爬上山头，无精打采地举枪朝着五斗江圩镇射击。

红二十八团指战员吃过早饭正要向拿山出发，忽然发现五斗江以北有大批敌军，大家顿时精神抖擞。"好！敌人自己送上门来了！"红四军参谋长兼二十八团团长王尔琢当即命令部队紧急集合。此刻在敌情变幻莫测的情况下，他沉着果断地大步向队列走去。"同志们！"王团长大声地对战士们说："今天这一仗，是红四军成立后的第一仗，我们一定要英勇奋战，以实际行动贯彻毛委员的指示，一鼓作气，歼灭敌人。"接着，他命令一营渡河夺取长山冈，控制有利地形，自己带着二、三营从正面同时出击，消灭敌人主力，并命令迫击炮连和机关枪连掩护两路红军的行动，遂川赤卫队配合红军作战。

奉命夺取长山冈的红军第一营，向敌人展开强攻，敌人在山头上，红军在山脚下。山脚前有一片水田,地形开阔,不好隐蔽,红军战士在通过水田时,被敌人发现了。敌人猛烈地向红军射击,红军指战员无所畏惧,冒着弹雨前进。这时天公作美,狂风呼啸,电闪雷鸣,倾盆大雨哗哗而下,雨雾挡住了敌人的视线。红军战士们利用雨雾的掩护,巧妙地从一条田埂跃向另一条田埂,终于穿过了这片开阔地,迅速趟过小溪,钻进了丛林,向山顶爬去。

山顶上的敌人一个个淋得像落汤鸡似的,他们打了一阵枪,可是红军却无影无踪了,正瞪大眼睛朝水田里望着,没想到红军早已悄悄地上来了。等到敌人发现时,红军的手榴弹已经吱吱地冒着烟向他们头上飞来。紧接着,爆炸声和惨叫声混在一起,敌军倒下了一大片,没死的也被吓得魂不附体,丢下枪支弹药,骨碌骨碌地朝山下滚去。

在红一营战士痛歼敌人时,王尔琢指挥二、三营把长山冈下的敌人团团围住,红军战士个个像小老虎,向敌军穷追猛打,但敌人还在顽抗,战斗仍在继续着。这时,红军机枪连长想出一个妙计,他从敌人的尸体上剥下一套军装,穿了起来,装扮成敌军官,混入敌群,大模大样地"传达"命令,叫一股敌兵去抢占另一座山头。敌兵们信以为真,扭转身子就去爬山。待敌人向后一转,红军的机枪立即"咯、咯、咯"地向他们猛烈扫射。敌军知道中计,拼命逃跑,又被红二、三营兜头拦截。正在这时,红一营又从山上猛冲下来。敌人见此情景,吓得六神无主,亡命似地朝着他们的来路奔逃。周体仁狼狈不堪地败逃到南坑的兰屋后,急忙命令架起三挺机枪,妄图阻拦红军追击。敌人的机枪还没有来得及打响,红军已经追到眼前,敌人吓得魂飞天外,丢下机枪就跑,三挺机枪被红军缴获两挺半。(有一挺枪管来不及装上,被敌兵背跑了)另一股逃兵,企图绕过上水坡,翻过大山进入邓家坑,再向拿山逃窜,却遇到早已追歼到上水坡红军的阻击,敌营长黄兴邦被当场打死。红军继续穷追不放,像赶鸭子一样,把敌人一直赶到五斗江以北十多里地的仓下附近,面前是一条河流,敌军正想从渡口过去,红军已经追到了河边,此刻的敌人毫无斗志，红军越战越勇。不一会，敌军又被红军歼灭大部，剩余的残敌连夜拼命往拿山逃窜。部队追歼一程后，返回五斗江。

五斗江大战，从早晨一直打到天黑。红军战士浴血奋战，取得了会师首战，士气大增。歼敌1个多营，缴枪三四百支，俘敌四五百人。战斗将要结束时，朱德、陈毅率军部和二十九团从黄坳赶来，一起参加打扫战场。当晚，红军在五斗江宿营，并在圩镇上的万寿宫召开军民庆祝胜利大会。朱德在会上表彰了红军指战员和遂川赤卫大队。同时，对俘虏作了安置，愿留的则去当红军；不愿留的，根据路途远近发给路费回家。

第二天，军部命令二十八团为先头部队，二十九团和军部随二十八团尾后行进，继续追歼逃向永新敌残部，直至永新县城敌兵败退，红军第一次占领永新县城。

双镜村的枪声

钟先锋

在遂川县北部林区衙前镇,至今流传着"毛委员打土豪劣绅、救穷苦百姓"的真实故事,故事发生在八十多年前的衙前镇双镜村上镜自然村。

1928年1月25日(农历正月初三日)早晨,毛委员率领的工农革命军进入衙前,部队就在双镜村的彭氏祠堂里驻扎下来,毛泽东把指挥部设在尾坑口的吊楼角。当日,上千名群众积极响应毛委员的号召,轰轰烈烈地开展了"打土豪、斗劣绅、救百姓、筹款子、建立地方政权"的斗争,地主彭文斋全家当天上午就被打倒。然后,毛泽东又派红军书写标语,广泛宣传"红军减租减息、救助百姓、打倒国民党反动武装"的方针政策,其中"守望队(地方反动民团组织)是国民党反动派的守门狗""推翻国民党反动派统治"等红军标语至今还依稀可见。

1月26日早晨,红军刚吃过早饭,毛委员正和几位红军指导员开会。忽然跑进一位30多岁的名叫钟兰仔的中年妇女,她紧急地向毛委员报告一个重大军情:国民党反动派地方民团郭友仁、李世廉派兵200多人从桥头坑、山下洲、渡棚边、斧头坑墩上把双镜村整个村庄团团包围了!毛委员听到消息后,紧急指挥红军向尾坑口撤退,钟兰仔正要带着毛委员向尾坑口撤退时,突然敌人吹起了冲锋号,四面八方的敌军向红军驻地彭氏祠堂蜂拥过来。毛委员立即指挥红军机智反击,说时迟、那时快,红军连长一枪就击毙了敌人的号兵，红军全力冲锋突围，不料从斧头坑土墩方向射来敌军密集火力，红军连长不幸头部中弹英勇牺牲了。毛委员为了保存红军实力，借助大雾迷茫的天气，下令红军向尾坑口方向撤退10余里。傍晚时分，毛委员充分运用游击战术，带领红军又悄悄返回村子里进行战斗，打死敌军100多人，抓到并枪毙了彭绍锦、彭绍球两个土豪劣绅。

　　2月，由陈毅安率工农革命军返回井冈山，途经衙前双镜的打斗坑口时，又遭到了地主武装李世廉和肖家壁靖卫团的阻击，工农革命军英勇奋战，再次击退了敌人的阻击，敌人损失惨重后狼狈逃窜。井冈山革命根据地从此更加巩固起来了。

大汾劫难

薛荣光

1927年10月23日,毛泽东同志率领工农革命军主力经戴家埔等地到达遂川西部的大汾。

22日黄昏,毛泽东率部来到大汾圩,准备在此筹措军饷粮草。部队到达后,由何奎、张贤仰、钟正德等人接洽,安排在菁莪书院、三圣宫、文昌宫等地驻下,临时指挥部设在三圣宫,毛泽东被安排在后院一间学生宿舍住。张子清营长陪同检查了驻地情况,并指示侦察员化装成军火商,去打探敌军巫树藩指挥所的情况。

当侦察排长来到地母庙,恰巧听到一匪兵正在电话里向县靖卫团团总肖家壁报告。匪兵慌慌张张向肖匪报告说:"我们这里三圣宫来了一支穿着不一、身份不明的部队,说不跟任何部队交火,只借路过。"肖家壁听后咆哮着说:"叫他们快滚,这是我的地盘。不准他们驻扎。"并扬言如果不离开,就要拔刀相见。

侦察员立即返回驻地,向毛泽东作了汇报。革命军对此未予理睬,照常派岗、宿营。当天晚上,毛泽东还到特务连亲自做发展党员工作,向连党代表罗荣桓询问新党员情况,亲自主持新党员入党仪式。张子清营长听到情报后,马上意识在此驻扎隐患多,必须在午夜秘密将毛委员转移。他立即叫张贤仰、张悠远秘密找一处安全可靠的民房。几经周折,在老街找到一处民房,前有掩体,后有山路和密林,方便撤退,可以安全脱险。张营长命令曾士峨连长将毛委员安全转移住处。毛委员对曾连长说:"其实最危险的地方最安全啰!"

曾连长说:"这是首长们的决定,毛委员你就安心转移吧。"

果不其然,强敌如影随形。23日拂晓,肖家璧和巫树藩得到消息后,肖匪纠集三四百名靖卫团丁,秘密通知驻扎在洛阳三帝宫的陈书勋部封锁圩板桥,防止革命军向石鹿方向突围。肖家璧所带的人马在天亮前赶到大汾圩,封锁所有的进出口,并形成三面交叉火力,抢占了街道的有利地形,包围革命军的驻所,准备向革命军发动突然袭击。

天刚蒙蒙亮,岗哨发现大门墙角有几个荷枪实弹的人影,还隐约地看见对面石墩上架着几挺机关枪直指革命军住所。战士顿感情况不妙,大喊一声:"有敌情!"沉睡中的革命军战士被惊醒,仓促应战。这时敌人的枪声响了,密集的子弹向战士疯狂地扫射。炊事班的战士来不及掩护,十余人相继倒在血泊里。毛泽东急令三营营长张子清、副营长伍中豪向敌人反击,抢占圩外的制高点,自己则率团部和一营一连、特务连沿山沟绕道敌后,欲与三营呈夹击之势,消灭来犯之敌。担任前卫的三营,迅速向敌人发起猛烈攻击,抢夺山头。张子清、伍中豪立即带领战士准备突围,叫炊事员打开书院南面仓库的四个窗户,以迅雷不及掩耳之势抢占石狮顶制高点,发起攻击,引开敌人火力。

战斗越战越烈,革命军因几天来一路劳顿,加上地形不熟,难以抵挡肖家璧部的猛烈进攻。团部想与三营联络,被肖家璧的靖卫团阻断,部队被一折为二,尸体遍野,伤亡惨重。毛泽东只好带领另一部分队伍向井冈山方向转移。

当时紧随毛泽东撤退到黄坳的特务连只剩下30多个人,大家又急又累,散坐在地上。由于炊事用具弄丢了,只好临时到附近老百姓家里买些米饭和泡菜辣椒。可是没有碗,毛泽东就和大家一起用手从箩里抓着就吃。饭后,毛泽东请曾士峨连长列队清点人数。接着,后面的队伍也陆续赶上来,逐渐增加到200多人,但三营始终一直没有出现。

原来,张子清与伍中豪率领的三营摆脱敌人的追击后,因地形陌生，误向南转到了湖南桂东。由于与毛泽东率部失去联络，只好带领部队在桂东一带游击。不久，三营与朱德率领的南昌起义部队会合。

　　大汾遭遇敌军的伏击，是工农革命军自三湾改编以来遭受重创的一次劫难，但它丝毫没有动摇工农革命军的信念。在毛泽东的率领下，部队登上了井冈山，从此开辟了中国革命的一片新天地。

激战长岗坪

薛荣光

1929年1月14日,红军根据"柏露会议"决定,采取"围魏救赵"的战术,由毛泽东、朱德、陈毅率3600余人的红军主力,向赣南方向突围,牵制敌人,缓解井冈山燃眉之急;由彭德怀、滕代远率红五军和红四军的王佐部留守井冈山。同时调整红四军部分干部去协助红五军,决定张子清任红五军参谋长,陈毅安为副参谋长,王展程(因负伤未痊愈)和陈伯钧协助参谋工作。当天上午,主力部队从硃砂冲下山,毛泽覃、杨至诚、贺子珍、伍若兰也随军前往,彭德怀、滕代远、张子清、王展程、段子英等前往送别,伍若兰与段子英都各怀身孕,含着泪水,依依不舍地互相勉励。

红军主力下山后,湘赣国民党调遣李文彬的21旅及第五路军刘建绪部尾随红四军。1月21日,敌第二路军张兴仁部由永新,第三路王捷俊部由莲花,第四路军由吴尚部从酃县(今炎陵)分别向宁冈推进;1月26日,湘赣之敌向井冈山五大哨口外围工事发起攻击,彭德怀、滕代远率井冈山军民冒风雪、顶严寒与敌人激战了三天三夜。29日晚,敌人重金收买一个名叫陈开恩的游民带路,从黄洋界哨口侧面一条隐秘的山路爬上来偷袭,攻破缺口上山后,里应外合向井冈山夹击,八面山、双马石哨口相继失守,红军弹尽粮绝,加之敌我力量悬殊,致使战斗失利。在这危急关头(即2月1日),彭德怀等红军领导当机立断命令群众迅速转移,自己率红军主力执行边界特委的第二套作战方案,向西南突围会师赣南;命令王佐部掩护群众和部分地方赤卫队武装转入深山老林，开展游击活动；李灿率红五军一部向黄洋界返回宁冈的斜源、柏露与何长工部32团一部坚持与敌斗争，从中分散敌人的战斗力，粉碎他们的阴谋。

五大哨口失守，敌人对来不及转移的群众实行"三光"政策（烧、杀、抢），腥风血雨笼罩井冈。红五军采取虚张声势佯攻由硃砂冲突围样子，一边组织火力阻击，一边找到当地一个李姓群众当向导，大队人马绕道从河西垅经桃子园的羊肠小道，昼夜兼程，顶着寒风大雪与敌人边战边撤。2月2日下午部队到了遂川右溪河的滁洲岭下一带，彭德怀等决定"轻装上阵沿路补充供给"的办法，除武器弹药、机密文件和行军炊具外，其余物品一律甩掉，突出重围就是胜利。为摆脱敌人，队伍作了重大调整，把红五军和遂川二大队编成三个大队。根据侦察的情况，盘踞在大汾的敌人起初只有一个营的兵力，部队来到凉山坳，彭德怀骑在马背上说："大汾圩是一个难关，有一个营的敌人把守，只要冲出这个关，本军长是自有办法的"，他手势有力，铿锵的语调给战士们极大的鼓舞。出发前他命令贺国忠同志率一大队走在前面当尖兵，中间是遂川赤卫大队二中队和军政机关的文职人员，最后的三大队由王展程和李副官（彭德怀的贴身护官）负责掩护，部队马不停蹄向大汾出发，殊不知情况发生了变化，刘士毅部一个旅已抢先进入了指定位置并设下包围圈，占领了有利地形，一场恶战在所难免。

大汾剿共指挥所头目巫树藩只有100多号人枪，当毛委员率红军主力从大汾向赣南进军路经此地时，他像缩头乌龟躲到石狮老家不敢交火，受到肖家壁的指责，憋了一肚子气。这次得知红五军要从大汾去赣南，唯恐抵挡不了，急忙电告肖家壁，请求驻守在遂川的国民党正规军出兵增援。刘士毅邀功心切，主动带一个旅的兵力星夜兼程赶到西溪，天亮前赶到大汾烟头、石花和江下，步步为营抢占沿线山头制高点；钮世球的反动民团封锁螺汾至石灰洞沿线，防止红军从此突围，陈书勋的反动民团封锁草汾至鹿坑沿线，堵住了通往米岭福龙淋洋和桂东庄川方向的去路；巫树藩和上官成率民团在石桥垅和湖洲湾一带设下埋伏，等待红五军往大口袋里钻。

为了避免红五军遭到伏击，大汾区赤卫队党代表刘礼桐、苏维埃政府主席钟正德、县苏维埃政府主席古青云和古青庭、卢相泮、张洪辉、李桂香、官世思、上官用等赤卫队员在旗杆排锅厂下张姓大屋召开紧急会议，商讨对策、派出官世思将所发生的新情况报告给红五军，阻止部队进入敌人的"口袋"。赤卫大队分头行动，一部攻打敌人的后方（即巫树藩在石狮的住处和洛阳陈书勋的住所三帝宫）。一部听到官世思的信号（连响二声炮），就迅速烧毁民团土匪的两处老巢，引开敌人的火力，让红五军减少伤亡冲出重围。赤卫队员官世思带着急报飞奔到长冈坪，看见红军主力迎面而来，大声喊道："红军兄弟，四周有国民党主力军，不要中圈套……"听到喊声，敌人急忙朝官世思开枪，官世思壮烈牺牲。听到枪声，担任先遣队突围的贺国忠立即命令部队抢占制高点，与敌激战。敌人集中火力向机关文职人员和县赤卫队员射击，100多名战士倒在战场上。后续部队不足二个排，子弹打光了，不得不返回凉山，化整为零继续上山开展游击斗争。

战斗打响后，洛阳三帝宫（土匪指挥所）燃起了熊熊大火。赤卫队抓到一个看家匪兵，给了他二个大洋，命令他前往长冈坪向陈书勋报告，说湘南红军大部队来抄他的老巢。陈书勋正指挥匪兵与红五军激战，接到后院起火的报告，担心被共军前后夹击，慌忙率部向山牛塘方向撤退。贺国忠同志见陈匪火力减弱，指挥部队掩护彭军长急速冲出包围圈。与此同时，石狮的赤卫队用同样的方法，放火烧掉了巫树藩老家，指派巫的一个胞兄去长冈坪找巫树藩，说湘南红军已赶到石狮，四面山上都是红军。红军不仅烧了他的家，说还要取巫树藩的人头祭烈士。巫正欲与红军决一死战，突然接到报告，只好沮丧着脸，离开长冈坪投靠刘士毅去了。就这样，两支反动民团被涣散了战斗力。彭德怀率领红五军冲出长冈坪敌人最后一道防线，登上大汾石拱桥头向死难的战友脱帽鸣枪致哀并大声说："三个月后，我彭德怀回来为战友们报仇。"他一边说一边跨上战马，率领部队奔赴赣南寻找主力。

大汾乌鸦洛阳大屋围困战

叶丁香

在遂川县大汾镇洛阳村，有一座气势宏大的大型古宅院——乌鸦洛阳大屋。据有关专家介绍，这座历时200多年的大宅院建于清朝乾隆时期，是一个非常完整的彭姓客家人住宅。彭氏原籍广东兴宁，清康熙三年（1664）迁入本地，后以经营木材生意发家，于嘉庆十六年（1811）建造大屋。据说在该屋兴建上梁时，有乌鸦落在梁上（乌鸦是当地的吉祥鸟，乌鸦落梁则被视作吉祥的象征），因而该屋也被称作乌鸦落梁大屋，后谐音乌鸦洛阳大屋。该大屋平面呈长方形，东西长94米，南北宽49米，两层土木结构。前有宽大的坪场和水塘，绕坪场和水塘分别筑有两道坚固的围墙。大屋一排五栋，中央为"彭氏辉斗公祠"，两侧各有两栋民宅。中间的祠堂建筑特别精美，雕刻、绘画交相辉映。民宅两面筑有高大的风火墙，恰像两个高大威猛的卫士守卫在大屋两边。大屋内共有14个天井、240多间房，二井三进的祠堂能一次摆下120桌酒席。室内还有水井、厨房、厕所等，生活设施十分齐全。大屋四周墙上建有内大外小的气窗，便于向外观察和作为枪眼使用。大屋建筑风格充分体现了客家人合族居住的风俗和生活习性，具有浓厚的客家建筑风格和特色，足见古代能工巧匠之精湛技术，在古民居中实属罕见。

20世纪三十年代，遂川成为井冈山革命根据地和湘赣革命根据地的重要组成部分。湘赣省红军和地方武装为了扩大和巩固遂川红色根据地，在此多次狠狠地打击敌人。其中大汾乌鸦洛阳大屋围困战便成为一个广为流传的故事。1932年，为把湘赣苏区与中央苏区连成一片，策应红一方面军攻打赣州，红三军团和湘赣省独立师转战到遂川大汾一带，对国民党匪军和肖家壁、罗普权、张仁角、陈书勋、古豪、王济才等地主武装给予痛击。红军撤走后，国民党匪军二十八师和遂川的地主武装，又一次疯狂地向我苏区进攻。为了打击敌人的嚣张气焰，1932年4月，湘赣省红八师奉命前来遂川增援，随军而来的，还有红军学校的学员和医院的工作人员共1000多人。红军和遂川地方武装红十营汇合后，立即部署打击来犯之敌。国民党匪军看见红军大队来临，吓得慌忙撤走。一部分匪军逃出了大汾，另有一部分匪军和地主武装躲进了大汾洛阳的大屋里负隅顽抗。国民党匪军和地主武装占据大屋后，日夜提心吊胆，害怕红军攻破大屋。红军一方面派出红军学校的学员组成宣传队在附近农村宣传发动群众，他们刷标语、开会演讲，帮助群众做农活，利用各种形式宣传发动群众、支援革命（至今在乌鸦洛阳大屋周边的土房墙上还留下了许多红军的标语），一方面组织火力攻打乌鸦洛阳大屋，松树炮、鸟铳、步枪和敌人的机枪、步枪频繁交火，但是由于乌鸦洛阳大屋坐落在田塅中心，四周开阔，围墙高厚，易守难攻，红军围困白匪二十多天，多次攻打均未奏效。而躲在大屋内的匪军也惶惶不可终日，粮食、柴火越来越少，到后来，竟连做好的棺材也劈开当柴火用。眼看匪军就要困死饿死的时候，由于根据地主力红军西出湘南边界一带游击筹款，盘踞在遂川县城的敌二十八师乘虚而入，赶到大汾增援。我军为了避免硬战，只好主动撤出大汾，被困的乌鸦洛阳大屋的匪军才得以苟延残喘。敌人侥幸地说：幸亏乌鸦洛阳大屋坚固难攻，这次是捡回了一条小命。至今当地还流传着一首顺口溜：宁愿打三座洲府衙，也不愿打洛阳乌鸦。

　　这次围困战虽然未能攻破大屋全歼敌人，但红军顽强的作战精神，极大地鼓舞了遂川人民的斗志，受其影响，大汾地区的许多热血青年纷纷参加红军，投身到为劳苦群众谋解放的事业之中。

彭德怀雪夜送棉被

钟书先

井冈山革命斗争时期,热水洲是革命根据地的组成部分,红军经常活跃在崇山峻岭之中,带领穷苦人民与国民党反动派作斗争,并留下了许多动人的故事。

1929年1月,在一个寒风刺骨、大雪纷飞的夜晚。红五军军长彭德怀从红军医院看完伤员回到滁州的军部,刚刚坐下,一阵孩子的哭声,随着寒风隐隐约约地传入彭军长的耳里。

"孩子哭什么呢?"彭军长关切地自语道。

彭军长心里惦记着劳苦大众,他不仅处处为群众着想,还要求红军全体指战员严守群众纪律,关心群众疾苦。

彭军长顺着哭声,来到了一个用木板条围成的矮屋门口,屋里传出对话的声音。

"阿爸,我冷,脚趾头痛……"

"乖崽,挨紧阿爸就冇冷了……"

"我冷,我还冷……"

任凭大人怎样哄,孩子还是不停地哭喊着。彭军长想,这不是邹大发家吗,前天,乡苏维埃政府主席还详细汇报了他家的情况:邹大发今年60岁,一家五口,最大的孩子还不满15岁,妻子病故,大儿子顶债在地主家做长工,自己年老体弱,生活十分困难……

小孩子不停地哭喊着,彭军长不能想下去了,他的眼睛湿润了。彭军长赶紧回到自己屋里,抱起仅有的一床薄棉被,朝邹大发家走去。

"邹大伯，开开门，我送棉被来了。"彭军长边敲门边喊道。

邹大发一听是彭军长的声音，急忙起床开门。望着彭军长一身的雪花，邹大发不知如何是好。

"这……这怎么行呢？……天这么冷，你自己盖什么啊，拿回去吧，要是你冻坏了身子，谁来指挥部队打仗呀。"

"不要推让了，快点盖上。孩子的嗓子都哭哑了。"彭军长说着，不由分说地把棉被盖在孩子的身上，又把原来盖在孩子们身上的蓑衣盖在棉被上面。孩子的哭声止住了，在温暖的被窝里，很快进入了梦乡。

邹大发的心情很激动，怎么也不能入睡，望着身边睡着的孩子，联想起前年因无钱治病而去世的老伴，因抵债给地主做长工的大儿子，他百感交集，泪流满面，一双颤抖的双手，抚摸着彭军长送来的棉被，自言自语地说："彭军长真是好人啊，我们父子遇到这样的好人，真是福分啊！"

烈士鲜血染红的大印

钟书先　苏　鹏

　　遂川县博物馆珍藏着"遂川县全安乡苏维埃政府""遂川县第三区第十三乡苏维埃政府"2枚印章。这就是雩田镇茂园村曾保华、李耀琦、郭桂英、曾长生烈士用鲜血和生命保存下来的印章，它记载着茂园村穷苦农民翻身掌大印的一段刀光剑影的历史故事。

　　1928年1月初，毛泽东、张子清率领工农革命军在大坑击溃肖家璧反动武装靖卫团后，乘胜追击一举攻克了遂川城，成立了以陈正人为书记的中共遂川县委。毛泽东指示，要恢复和发展党的组织，开展武装斗争，建立工农革命政权。1月22日，县委委员毛泽覃率领革命力量来到地处赤白交界处的横岭乡茂园村鹅溪自然村，成立了以冯恩增等贫雇农为主的茂园村第一个农民协会，后来又相继在茂园、古塘成立了两个农民协会。

　　1930年10月初，陈毅等率领工农红军再次开进了遂川县城，遂川工农革命运动的烈火又燃烧起来。10月22日，茂园村的李邦万、冯恩增、郭明绪等很快将3个农民协会的贫苦农民组织起来，成立农民自己的政权，实现了全坑一片红，被遂川县苏维埃政府命名为"全安乡"。10月26日，茂园3个农民协会合并，在茂园村成立了农民自己的政权——全安乡苏维埃政府，县苏维埃政府授予红色印章。

　　11月7日，全安乡苏维埃政府更名为"遂川县第三区第十三乡苏维埃政府"。十三乡苏维埃政府的成立，狠狠地打击了土豪劣绅的反动气焰，大长了贫苦农民的志气。1930年11月底，大地主肖家璧的反动武装趁工农红军撤出遂川之机，对十三乡进行了疯狂的报复，乡苏维埃政府根据遂川县委的指示转入地下隐蔽活动。乡苏维埃政府撤退时，为了对敌斗争的需要，烧毁了苏维埃政府的文件、布告、宣传标语。但是，这几枚苏维埃政府的印章，却像革命人民心头之肉，怎么也舍不得烧掉。大家一致决定，把印章用红布裹好，由乡苏维埃政府赤卫队队长曾保华保管。曾保华抚摸着手中的大印，当众表示："这印把子就是穷人的命根子，我人在印章就在，绝不会让反动派抢走。"

　　肖家璧匪徒为了扑灭十三乡的革命火焰，寻找乡苏维埃政府的印章，冲进乡苏维埃政府主席李帮万家，把屋里的东西抢劫一空，抓走了李帮万的父亲和妻子；抓走了贫苦农民李耀琦。万恶的匪徒，对李耀琦进行严刑拷打，逼问苏维埃政府负责人和印章的下落。李耀琦宁死不屈，直至牺牲，也没给敌人提供半点线索。

　　12月5日，夜幕降临，反动势力"军界偕行社"派保安团在茂园村纠集土豪绅士40多人，突然袭击捉到了深受群众爱戴的曾保华，逼迫他交出乡苏维埃政府的印章。面对敌人的屠刀，曾保华大义凛然，无所畏惧，愤怒地斥责匪徒的无耻行径，坚信毛委员领导的工农革命一定要胜利。匪徒们恼羞成怒，残酷地杀害了曾保华。匪徒们仍不甘心，又把曾保华的妻子、共产党员、遂川县第三区行动委员会妇女主任郭桂英和他们的独子、13岁的曾长生带到曾保华的尸体前，威逼她娘俩说出乡苏维埃政府印章的下落。面对匪徒，郭桂英坚贞不屈，痛斥匪徒的暴行。凶残的匪徒，看到从郭桂英的嘴里掏不出半点东西，把郭桂英杀害后又用锄头活活地打死了她儿子。为了保护红色的印章，曾保华一家3口献出了宝贵的生命。

　　十三乡的贫苦农民，没有被国民党反动派的凶残气势所吓倒。待匪徒走后，他们从曾保华家的屋檐上取出印章，交给苏维埃政府成员、赤卫队司号员冯恩增保管。冯恩增像保护自己的生命一样，保护着它！

1976年6月，在隆重纪念毛主席创建井冈山革命根据地50周年的日子里，茂园人民将相关历史人物的史实资料和历经艰辛找回的印章等革命文物上交到遂川县毛主席革命活动办公室。

现在，这两枚用烈士鲜血染红的印章珍藏在博物馆里。它默默地向后人讲述着这段腥风血雨的历史，激励人们继承和发扬光荣的井冈山革命传统，不忘过去，珍惜今天。

民俗风情

"五龙下海"

"茶兰灯"

"高跷舞"

"旱船舞"

"九腔、十番"

"马头灯"

"珊田架花"

遂川铜钱歌

"香火龙"

窗溪村九月二十八民俗节

五斗江船歌

五斗江傩戏《斗牛》

中国名茶"狗牯脑"

遂川斗牛狮

"五龙下海"

遂川县文化馆

"五龙下海"是根据民间传说"太子斩蛇寻亲"的神话故事衍编而成的。它由一只象征太子的红鲤鱼和五条分别为黄色、红色、绿色、白色、蓝色代表五条蛇的灯队,外加棋牌灯、拜年灯、四季花灯等组成。通过紧密相衔、变化多端的"五龙分水""二龙戏珠""高车滴水""麻雀钻秆笼"等十二个主要花节变换,再现了当年太子只身寻亲,勇斩五蛇的壮烈情景,全场演出共有一百余人参加,给人一种与天地奋斗其乐无穷,与邪恶搏斗其乐无穷的勇气和力量。

"五龙下海"组成的灯节之多,表演场地面积之大,表达的内容之丰富和渲染气氛之热闹,在遂川县灯彩中独占鳌头。它充满了浓厚的乡土气息,表达了劳动人民勤劳勇敢,淳朴善良的本质,体现了团结奋斗、锐意进取的精神面貌和对美好生活的追求,为群众喜闻乐见而代代相传。据《遂川县志》载:"灯彩尤以珠田遐富境村'五龙下海'独具特色……并以此作为遂川的特有节目于一九八六年收录在《中国民族民间舞蹈集成》江西卷吉安分卷",2006年又被列入为江西省非物质文化遗产第一批保护名录。该灯彩由遂川县珠田乡遐富境村邹氏约在明孝宗弘治间(1488—1505)从南康县邹家移居遐富境村后发展起来的,至今已有500余年历史。

"茶兰灯"

遂川县文化馆

"茶兰灯",又名"茶灯舞",由四女旦和一山花子(小丑)表演,女旦身穿彩衣彩裤,头扎一条大辫子,插花,手提一只茶灯。山花子穿丑角衣裤,手拿一只用篾扎和色纸制作的花蝴蝶。均化戏妆、穿戏服。表演时山花子站在四女旦的中央,四女旦在四角表演,动作以十字步为主。山花子用本地民歌小调演唱《十二月花》等,并根据歌词内容,自由地做滑稽表演,女旦做一年四季中各种农活的动作,全场用弦乐伴奏,圆场或换位置时配以打击乐。

"高跷舞"

遂川县文化馆

"高跷舞",一般不作单独表演,多为"灯彩"活动中表演。表演者用两根长约三米的木棍,中间或三分之一处扎一横柱,左右两脚膝盖部均用绑带至横柱上。表演模仿戏剧人物,化装成白娘子、小青、孙悟空、猪八戒等,穿插在队伍中行走,不说也不唱,也没有表演动作,主要以各式人物扮相吸引观众,渲染气氛。

"旱船舞"

遂川县文化馆

"旱船舞",由四旦二丑表演。穿戏服,演出时,一旦(陈小姐)站在凉篷船型内,用彩带将船搭在肩上,两手把住船边。二旦(船妹)在船的左右两侧扶船沿。老旦(船老板娘)在船尾把舵。二丑(船老板、李郎)在船头表演。整个舞蹈女旦始终做摇橹划水动作,船老板做撑船动作,李郎手打扇子花,视情况自由表演,全场用当地民歌小调对唱。该舞蹈反映了封建社会男女青年敢于冲破世俗观念,追求婚姻自由的可贵精神。

"九腔、十番"

遂川县文化馆

《九腔、十番》是遂川一带极负盛名的吹打联奏乐代表曲牌，也是遂川县非物质文化遗产民间器乐曲类中重点保护曲目，其资料于一九九三年收录在《中国民族民间器乐曲集成》（江西卷吉安分卷遂川资料卷）。《九腔》共有九个曲牌组成；《十番》共有十多首曲牌连奏，由于其中有些是由采茶戏曲调和民歌演变而成，因而又称"杂牌子"。《九腔》演奏严谨，按曲牌顺序演奏，旋律流畅欢快，演奏效果强劲有力；《十番》旋律较欢快、圆滑、婉转。遂川素有在春节期间玩龙灯、马灯、花灯等民间灯彩的习俗，此时演奏的就是《九腔、十番》。同时是当地群众在喜庆的日子里，为渲染热烈、欢乐、喜悦的气氛常用的乐曲。

"马头灯"

遂川县文化馆

"马头灯"是遂川县群众极为喜爱的一种表演活动。流传于遂川县大汾镇、草林镇。马头灯既有赣南采茶风味，又有民间灯彩风格特色。它叙述了一个外出谋生的小伙子，在马庄主家当牧马人时认识了庄主小姐，并相互产生爱情的故事。剧中人物由王山（小丑）和四个茶妹饰演的红、黄、白、绿四色马组成。表演时统一着装，王山（小丑）头戴一顶小圆顶草帽，穿深绿色茶童领子镶花边上衣，红色束脚彩裤，腰围白色双层全围裙。脚穿粉红底、绣云朵花边、束花球绣鞋。舞蹈动作风格特点主要表现在小丑运用戏曲舞蹈中的自由滑稽表演，同时用本地的俏皮方言说唱，显得幽默、风趣、引人入胜。其伴奏音乐既有乡土气息又有赣南采茶风味，还有北方小调成分，可谓南腔北调，风趣无穷。整场音乐以《马灯调》《四景茶》为主旋律，辅以《王大娘补缸》《十杯酒》《金钱开花》《十二月花》等。用弦乐伴奏出唱腔，配以打击乐渲染气氛，使唱腔格外文雅、甜美、舒展、使舞蹈画面更加紧凑、欢快、活泼。

"珊田架花"

遂川县文化馆

"珊田架花"即焰火礼花,是遂川县民间艺术独有的一枝奇葩。分布在遂川县雩田镇珊田村袁氏家族中。民间闹元宵,艺人们便把制作考究的"架花"安装在坪上,于农历正月十五日晚燃放,供人们观赏,为春节增添喜庆祥和的热闹气氛。

"架花"传至遂川县雩田镇珊田村已有二百多年历史。仅在袁氏家族的"亨云堂"和"镐庆堂"中代代相传。"架花"燃放有个习俗,即在元宵节燃放的前三天,必须先舞"火龙灯",以祈保太平,预兆五谷丰登,六畜兴旺。同时"架花"的制作者和燃放者须斋戒三天,且夫妻分居,到正月十五日沐浴更衣,洁身自净,祭拜"老祖先师",安定"先师"神位,然后方可燃放"架花"。"架花"为一种燃放式的焰火礼花。所谓的"架"就是燃放前先在坪场中竖木杆一根,名为"定天柱",然后依次在木杆上横扎七至九层木架。每层置有各种扎花,神形、兽象和彩灯。第一层为"金线吊葫芦",第二层安装各式彩灯,第三层叫"观音送子",第四层称"鼠偷葡萄",第五层重置彩灯,第六层曰"天官赐福",第七层是"竹筒花",第八层为"两头灯中间花",第九层叫"冲天珠",架顶上再安装一把大竹弓。"架花"燃放分快引和慢引,慢引需要一小时半到两小时。快引则需45分钟左右。燃放过程中所表现出来的神奇景观,让人耳目一新,心旷神怡。

制作"架花"主要材料有：硝、磺、炭、石磺、樟脑、细砂、中砂、大砂、细末砂、各色彩纸、上好皮纸、灯芯、油烛、细篾、竹筒、铁丝、棉花等。其制作工序分为：配料、碾硝、打砂子、制手花、制奇火、制灯，最后安装到木架待放。

遂川铜钱歌

遂川县文化馆

　　遂川县位于赣中西南部，方言有本地、客家之分，当地群众在长期的生产生活中创作了大量风格迥异的民歌。《铜钱歌》是当地极负盛名的民歌代表作之一，也是遂川县非物质文化遗产民歌类中重点保护曲目之一，其资料于一九八四年收录在《中国民间歌曲集成》江西卷吉安分卷。《铜钱歌》系我县"茶篮灯"中的灯歌，曲调主要从赣南采茶调中脱胎出来或转借使用，一般由商调式、徵调式交替发展。据民间老艺人介绍，该曲传入遂川在清末时期，距今已有120多年的历史。20世纪20年代中期，《铜钱歌》开始在遂川逐步繁荣起来，当时全县有规模不一的"茶篮灯"戏班16个，"茶篮灯"艺人130多人，而《铜钱歌》是戏班每场必演的压轴曲目，是其在遂川发展的鼎盛时期。《铜钱歌》源于我县群众口头创作，是经过无数人的加工和改编，是我县民间音乐的重要组成部分。其创作手法单纯、演唱自由，自娱自乐性与即兴性强，作品描述了青年男女的恋爱经过，歌词诙谐幽默，曲调轻快活泼，采用地方方言，男妇对唱，有浓郁的生活气息和地方特色。如：歌词中出现的"喂打子喂""酸打酸，软打软""酸酸涩涩"等，都是用地方方言演唱，唱腔油滑，表情丰富，配合矮子步和碎步的表演，把《铜钱歌》演绎得幽默、风趣。但其发展始终处于逆境之中，在旧时被视为"伤风败俗""蛊惑人心"的"邪戏"，禁止其在衙门和祠堂演出，戏班常被封箱禁演，妇女不得粉墨登场，否则施以家法族规，因而遂川的"茶篮灯"没有一个女人，《铜钱歌》中的"铜钱妹"也一直是男扮女装。

"香火龙"

遂川县文化馆

"香火龙"是流行于民间农耕祭祀活动,由十至十二人组成(灯队六人,乐队四至六人),多数在农历的五至六月活动,因为那时青黄不接,也往往是虫灾盛行之时,"香火龙"在田间地头围着庄稼来回表演,据说这样就能除虫灭灾,保人畜平安。此龙由"龙头""龙尾"和三节"龙身"组成,龙头、龙尾用篾扎纸糊,三节龙身用稻草扎并插满"仙香"火。表演动作比较简单,始终做"滚路花"动作,或圆场游龙,或走四角滚龙,反复表演三至四次结束。

窗溪村九月二十八民俗节

遂川县文化馆

窗溪村位于遂川县泉江镇北部的5公里处，东邻105国道，西界枚江乡，南接新林村，北毗于田镇城西村。村中有刘、蒋、包三姓，共436户，1856人（其中刘氏320户，1308人）。窗溪九月二十八民俗节局限在泉江镇窗溪村的刘氏家族中流传，同村的蒋、包族氏并无此习俗。其他乡镇的刘姓家族也无此习俗。

窗溪村民俗节是一种独特的文化现象。每逢农历9月28日，为纪念"五显灵官大帝"的治病救灾之恩，刘姓嫁出去的女儿和远方游子，这天都会前来共度节日,并且这天家家必食麻糍米馃。据《窗溪刘氏族谱》记载：相传明朝永乐年间，窗溪村在经过久涝久旱的灾情后，细菌蔓生，疾病流行，不少人丧生于此疫。惊恐万状的村民们束手无策，只好祈求"五显灵官大帝"为他们祛病消灾，疫情果然得以遏止。为感谢"五显灵官大帝"的救灾之恩，此后每逢9月28日该村都要举行纪念活动，久而久之，遂成风俗，至今已有近600年历史。

窗溪九月二十八这个独特的民俗节，以食麻糍米馃为主要特色。此馃以糯米为料，浸泡、洗净、蒸熟舂烂后，做成圆饼撒粉晾成半干，食前放至锅内油煎，或切成条状油炒，然后撒上白糖即可。刘氏宗祠里存有一副石碓，专为供应族人节日舂米馃料。每逢节日来临，族人们抬着糯米饭争相来到祠堂，燃香点烛请出"五显灵官大帝"，待馃料舂好后再于神像前叩头敬祭，以祈求神灵保佑。据说，敬过神的麻糍米粿才能久存不变质，食之可祛病保健。

农历9月28日那天，窗溪村热闹非凡，各家各户忙着杀鸡宰鸭，斫肉买鱼，准备丰盛的美味佳肴，迎接自己的客人。最多的家庭要办20多桌酒席，最少的也有5、6桌。这一天，凡是刘氏嫁出去的女儿、远方的游子以及应邀而来的其他客人，从四面八方涌向窗溪村。主人用美酒、佳肴、麻糍米粿热情招待客人。纯朴浓厚的习俗文化，展示了窗溪人勤劳善良、团结奋发的精神风貌和对未来美好生活的憧憬与追求。

五斗江船歌

张炳玉　搜集整理

遂川县五斗江乡五斗江村三溪组刘、郭两姓有元宵"划船"唱船歌的传统习俗，是一种通过"祭神"怀念先祖，祈求平安的娱乐活动，场面很是热闹。

据说该村刘、郭两姓的祖先均为洛阳河上的船夫，被后人奉之为"船神"，所以年年都要请来共度元宵节，然后又送他们回洛阳故土。从正月初一开始，全村男女老幼都要聚在一起参加祀祖请神的仪式并进行"划船"预演，直到过完元宵。

典礼非常隆重，祠堂里挂满了纸画，画面上是撑船的神仙和各种大小船只舟楫。船神们持篙扬帆，乘风击浪，栩栩如生。村民们早晚轮流向船神焚香跪拜，另有专人整天坐在神像供桌前吟唱"船歌"。歌声充满乡音，曲调更是悠扬，唱得深沉凝重，余音缭绕。几十首歌词大都以"行船"起兴，借沿途风光和四时景色寄意寓情。

如"行船行到马家洲，江边洲上好码头，两岸风光看不尽，花开花落几春秋。春日行船江水绿，夏日行船汗水流，秋日行船望乡月，冬日行船雪满舟。"

"行船行到鄱阳湖，鄱阳湖上风呼呼，世上人间风浪急，斗风搏浪苦船夫。"

"行船行到洛阳河，回头千里泪滂沱，又等明年重相会，团圆欢乐唱船歌。"

船歌唱出了春夏秋冬、寒来暑往的风雨晦明和日月星辰的阴晴圆缺，感叹世事的浮沉衰盛，描写人间忧乐悲欢，唱尽生存的艰辛磨难，吐露了对故土的无限怀念。并希望先祖保佑他们四时福泰、岁岁平安。到了元宵节的第二天，即农历正月十六日便"划船"送神。活动进入高潮，方圆十几里的乡邻百姓都赶来观看，人山人海，盛况空前。

　　这天，全村男女举着数百面彩旗组成庞大的"船队"。为首的壮汉举一杆大旗，雄姿英发，昂首待命。三声炮响，一阵鼓急，那旗手振臂一呼，"船队"便浩浩荡荡、呼啸向前，在屋场田塅上疾跑绕行，"划啊、划啊"地高声呐喊，声贯云霄。"船队"似一条长龙，时而旌旗徐动，如绿波荡舟，摇橹慢航，一会儿风起云涌，红旗猎猎，似千帆竞发，破浪冲涛。那擂鼓的也随着涛声或慢板击节，或奋槌助兴。唱船歌的则引吭长吟，激昂悲壮。直到下午，"船队"才缓缓开到河边，在沙滩洲岸上徘徊徜徉，最后便烧纸焚香，依依难舍地高歌送别"船神"。

五斗江傩戏《斗牛》

县文化馆

《斗牛》这一民间艺术节目，今仅为五斗江乡丰禄村曾家所传，有"全堂""半堂"之分，现在保留的是"半堂"。

它是根据《西游记》第59回—61回唐僧徒弟悟空、八戒、沙僧降服牛魔王的故事，再经提炼加工、改编而成。人物情节均有较大变动，构思大胆、风趣奇特、富有创造性，都具有戏剧的特征。该戏角色有牛精、沙僧、土地神、孙悟空及众小猴等，主配角分工明确，出场先后有序。剧情跌宕起伏，角色各具个性，能通过细腻传神的动作表达感情。特别是在角色安排上把沙僧这个在取经途中任劳任怨、善良诚实的平凡人物改成与牛魔王交战的主角，刻意描绘他的勇敢机智，突出他不畏强暴，刚柔兼济，战则能胜的刚正形象。戏剧采用浪漫夸张的表现手法且充满悬念。

人物化妆以特制的面具代替，惟妙惟肖，形象逼真，与古代的面具舞"傩戏"相似，在长期发展过程中，表演形式突出了故事情节。加强了戏剧性和娱乐成分，内容也更加丰富。

节目开始，在深沉的音乐声中，牛精奔吼登场，它目空四野，不可一世。拄杖巡行的土地神蓦然见了这个怪物，不禁大惊，忙去通知西天取经的唐僧师徒，请他们前来降魔。沙僧一跃当先和牛精对峙，正面交锋。于是，正义与邪恶之间便展开了一场紧张激烈的搏斗。

一阵酣战，牛精渐渐败退。在战斗中沙僧一手持芭蕉扇，一手拿着竹叶频频诱逗牛精，忽进忽退，欲擒故纵。但牛精不甘失败，困兽犹斗，不断疯狂反扑。沙僧镇定自若，屡出奇招，牛精气穷力竭，方寸大乱，最后颓然伏地，贴耳就擒。沙僧顺势牵牛精亮相，孙悟空腾身跨上牛背，横棒示威，土地神举额称庆，众小猴雀跃。接着大家动手往牛精身上泼水，以洗净它身上的血腥污垢，希望它皈依从善。全剧在喜庆胜利的热闹气氛中结束。该节目自始至终喜剧色彩浓厚，在表演技巧方面借用了武术中的"骑马桩"、"大八字半蹲步"等，大部分动作都是根据剧情的需要，自由发挥。身手比划、坐立行走均不拘舞蹈章法。如众小猴与土地神游戏逗乐，喝彩助阵的表演及沙僧与牛精的巧妙周旋，动作灵活，潇洒自如，与紧张的缠斗相映成趣，一张一弛，亦庄亦谐。

《斗牛》是一出故事情节完整且具有地方特色的民间传统"傩戏"。适宜野外演出，草地为台，青山为幕，剧情精彩动人，深受群众欢迎。

中国名茶"狗牯脑"

遂川县文化馆

  狗牯脑绿茶原产地为江西省遂川县，因栽种在形似狗头的狗牯脑山而得名，始产于清嘉庆元年（1796），距今已有两百多年的历史，系我国历史传统名茶。

  狗牯脑绿茶采制精细，工艺独特。于每年清明前一星期开采，采摘标准为一芽，一芽一叶初展，一芽一叶开展及部分一芽二叶。采摘方法甚为讲究：采摘时手心向上半握拳，用拇指和食指捏住芽叶，轻轻向上连拔带折芽叶，禁用指甲掐采，以免产生红蒂现象，采下的芽叶轻轻放入竹篓。然后集中摊放于通风、干燥、清洁、无异物异味、无阳光直射的室内摊青。特级以上品级要求全程手工制作，工艺要求十分严格，全过程分杀青、初揉、二青、复揉、整形提毫、足干六道工序。其品质特性：条索紧似眉，色泽绿而润，汤色明又亮，滋味醇带甘，清香胜出兰。真可谓，望而见莹润生辉，闻而觉清香扑鼻，饮而感甘甜泌腑，雅香醉人，提神益思，功效佳美。

  狗牯脑绿茶荣获多次大奖。1915年获美国旧金山举行巴拿马—太平洋国际博览会金奖；1930年获浙赣特产联合展销会甲等奖；1982年被评为"江西省八大名茶"；1988年获首届中国食品博览会金奖；1992年获香港国际食品博览会金奖；1995年获北京国际食品及加工技术博览会金奖；1997年、1999年、2002年连续三届获中国国际农业博览会名牌产品称号；2002年获国农AA级绿色食品证书和COFCC有机食品证书；2004年批准为中华人民共和国原产地域保护产品；2008年列入第二批省级非遗保护名录；2010年狗牯脑茶作为江西茶叶唯一代表参展上海世博会，并荣获绿茶类金奖；2011年2月狗牯脑茶在第八届国际名茶评比中获得金奖；2011年2月狗牯脑茶再传喜讯，被评为"中华老字号"知名商标品牌；2011年5月狗牯脑茶传统手工技艺作为非遗项目，参加深圳第七届中国国际文化产业博览交易会；2015年荣获米兰国际世博会金奖。

全县现有茶园面积3600公顷，茶叶产值1.2亿元，茶叶产业已成为县域经济的支柱产业之一，为山区人民脱贫致富奔小康发挥着重大作用。

遂川斗牛狮

遂川县文化馆

"斗牛狮"由八个人表演，各式人物均戴面具。演出开始，沙和尚上场，他头戴大头彩色面具，上穿彩色短长袍。下着彩色练功裤，一手拿竹叶，一手持芭蕉扇，摇摇晃晃似醉非醉，身体和头很有节奏地一伸一缩，前后仰俯，活像乌龟爬行的样子。接着"青牛精"出场（两人共饰），只见它头上长着两只又粗又弯的犄角，瞪着一双圆鼓的大眼睛，咧开两片宽宽的嘴，露出满嘴长长的牙，胆小的孩子看见那模样，都会吓得蒙上眼睛，甚至哭出声来。表演者模仿牛的动作一会摇头摆尾，一会悠闲遛达，一会撒野蹦跳，一会闭目躺卧。孙悟空的表演也惟妙惟肖，表演者头戴彩色面具，身穿彩色连衣裤，跳跃上场，时而手搭凉篷千里眺望，时而抓脸挠腮，时而腾翻筋斗；土地神及小猴子的滑稽表演也各具特色，令人捧腹。全场演出通过紧密相衔的七个章节，（①沙僧寻牛；②土地救援；③诱牛出洞；④沙孙施计；⑤沙僧走围；⑥齐心斗牛；⑦胜利擒牛。）由变化多端的"舞芭蕉""四门大开""舔肚""点草""引草""摸痒""迈八步""猴步""打狮头""甩狮尾"等十五个娴熟的舞蹈动作，再现了当年沙僧、孙悟空降服牛精为民造福的壮观情景，给人以身临其境之感。

附录：
景区（点）简介

遂川县工农兵政府旧址

草林圩场

碧洲白水仙

南风面景区

千年鸟道

石坑古村

桃源梯田

溪口村茶盘洲

五斗江国家湿地公园

峨峰

汤湖温泉景区

热水洲温泉景区

大汾洛阳围屋与骑楼街

万福仙

鄢溪古村

新兴书院和惜字塔

雩溪宝塔

遂川县工农兵政府旧址

　　遂川县工农兵政府是毛泽东在1928年1月24日亲手创建的全国第一个县级红色政权。

　　遂川县工农兵政府旧址位于遂川县城文献名邦街8号，原名万寿宫，占地面积1352.4平方米，建筑面积1613平方米。

　　1928年1月5日，毛泽东率工农革命军攻占遂川县城后于1月24日亲手创建了遂川县工农兵政府，下设包括秘书室、裁判部、

遂川县工农兵政府旧址正面照

军事部、财政部、土地部、文化教育部在内的五部一室等办事机构，领导全县的工农革命斗争。

1999年遂川县博物馆在旧址内以遂川革命斗争史为主题进行陈列布展并复原了五部一室陈列。2013年遂川县工农兵政府旧址被列为中国井冈山干部学院教学点后，县博物馆投入286万元对遂川县工农兵政府旧址内陈列展览进行了改版提升，布置了《遂川县红色政权建设史》展览。《遂川县红色政权建设史》展览着重以毛泽东同志在1928年亲手创建县级红色政权——遂川县工农兵政府的革命史实为陈展线索，突出呈现遂川县工农兵政府的创建在井冈山革命斗争时期湘赣边界红色政权建设中的指导和典范意义。展览分为遂川早期的革命运动、红色政权的建立及红色政权的巩固与发展三部分内容，详细地展示遂川县工农兵政府创建、巩固和发展的光辉历程。

《遂川县红色政权建设史》展览采用声、光、电等现代陈展手段，辅以雕塑、场景再现等丰富多样的陈展方式，再现了遂川县工农兵政府创建时期波澜壮阔的斗争历史。展览以工农兵政府旧址建筑的中轴线为中心有序进行布局：一进大厅内的戏台下是大理石雕刻的《遂川工农县政府临时政纲》；二进大厅前端是高2.8米、以井冈山革命斗争时期在遂川等建县工农兵政府为原型创作的毛泽东立身塑像；前厅的大院内陈列着遂川早期中共领导人、井冈山革命根据地重要创始人之一陈正人同志和两位英雄母亲以及部分革命先烈的半身雕塑；二进大厅正中是遂川地形沙盘，分层次、分线路展示出当年遂川境内发生的几项重大革命史实；沙盘后的中厅屏风上为遂川六支枪展示背景墙，墙上"枪杆子里面出政权"八个大字为《遂川县红色政权建设史》的陈列主题。后厅正中是遂川县工农兵政府成立时的舞台场景再现。

遂川县工农兵政府旧址先后于1987年和2006年公布为省级、国家级重点文物保护单位，也是市级和省级爱国主义教育基地，是遂川人民进行爱国主义教育和革命传统教育的重要平台。

草林红色圩场

草林圩场是周边乡镇商品交换主要集散地,素有"一唐江、二营前、三草林、四大汾"之称,也是毛泽东同志亲手创建的一个红色圩场。

1928年1月,毛泽东率领工农革命军占领遂川后,打掉了遂川靖卫团从黄坳到草林约35公里路上的五道税卡,并在圩上万寿宫召开群众大会宣布了党对待工商业者的政策,从而把一个被豪绅地主垄断的圩场,改造成为新的、有利于革命经贸的红色圩场。该圩场创建后,不仅活跃了当地乡村经济,而且为井冈山根据地的巩固与发展提供了"吃""穿""用"等方面的物质保障,为根据地做好经济工作积累了丰富的经验。同时还培育锻炼了一大批将帅人才。这是毛泽东第一次在红色割据的根据地内对工业、农业、商业进行比较系统的改造,也是中国共产党独立自主在农村管理经济工作的第一次成功尝试。

草林红色圩场内,现有完好的古街道,砂子面街道100多米,古屋旧店40多栋。占地面积约10亩。其中完好地保存了当年毛泽东同志居住过的"肖万顺客栈",整栋房屋原貌依旧,占地面积130平方米,已于1978年列为爱国主义教育基地,年内有学生、外来客人前去参观,人数达万余人次。红色圩场成为井冈山干部学院教学点后,草林镇筹措资金400多万元,按照"修旧如旧"的原则,对红色圩场老街的店铺和毛泽东同志旧居进行全面修缮。修缮后的红色圩场已成为遂川红色旅游又一个新景点。

碧洲白水仙

白水仙风景名胜区位于江西省遂川县碧洲镇境内,与万安县接壤,赣粤高速公路从景区旁穿过。景区总面积50平方公里,以瀑布、竹海、奇石而闻名。景区内岭峻岩奇、山深林密、溪流回环、泉瀑迭出,风光十分秀丽,奇山异水随处可见,30多处景点以白水仙庙为中心呈环形分布。有白水仙庙、白水仙瀑布群、鹰嘴岩、水口峰等众多景点。是国家AA级景区、省级风景名胜区。主要景点有:

1. 白水仙

据《龙泉县志》记载:"昔有女子三姐妹学道于岩,遇仙授予丹砂,白日飞升,后人立祠祀之,疾病岁旱祈祷辄应,岩上有三瀑布,

白水仙

泉注射数十丈，若仙人缟衣而立，又云仙女显迹。"故称"白水仙"。

2. 花溪口

一道山泉环绕景区，水声如鼓乐低鸣，清脆悦耳，宛如水仙娘娘弹拨的琴弦，令人心旌摇曳。美丽的溪水，水色斑斓迷离。沿溪而下有成群的瀑布，有四季花香。花溪乃取其繁花似锦、溪水长流之意。花溪口位于景区的北边，出口处有一开阔地，现在这里建造了山门，仙女塑像，停车场。并且沿着花溪修建成了登山的台阶路(游步道)，供人们参观游览。

3. 情侣包厢

距花溪口不远，卧一巨石，状如一屏风，四周绿树成荫，岩石环绕，只有一个狭小入口，溪水中间有一条石像一张睡床，可容纳二人，故称"情侣包厢"。

4. 桃源口

在花溪口的拐弯处，有一巨石，一分为二挡在道中，石缝宽不足一米，是进山的必经之处，侧身进入其间，只见小桥流水，翠竹青青，古藤缭绕，绿树参天，就像世外桃源，人间仙境一样，因此人们称这个入口为"桃源口"。

5. 登仙瀑

瀑高30多米。相传，昔有女子仁姐妹常在瀑布下的龟岩上修身习道，一日，有一仙人向她们赠送了一粒丹砂，姐妹仨各自吞服后，便羽化飞天成了仙人，这道瀑布因此被称为"登仙瀑"。

6. 珍珠瀑

瀑高20余米，飞流直下，溅出的水花晶莹剔透，水雾弥漫，银花四溅，宛若珍珠。在阳光的照耀下美丽壮观，令人赏心悦目，故

登仙瀑

称做"珍珠瀑"。

7. 仙女瀑

瀑高80多米,气势非凡,雄伟壮观。瀑布在水道流淌的坡路上遭遇重重障碍,让水流在这些复杂多变的天然石阵之中穿流,变成多级跳跃。随着季节的变化,水流的大小,瀑布不断地变化着形态,远远望去,宛如婀娜多姿的白衣仙女舒袖伫立,时隐时现,形神毕肖。故称"仙女瀑"。

8. 仙人桥

在登仙瀑下有两块巨大的石头,整整齐齐摆在花溪两边,就像两个桥墩,被人们称为仙桥。仙桥无桥面,涉水驾祥云。仙人过桥,看的是一种意象。后来这里开发为景区后,为了方便行人经过,在此建了一个拱形的桥面。故称为"仙人桥"。

9. 蛇龟岩

在登仙瀑下有一酷似一个乌龟头的巨石。相传,有一年,老鹰作怪,大肆捕食蛇类,造成鼠患成灾,地里颗粒无收,人们只好请

仙女瀑　　　　　　　　　　仙人桥

求天神派蛇神来帮忙。这种蛇神有坚硬的龟甲，又有长长的舌头。蛇神来到人间，顷刻间平息了鼠乱。后来天下太平无事，蛇龟就化身为一座龟石，被人们称为"蛇龟岩""平安岩"。路人来到此处，都会在岩上休息片刻，以求一路平安。

10. 白水仙庙

白水仙庙位于景区中心，秀水环绕，环境幽静。据传，在唐朝，道教就在县内开始发展，宋靖康年间，县内道教活动流行更广。人们根据白水仙的传说，修建了庙宇来祭祀羽化飞升的仨姐妹。同时也为病患人家打符、作福、消灾，为游客抽签、测字等。每逢节日，香火旺盛。民国时期由于战乱，古庙屡遭损毁。后来，人们在古庙遗址上建了一个简易庙场，这里成为名胜区后，当地民众才募资修建了现在的白水仙庙，恢复了往日的香火。

11. 鹰嘴岩

在仙女瀑旁边的山崖——有一巨石。形似一张鹰嘴。被人们称为："鹰嘴岩。"据传有只雄鹰，暗恋美丽的白水仙仙女，可又不敢吐露心迹，只好伫立久候，由于终日目不转睛地注视仙女，后来变成了这座鹰嘴岩。如今这鹰嘴岩依旧色若青铜，嘴尖如钩，目光深邃，气势不凡，惟妙惟肖。

12. 仙女浴盆

在白水仙庙前不远处还有个五级瀑布，称作"七仙瀑"，是七仙女经常在这里沐浴戏耍的地方，瀑布的底部，有个宽约10米，深约7米的石盆悬嵌在陡壁上。形似斧凿，实为天工，瀑布自上泻入，在此形成巨大漩涡，又从盆沿飞溅出去，人们称之为"仙女浴盆"。

13. 水口峰

水口峰为景区最高峰、与万安接壤，海拔800多米，山上长有杜鹃、野菊，阳春三月，红艳似火。登上水口峰，视野开阔，秀丽风光尽收眼底，晴天遥望日出，霞光喷薄，气势雄浑。

南风面景区

　　南风面，罗霄山脉万洋山的主峰，海拔2120.4米，为江西省第一高峰。坐落在遂川县戴家埔乡，东北邻遂川县大汾镇、西南界湖南省炎陵县，距井冈山茨坪仅30公里。景区自然风光独特，动植物物种丰富，是省级自然保护区，国家AA级景区，为井冈山旅游圈中令人叹为观止的游览胜地。

　　南风面周围有十几座姐妹峰、海拔均在1800米以上，这些山峰气势奇特，或怪石嶙峋，或玉柱擎天，或悬崖绝壁。景区规划面积45平方公里，分为主峰、湖洋顶、江西坳、阡陌、风龙顶、观音山等六大景区。有罗霄古刹、五彩山谷、千年古道、千年鸟道、石观音、刘三妹石雕、阡陌梯田、瀑布群、神农洗药池、仙女浴池、观音山大峡谷、仙人骑鹤、风窿洞、原始森林、十里杜鹃、日出罗霄、三重天（天文奇观）、南风顶（天文奇观）、苏维埃政府遗址、红军

旭日东升

鱼叉瀑

露宿营、客家民俗、温泉度假村、野外生存训练营、江南牡丹园等四十多个主要景点。

　　景区核心区面积2287公顷，保存着完好的原始森林，有大量的珍稀物种留存于世，区内有野生植物2512种，属国家重点保护的资源冷杉、银杉、红豆杉、水杉、福建柏、三尖杉、铁杉、香果树等多达23种；有野生动物258种，属国家重点保护的黄腹雉、白颈长尾雉、云豹、五步蛇、穿山甲、水鹿等37种，被生物界誉为"生物物种天然的基因库"和"模式标本的产地"。

　　景区还是遂川千年鸟道的途经地。遂川鸟道是途经我国华中地迁徙鸟类的必经"隘口"，是我国鸟类迁徙中部路线上的重要组成部分，是迁徙鸟类往返中国北方地区与东南亚乃至澳大利亚和新西兰等国路线上的关键点。每逢春秋时节，百万候鸟顺着强劲气流往返飞越，此时满天珍禽，鸟语婉转。鸟道奇观，堪称一绝。走进南风面景区，无异于走进妙手点化的群雕楼，物种多样的博物馆，珍稀荟萃的基因库，经天纬地的大观园。

千年鸟道

位于遂川县西南部，包括营盘圩乡、戴家埔乡和高坪镇等数个乡镇。该区域北部为罗霄山脉的南风面，海拔2120米；南部为诸广山系的齐云山，海拔2061米；西南为八面山，海拔2042米，其中南风面为江西省最高峰、华东第二高峰，这就为候鸟迁徙提供了重要的地貌标志。这三座高山之间则为海拔600~1200米左右的中低山，形成了一条不规则宽度40公里左右、长度30公里左右的山谷，素有"天然隘口"之称。

这里属于中亚热带湿润长绿阔叶林区，森林植被茂盛，生物多样性丰富，又是遂川江的发源地，有左、右溪河。山清水秀的良好生态环境为迁徙鸟类的中途停歇提供了一个优良的觅食与隐蔽场所。而三山之间的"天然隘口"则成了一条鸟类迁徙途中少有的"高山隧道"。每年秋分前后，这条通道内还会出现一股从西北吹向东南的强大气流，这股气流沿着山势上升，集结的候鸟正好利用这股强劲的气流飞越隘口，再次踏上南下的远征之旅，形成北鸟南飞的重要通道，为全国候鸟三大迁徙通道之一。

遂川鸟道是途经华中地区迁徙鸟类的必经"隘口"，是我国鸟类迁徙中部路线上的重要组成部分，是迁徙鸟类往返中国北方地区与东南亚乃至澳大利亚和新西兰等国路线上的关键点，其优越的地理位置在迁徙鸟类环志研究和野生动物疫源疫病监测方面具有不可估量的价值。国家林业局连续多年在此设候鸟观测站，吸引了许多国内外鸟类研究专家和爱好者，是江西省唯一进行候鸟观测的地方。

石坑古村

　　新江石坑古村景区是国家AA级景区,位于遂川县新江乡北部,距离圩镇6.1公里,距县城60公里。景区内森林资源丰富,环境优美,气候宜人,人文深厚,民风淳朴。村中有古祠、古民居、古碑、石狮子等历史遗存,可谓物华天宝、人杰地灵。2009年,石坑村被全国生态文化协会评为"全国生态文化村",2010年被国家环保部评为"全国生态村"。

古林夏韵(肖远泮 摄于新江)

全村森林面积1150.34公顷,其中原始次森林3300余亩,森林覆盖率达93.6%,活立木蓄积量15万立方米,有千年古楠木群3处,共有300多棵古楠木,其中600年以上的就有160多棵。环绕村庄百余棵巨大的楠木古树,使这里的生态笼罩着一种神秘而古朴的人文意象,典藏着石坑人世代繁衍、薪火接力的传承密码,昭示出这里的祖祖辈辈亲近自然、呵护生态的强烈意识。这里的楠木并非天生而是人种。从第一代石坑人开始,村里便定有规约:凡是家添男丁,必须在村里种植一株楠木树,并确保其成材。这一村规相沿成习,承袭千年,从而成就了这片全省乃至全国最大的楠木群,也成就了石坑村令人惊艳的独特生态。

石坑村以邹姓为主,已有千余年历史。在"万般皆下品,唯有读书高"的科举时代,先人秉承"担柴卖木也要教儿读书"的祖训,教育后代寒窗苦读,考取功名。良好的民风传承,使石坑这个历史上不足500人的小村庄人才辈出,族人科考多有中举。村里保存的262块"功名碑",就是石坑先人勤奋好学功名卓著的佐证。

桃源梯田

左安镇素有七分山三分田,先人依山造田,一丘一垅,大小不一、形状各异、线条蜿蜒的梯田随处可见,其中又以桃源村梯田最为美丽。桃源梯田位于左安镇境内最高峰海拔1442米的神女峰脚下,梯田一年四季形态各异,梯田面积1980亩,有11个观光点。2014年,桃源梯田经腾讯网、环球网等网友投票,获得"全球十佳最美梯田"美称。

桃源梯田

早在800多年前,客家人就在此落户安居。客家先人以粮为生,以其智慧和勤劳,依山造田,世代相传的艰辛与付出,开凿了一丘丘,一塅塅,大小不一、形状各异的梯田,耕耘收获,养家糊口。也是在客家人的呵护下,梯田呈现出别样的精彩。山头的梯田,好似一面面"照天镜",山脊的梯田犹似"登天梯"。每年春耕开始的时候,放眼梯田,塍坎蜿蜒的优美线条、蓝色的水面折射出碧澄天空、散布田间耕作的农夫、朝霞晨雾犹如仙境的空蒙山色,构成了一幅意境悠远的山水田园画。

桃源梯田的美不是一成不变的,随着季节的变化,给人不一样的享受,让人着迷。春天,水满田畴,如串串银链山间挂;夏天,禾苗吐翠,似排排绿浪从天泻;秋天,稻穗沉甸,像座座金塔顶玉宇;隆冬,雪兆丰年,若环环白玉砌云端。尽现"桃源四季皆好景,仲秋芳华冠人间"。

溪口村茶盘洲

　　溪口村茶盘洲位于遂川县衙前镇西北部，距衙前圩镇5公里。有30户132人，17栋客家民居，30亩竹林，32亩山场，是"省级森林村庄"。

　　蜀水风光宜人，两岸群山环绕，古树参天，翠竹绕岸，绿荫如盖，烟波荡漾。蜀水左江越境而过，因形状酷似"茶盘"的绿洲，被人称之为"茶盘洲"。茶盘洲东、南、西三面环水，北面临山，古木

衙前茶盘洲

遂川县衙前镇茶盘洲"楠木王"
（摄影 周建新）

参天，风光旖旎，生态环境优美。这里有楠木、毛竹、松、杉、木荷、苦槠等多种植物，是一个缩微的南国植物标本园，又是放大的楠木盆景，在不到2平方公里的绿洲上，树种达56种之多，林中大大小小的楠木多达1000余棵，其中胸径在30厘米以上的就有96棵。遐迩闻名的"江南楠木之王"位于此地，因其栽植于宋代，又有"宋楠"之雅称，它的围径长达5.86米，五六个大人牵手才能合围，树冠达800多平方米，呈伞状，高入云霄，树枝葱郁，叶隙间露铁臂虬枝。更喜人的还是那片沿蜀水左江呈环状生长有茂密的竹林带，形成茶盘洲天然绿色屏障，林中还长有草珊瑚、绣花针、麦冬等30多种珍贵中药材。

五斗江国家湿地公园

　　五斗江湿地公园起于遂川左江流域（蜀水）遂川境内源头即五斗江三和村与井冈山市黄坳乡交界处，止于蜀水双桥乡马埠村，全长约35公里，宽以左江一河两岸第一道山脊以内，是遂川国际性候鸟迁徙通道和环井冈山生态圈的生态屏障。

　　湿地公园内分布有河流湿地（永久性河流）、沼泽湿地（森林沼泽、草本沼泽）、稻田湿地。公园范围内的林地面积100.6公顷，森林覆盖率10.7%。植物区系属中亚热带常绿阔叶林区域，有108科470种野生维管束植物，其中属国家二级重点保护的野生植物有闽楠、香樟、金荞麦、野大豆等4种。脊椎动物有5纲32目93科273种，属于国家一级重点保护野生动物有白颈长尾雉，国家二级重点保护野生动物有虎纹蛙、鸳鸯、红隼、水鹿、獐、中华穿山甲、鬣羚等22种。

　　湿地公园集"自然、古朴、红韵"三大特色为一体，"自然"指的是湿地资源保持原生的自然状态；"古朴"体现在公园内古树名木众多，古树群体量大；"红韵"指井冈山红色旅游、体验蕴含在公园的每一个角落，韵意深远；湿地生态、森林生态、乡村生态、文化生态融为一体，相得益彰。公园湿地生态系统典型完整、生物多样性丰富，湿地景观资源独特，有着重要的生态保护价值和科研、科普价值。公园规划建设面积897.3公顷，其中湿地面积447.8公顷，主要分为管理服务区、合理利用区、宣教展示区、恢复重建区、生态保育区等5个功能区，项目计划总投资4523.6万元，从2014年起分三期建设。

峨 峰

峨峰，地处遂川县西南部，地跨禾源、草林、南江三个乡镇，因与当地传说中的"鹅"有关，故"峨峰"又名"鹅峰"。主峰海拔988米，是遂川县仅次于南风面的高峰之一。

昔年，峨峰山建有峨峰庵两幢。上面一幢名"仙坛"，下面一幢名"峨峰庵"。庵内菩萨塑像分列，例如佛祖、观音、十八罗汉等，终年香火袅袅。每逢古历六月十六日、禾源四周的百姓络绎不绝来到峨峰舞禾火灯，祈祷来年五谷丰登、风调雨顺。每逢"观音娘娘生日"，南康、上犹、草林、南江、左安、黄坑等地的民众如鹜而来，到峨峰寺敬神、求财、求子。

峨峰山具有丰富多彩的森林景观和得天独厚的自然景观，融云海佛光、险峰石林、珍稀物种、自然野趣"四绝"于一体，有八十婆婆流眼泪、马迹岕、仙人题诗、装香石、仙鹅塘、斋公心大出砻糠、花轿顶、石公背石婆、双龙望月、点兵台等景点，尤以石公背石婆、马蹄印、峨峰古寺等景致为胜，深受旅游探险爱好者青睐。

汤湖温泉景区

汤湖，因有温泉和名茶而得名，这里水灵峰秀，云蒸霞蔚，四季如春，气候宜人，素有"大鄢泉有口气如沸"的"江西小海南"之称，被誉为"世界名茶原产地，江南温泉第一镇"，是闻名遐迩的省级重点休闲度假风景区。

汤湖温泉古称"大鄢泉"，清乾隆《遂川县志》记载："大鄢泉有口，汽如沸，可熟羊豕。"附近昔有自然泉十数处，主泉称"大汤湖"和"小汤湖"，泉四周有9个土墩，热水顺坡而下，民间戏称为"九龟下

汤湖温泉

茶山云雾　吴立军

潭"。无论酷暑还是严冬，温泉水始终保持在84摄氏度，昼夜流量约2050吨，是江西省温度最高、流量最大的温泉。经化验，汤湖温泉富含钙、硫、钠、钾、铁、氟、硅等十多种矿物质，洗浴此地的温泉，对人体的运动神经、皮肤、消化、心血管、呼吸等系统的疾病均有十分显著的疗效，对医治风湿病、皮肤病尤有奇效。

　　20世纪末，这里建起了一座集休闲、疗养、商务、度假于一体的温泉度假村。十余年来，该景区不断升级改造，提升品位档次。2009年度被评为国家AAA级景区。目前，该景区内占地250余亩，建有假山、木屋、小竹林、热带养殖等十余处景观及休闲处，设有大泳池、小泳池、温泉桑拿、品茗屋等娱乐设施，可容纳四五百名游客同时浸浴。徜徉其间，但见绿树掩曲径，明泉映华楼，彩蝶戏浴女，温汤沐笙歌，实实在在是个养生休闲、安抚心灵的绝妙场所。

　　离温泉不远的狗牯脑茶山，终年云雾缭绕，四季清泉不断。产于此山的狗牯脑名茶，是江西"三宝"之一，历来作为贡品供帝王享用。此茶1915年获美国旧金山举行的巴拿马—太平洋国际博览会金奖，2015年获得米兰世博会金奖，在国内外展销评比中屡屡夺冠。如今，这里的茶山，正以独特的魅力吸引着八方来客，游客们感悟神泉的神奇之后，可尽情领略神山的神采，体味神茶的神韵，

"赏茶山风光、看茶道表演、泡清香绿茶、品绿色佳茗、讲茶言茶语、作茶诗茶画、演茶歌茶舞"。那种陶然若仙的极致享受，真正是美轮美奂，妙不可言。

与汤湖圩镇一箭之遥的安村电站，凌空兀立于左溪河上。河两岸高山嵯峨，水面宽阔潺湲。于河中泛舟闲游，仰可览群峰之参差，俯可见波光之潋滟，奇情异趣，胜似漓江。

热水洲温泉景区

热水洲温泉地处我县大汾镇竹坑村冲里，与井冈山旅游区相连，距仙口景区仅2.5公里，距笔架山10公里，距井冈山市区不足40公里，是集温泉风光、原始森林、山峡景观于一体的综合型旅游度假区。

温泉泉群沿河堤、河床呈带状分布，面积约10000平方米。靠近山的地方是清冽的冷水，仅一指之隔，就是滚烫的热水。根据江西省地矿局环境监测总站2004年勘察报告显示，热水洲温泉常年

大汾热水洲

热水洲温泉

水温68℃左右，昼夜流量1090吨，地表深至200米左右，水温将达到80℃，昼夜流量5000吨以上，水中含有氟、硫黄、硒等多种微量元素，是理想的富硒保健温泉水。

温泉周围有茂密的原始次森林，峡谷风光独特，奇峰怪石间飞瀑如练，苍松似海，景区内四季如春，风光秀丽，气候宜人，是休闲度假的人间天堂。有"女娲峰""盘古峰""青云仙""蛤蟆望天""双兔望月""幽谷丹崖""石笋奇山""天然绿毯""森林瀑布""高峡平湖""湘赣古道""开天劈地""高山梯田""天路问歌""云海奇观"等景点。

目前，景区已由遂川热水洲实业开发有限公司进行开发建设。该项目总投资为7.5亿元，规划建设用地500亩，以"井冈桃源·遂川圣水"为开发主题，将井冈山仙口—遂川热水洲景区打造为国家AAAA级以上景区，项目规划主要建设四种意境、六大景观；四种意境即温泉胜境、桃源胜境、峡谷胜境、人文胜境；六大景观即仙子口游客服务区、高峡平湖游览区、桃花源穿越区、养生度假休闲区、宗教文化体验区、峡谷生态观光区。

大汾洛阳围屋与骑楼街

洛阳围屋

洛阳围屋坐落于大汾镇洛阳村，占地面积5200多平方米，建于清乾隆时期，历时200多年，由彭氏大户彭辉斗修建，历时4年建成。围屋的建造，主要是缘于当时社会的动荡不安，匪盗四起，客家的大户人家为有效地保住自家性命和聚集的财产，不惜耗费巨资苦心经营修筑。围屋总长104米，宽59米，由一个正厅，二十四个副厅，一十四个天井，二百四十个房间组成。其结构形式由粤东客家标准格式——围拢屋发展变化而成，空间分布的最大特点就是以家族祖堂作为中心点，即中间的大祠堂，是祭祀活动的圣地，是族中讨论大事的议事厅，也是喜庆宴客的场所，屋内祠宅相连，楼内相通，能御火攻，防围困，四角建有炮楼，保存完好的绘画、石雕具有很高的艺术价值、历史价值，是一座典型的非常完整的客家住宅建筑。它的名字也几经修改，相传在围屋兴建上梁时，有乌鸦落于屋梁上，而乌鸦又是当地的吉祥鸟，乌鸦落梁则被当作围屋的吉祥象征，所以被称为"乌鸦洛阳"，又称"彭氏辉斗公祠"，后统称"洛阳围屋"，2006年5月，被列为重点文物保护单位，改称"大汾客家彭宅"。

骑楼街

　　大汾是赣中南"四大古镇"之一,大汾骑楼街始建于清乾隆初年,迄今已有几百年历史,作为具有代表性的城镇居民商业文化设施建筑,见证了大汾百年商埠的兴衰荣辱,承载着大汾人民的历史情感。街道建于大汾商业旧区,街长300余米,宽10米,现有店铺50多间,一般为两层,第一层正面为柱廊,众多建筑的墙立柱串联起来,构成了公共人行通道,二楼伸出长挑,前由立柱顶住挑梁,形成廊街。整条骑楼街翘楼挨着翘檐,屋顶相连,蔚为壮观。屋顶、防火墙、窗坡等形式各异,楼面和屋内有彩绘或浮雕,门庭窗棂花雕精致典雅,栩栩如生。

万福仙

　　遂川县城北面30里，105国道旁，耸立着数十座秀丽的山峰，海拔470米的万福仙成为一道古老的风景线。有"山色空蒙雨亦奇"的瑰丽，有"万转千回总是迷"的隽永，山上洞广、崖奇、石怪，是祈福、游览、观光的绝妙之处，景区总面积30多平方公里。

　　据《龙泉县志》记载："万福仙始于晋朝,建于诏五代,兴盛宋、元、明、清。""三国"庞统曾结庐隐居于此三年,苦学兵法后随刘备而去。葛洪、岳飞、苏轼、文天祥、郭知微、郭维经等历史人物都曾到过此山祭祀游览，拥有厚重的历史文化底蕴。万福仙景区属于典型的"砂砾红岩"丹霞地貌，这里山峦起伏、绵延不断、形成了顶平、身陡、麓缓的特色，主峰"金鼎脑"海拔518米，景区中有开发价值的奇峰异洞达数十处。山上建有文昌宫、观音宫、水君殿、正殿、兵马俑、金鼎脑、仙棋盆、仙桥墩、寨玉洞、恩嗣宫、祖师洞等十多处人文景点。此外，该景区拥有浓郁的乡土风情，景区内土、客家民众相间而居，民风淳朴，特色丰富，当地盛产板鸭、腊肉、金橘、松菇、李子等土特产，群众自产的烧酒、水酒、果脯也极具特色，是体验赣中土客家农家生活的好去处。

鄢溪古村

鄢溪古村有着600多年的悠久历史，位于遂川县堆子前镇，距县城38公里,距井冈山茨坪景区43公里。鄢溪古村以古建筑群为主，其中以黄氏正亮堂和燕山书院两个省级文物保护单位最有代表性。

清乾隆间，基祖黄由相率义方、义言、义齐三子开新基于井下村。乾隆三十八年（1773），黄由相去世后，乾隆五十九年（1794），义方、义言、义齐兴建燕山书院与正亮堂，于嘉庆十一年（1806）竣工，正亮堂大梁上"嘉庆十一年丙寅"纪年尚存，这就是历史的见证。

正亮堂客家大屋坐南朝北，一排五栋，歇山顶，二重檐，二层砖木结构，外墙为水磨青砖砌成，内墙用土砖、板扉隔栈，俗称"银包金"，分为正亮堂祠和住宅几大部分。中间"正亮堂"最高，两侧对称的民宅依次矮50厘米，四周围墙环绕，整体平面前圆后方，这是古老的建筑的独特风格，引人注目。

正亮堂为黄氏宗祠，里面有一个偌大的天井，只见一井两进，正厅"正亮堂"牌匾高悬,满室雕梁画栋,藻井是描金浮雕"鱼龙图"，傩撑为两对狮子滚绣球图，图形雕刻，工艺精致，活灵活现，四周围屏都是用硬木雕刻而成，画面故事人物生动传神，花鸟图案典雅精细，天花板用米浆拌含特选黄土为底色，再在底色上绘画，色彩亮丽别致，客家居室彩绘风格非常突出，耀眼明珠。

住宅平面呈横排长方形，二井三进，内有9个厅堂，18个天井，99间房，当地人称"九厅十八井"。房屋过道纵横连贯，有分有合。

屋内的门窗、隔扇，大都选用坚硬木材雕刻鎏金，外墙上的窗户用红粉石雕刻而成，真可谓古色古香，飞扬跋扈。

住宅左右两侧，设有"桂室""兰亭"两座一厅两厢的建筑，正是当年的先生书房。住宅前，依次由坪场、屏墙、聚星池、以及外围呈半圆形土围子。坪场占地860平方米，地面用鹅卵石铺就，坪场与水池间有一道1.26米高的屏墙，屏墙以外的聚星池占地1280平方米，池外设一道半圆形，3米高，用三合土夯筑就而成的围墙。牌坊式院门开在西花房以外的坪场与池塘结合部，院门外侧有一眼古井，水质甘甜，日供300人饮用而不涸。

燕山书院便是井下村黄氏子弟研习攻读的地方。书院设内外两大部分结构，外部结构有院门、棂星池、院坪、马厩；内院结构以天井为中心，环绕着它布置前厅、下房、左右厢房、讲学堂、文昌阁及辅房等组成的四水归堂的四合院式建筑。整栋建筑飞檐翘角，廊回道转，柱梁纵横，气势非凡。院内雕梁画栋，彩绘栩栩如生，既有狮啸鹤舞，也有凤翥龙腾，大门门廊到两侧回廊及文昌阁内天花板上布满彩色人物故事画，共有100多幅，内容均为明理求学，修身仕途等。

燕山书院建成后，主要由本家族中博学多才的先生主教，但也有外地请来的先生。学生都为家族中众多子弟以及亲戚家子弟都来书院习读，学生最多时达200—300多人。据黄氏家族后人介绍，在燕山书院就读的众多学子清一色免除学费，如考上秀才，一年还有二十担的稻谷相赠，这足以看出当年黄氏家族的兴旺发达与非同一般的经济实力。现在能够考证的，从燕山书院走出的人才有广西太平府黄存铨、安徽（今江西）婺源巡检黄仁波、奉直大夫黄存缨、黄常棠等四名秀才，还有一些没有留下姓名，却在这里被文化滋养过的学子，更是不计其数。

据专家考证，燕山书院在建筑工艺、绘画艺术和油漆画保存数量等方面，全国罕见，是江西乃至全国家族私塾的建筑文化代表作。书院有三大特色。一是书院顶梁、壁板上的百幅中国彩绘画，历经了 200 多年的风吹雨打，依旧鲜艳夺目。二是院旁的一眼古井，虽然井底早已被封存，但却从未干涸过，水源从何而来，令人费解。三是书院内有许多规则错落的小房间，专家根据书院两侧回廊的结构来推测，燕山书院实行的是分班教育，从启蒙教育一直到县学都有。这与同期其他书院的学生齐聚课堂、听先生讲学的教育方式迥然不同。

新兴书院和惜字塔

新兴书院始建于北宋咸平元年（998），位于双镜村上镜，为庐陵（吉安市古称）最早的书院之一。由于书院远近闻名，吸引了众多县内外学子，永新刘沆青少年时也就读于此。刘沆后来在北宋天圣年间（1030）进士及第（第二名），皇祐年间（1053）入相，因学子众多，书院迁入彭氏宗祠。"新兴书院"开办以后，培养了众多优秀人才，从宋至清科考中榜的进士、举人、秀才达120多人，皇帝敕封翰林以下学士的有22人，朝廷、州、府所赐的牌匾有36块，现"名登天府"牌匾仍悬挂于书院梁上。在民国年间担任国民党中央委员的彭述信也出自于此。

新兴书院旁边的惜字塔，兴建于清朝嘉庆年间（1820），青砖砌造，塔身下大上小，六面七级，塔顶呈圆柱形，塔高8米左右，逐层收缩，外观错落有致，别具风格，现为省级保护文物。

新兴书院旁的惜字塔

雩溪宝塔

  雩溪宝塔位于遂川县雩田镇雩田村北港桥下首河边,建于明嘉靖三十三年(1554),是乡民为镇龙祈雨而建。该塔坐东向西北。塔身用青砖平砌,内外均用糯米粉与石灰混合浆灌缝,坚固结实。塔体通高24.55米,塔平面为八边形,楼阁样式。底座直径为5米,共七层,每层均设有四明四暗相间的卷顶窗口,互为对称,窗口云卷纹饰。塔檐为斗拱状,飞檐翘角,角下有二层砖砌锯齿纹,独具特色。塔底层正面设有一拱卷门,门额上镶嵌一块青石横匾,匾正中阴刻"雩溪宝塔"四个楷书大字,两侧分别镌刻小楷:"皇明嘉靖甲寅仲冬月"和"念照日之吉塔匠肖瑞建。"塔内空,从拱券门进入塔内,塔楼层使用叠涩法砌成,塔墙宽厚坚实,正中有青砖砌筑的八

雩溪宝塔

边形实心大柱直通到顶层。底层塔柱正面设有神龛一处。柱周围为走廊，塔墙内砌有阶梯螺旋而上，直到塔顶。二至七层大小高矮层层内缩。宝盖形塔顶上砌有葫芦形塔刹，塔身稍有倾斜。

　　雩溪宝塔历史悠久、结构坚固、设计美观、建筑工艺精湛，保留有古老的通天塔心柱样式。具有非常高的历史文化、建筑艺术科研价值和观赏价值。2006年，公布为江西省文物保护单位。

后 记

美丽的遂川，山雄奇，水秀美，史深厚，人精神，民风醇，乡情浓；古老的遂川，是千年古县、红色摇篮、绿色家园、著名茶都，温泉之乡。

遂川是旅游资源大县，红绿古蓝生态人文交相辉映，深闺千年静若处子，含苞怒放笑迎新春。

"十二五"期间，县委、县政府高度重视旅游工作，将旅游业作为拉动经济增长的十大支柱产业来培育，出台了一系列加快旅游业发展的政策措施，加强了对旅游工作的领导。近年来，遂川县围绕打造"生态旅游大县，温泉旅游强县"的目标，大力实施"南井冈"发展战略，积极融入吉安市红色旅游一体化和旅游发展三年大决战策略，不断推进旅游业跨越式发展，旅游景区开发力度不断加大，呈现出蓬勃发展的良好态势，旅游业正逐步成为遂川县现代服务业中率先崛起的支柱产业。

为了落实县委、县政府"旅游强县"的具体要求，县旅游局经县委、县政府同意，决定编纂《遂川旅游故事》一书，其中的意义，县委、县政府领导已在本书序言中叙及，兹不赘述。

为了编好这个读本，我局从2015年3月起，组织部分专业、业余作者深入全县的山山水水，村村寨寨，手书笔录，搜集整理出大量的资料，现集腋成裘，汇成此册，以飨读者。

本书承蒙中共遂川县委书记张平亮、遂川县人民政府县长肖凌秋作序，文美意深字字珠玑，其间寄托了领导同志对遂川旅游工作的殷切希望。

本书的编纂，先后得到县委、县政府分管领导朱唯雅、彭世富、柯柏云、樊蔚源等的精心组织和悉心指导。

　　在此深深地感谢他们！

　　千里之行始于足下，遂川旅游工作任重道远。我局作为本书编写的实施单位，深知责任重大，由于水平有限，书中存在很多不足，敬请各界领导和广大读者批评指正。

2016 年 4 月 28 日